U0501986

地铁应急疏散行为决策
内在机理研究

王立晓　卢世俊　王建虎　著

武汉理工大学出版社

·武汉·

内 容 简 介

地铁是骨干交通系统,高频、高速运行,汇集大量出行者,一旦发生安全问题,会给人民生命安全带来巨大威胁,同时产生严重社会影响。因此,深入研究地铁在突发状况下的应急疏散,并提出有效的疏散方案对于地铁安全运行和保障乘客安全有重大意义。本书从行人疏散的行为决策入手,围绕行人应急疏散过程中的行为选择问题展开研究,内容主要包括:行人应急疏散领域的国内外研究现状,考虑行人的性格、心理、态度、感知等因素的心理潜变量的地铁应急疏散研究,基于潜类别模型的地铁应急疏散行为决策研究,基于不同行为决策规则的地铁应急疏散仿真研究以及考虑动态火灾产物的火灾疏散行为选择模型等的研究,构建了基于 BIM 的火灾人员疏散仿真模型,为制定疏散方案奠定基础。

图书在版编目(CIP)数据

地铁应急疏散行为决策内在机理研究 / 王立晓,卢世俊,王建虎著. -- 武汉 : 武汉理工大学出版社,2024.7. -- ISBN 978-7-5629-7150-4

Ⅰ. U293.6

中国国家版本馆 CIP 数据核字第 20244QF651 号

项 目 负 责 人:汪浪涛		责 任 编 辑:路亚妮	
责 任 校 对:丁　冲		版 面 设 计:正风图文	

出 版 发 行:武汉理工大学出版社
地　　　　址:武汉市洪山区珞狮路 122 号
邮　　　　编:430070
网　　　　址:http://www.wutp.com.cn
经　　　　销:各地新华书店
印　　　　刷:武汉邮科印务有限公司
开　　　　本:787 mm×1092 mm　1/16
印　　　　张:17.75
字　　　　数:420 千字
版　　　　次:2024 年 7 月第 1 版
印　　　　次:2024 年 7 月第 1 次印刷
定　　　　价:78.00 元

凡购本书,如有缺页、倒页、脱页等印装质量问题,请向出版社发行部调换。
本社购书热线:027-87391631　87384729　87165708(传真)
·版权所有,盗版必究·

前　言

　　地铁安全问题既是交通领域的重大课题,也是公共安全领域的紧迫课题。地铁属于地下建筑,空间相对封闭,并且现代地铁空间多与周边商业体相连,形成结构复杂的地下空间,一旦发生突发事件,如踩踏、地震、火灾、恐怖袭击等,因其客流量大,人员密集,事故后果易被迅速放大,极易发生人员群死群伤和巨大财产损失的重大后果,进而产生恶劣的社会影响。截至2023年底,国内有55个城市开通城市轨道交通,运营线路306条,运营里程10165.7km。随着我国城市轨道交通线路陆续开通运营,地铁安全问题显得尤为突出。因此,深入研究地铁在突发状况下与应急疏散相关的基础理论问题并提出有效的疏散方案对于确保地铁利用者的安全,提高公共安全水平,有重大意义。

　　全书共分9章,第1章是绪论;第2章为基于心理潜变量的地铁应急疏散研究,通过在行为决策模型中引入心理潜变量,分析不可观测变量在地铁应急疏散情景下对行为决策的影响;第3章为基于潜类别模型的地铁应急疏散行为决策研究,针对当前许多研究中决策理论单一、模型解释能力不足的问题,考虑多种表现个体心理特征的潜变量构建潜类别模型,并建立包含多种决策规则的潜类别模型,分析个体间决策规则的异质性;第4章为行人地铁空间认知研究,运用结构方程模型与认知地图对行人的地铁空间认知进行分析,量化分析行人地铁空间认知水平;第5章为考虑空间认知的地铁应急疏散选择行为研究,在行为决策理论框架下,分别建立考虑空间认知水平的,基于不同应急疏散决策规则的混合Logit模型、前景理论模型和后悔理论模型,对比分析决策规则的异质性,同时建立混合决策模型,对行人的疏散选择行为进行分析;第6章为基于不同行为决策规则的地铁应急疏散仿真研究,运用第5章构建的考虑个体空间认知水平的各类行为选择模型,引入AnyLogic仿真平台,基于多智能体仿真技术对个体单独建模,运用仿真技术研究突发事件下行人的选择行为;第7章为考虑动态火灾产物的火灾疏散行为选择模型,基于火灾决策面板数据,即动态火灾产物下的路径决策数据,建立考虑动态火灾产物的动态离散选择模型,深入分析火灾产物、疏散心理等对路径决策的共同作用;第8章为基于BIM的火灾人员疏散仿真研究,建立建筑信息完整的BIM模型作为火灾疏散仿真平台,将考虑疏散者心理潜变量的混合选择模型和考虑动态火灾产物的动态离散选择模型引入疏散仿真模型中,通过仿真结果分析路径选择行为内在机理;第9章为结论及展望。

　　本书由新疆大学建筑工程学院王立晓博士统稿,新疆大学建筑工程学院卢世俊和王建虎协作撰写,三人共同协商定稿。特别感谢岳斌、于江波、刘晨、盖筱培、郝闵熙、杨振振、尹强、张振亚、张嘉琦、来佳璇等硕士研究生对本书排版和绘图工作的帮助。

　　本书的出版由国家自然科学基金项目(课题编号:71861032),新疆维吾尔自治区自然科学基金项目(课题编号:2018D01C071,2022D01C395)资助。

　　本书关于在应急疏散情景下的疏散选择行为的研究涉及国内外学者的大量研究成果,

文后虽然列出了众多学者的参考文献,但是难免挂一漏万,在此向所有被引用文献的作者表示感谢。

需要指出的是,针对地铁应急疏散行为选择的研究仍有诸多需要考虑的因素,著者在这一研究方向上虽然做了一定的探索,但由于水平有限,书中难免存在错漏之处,敬请读者批评指正。

著　者

2024 年 4 月

目　　录

第 1 章 绪 论

1.1 研 究 背 景

城市化进程中的土地资源紧缺和人口迅速膨胀等问题凸显,人们快节奏的生活和工作对交通出行方式的要求不断提高,地铁凭借其独有的快速、准点、低碳、运力大、对地面空间要求小等优势,已经成为越来越多城市公共交通发展的主要方式。截至 2023 年底,国内有55 个城市开通城市轨道交通,运营线路 306 条,运营里程 10165.7km。

地铁自诞生之日起,就存在着如何在突发事件下安全疏散人员、减少人员伤亡的问题。地铁客流量大,人员密集,属于地下建筑,空间相对封闭,空间布局相似,通风、照明条件差,疏散线路长,并且现代地铁空间多与周边商业体相连,形成结构复杂的地下空间,地面参照物失效,一旦发生突发事件,如地震、火灾、恐怖袭击等,事故易被迅速放大,往往很难及时进行有效处理,极易产生人员群死群伤和巨大财产损失的重大后果。历年来国内外城市发生的地铁事故如表 1-1 所示。从表 1-1 中可以看出,一旦地铁发生事故,会造成重大的人员伤亡,给世人留下惨痛的教训。因此地铁人员应急疏散问题,已成为国内外城市公共安全领域的热点问题。

表 1-1 历年来世界各国城市地铁事故举例

发生时间	国家	城市	事件及起因	伤亡情况
1995 年 3 月 20 日	日本	东京	"沙林毒气案",恐怖袭击	12 人死亡,约 5500 人中毒
1995 年 10 月 28 日	阿塞拜疆	巴库	列车电气设备故障	558 人死亡,269 人受伤
1996 年 6 月 11 日	俄罗斯	莫斯科	爆炸物爆炸	3 人死亡,16 人受伤
1996 年 12 月 3 日	法国	巴黎	爆炸物爆炸	4 人死亡,91 人受伤
2000 年 8 月 8 日	俄罗斯	莫斯科	爆炸物爆炸	13 人死亡,90 多人受伤
2001 年 2 月 5 日	俄罗斯	莫斯科	爆炸物爆炸	15 人受伤
2001 年 9 月 2 日	加拿大	蒙特利尔	地铁毒气事件,恐怖袭击	40 多人受伤
2003 年 2 月 18 日	韩国	大邱	人为纵火	198 人死亡,146 人受伤
2004 年 2 月 6 日	俄罗斯	莫斯科	爆炸物爆炸引起火灾	40 人死亡,134 人受伤
2004 年 8 月 31 日	俄罗斯	莫斯科	地铁爆炸,恐怖袭击	8 人死亡,10 人受伤
2005 年 7 月 7 日	英国	伦敦	爆炸事件,连续恐怖袭击	52 人死亡,700 多人受伤

续表1-1

发生时间	国家	城市	事件及起因	伤亡情况
2010年3月29日	俄罗斯	莫斯科	恐怖袭击	40人死亡,近百人受伤
2011年4月11日	白俄罗斯	明斯克	地铁站高峰时段发生爆炸	12人死亡,200多人受伤
2014年7月15日	俄罗斯	莫斯科	基础设施故障,列车脱轨	20人死亡,161人受伤
2015年1月12日	美国	华盛顿	车厢起火	1人死亡,84人受伤
2017年4月3日	俄罗斯	圣彼得堡	恐怖袭击	16人死亡,67人受伤
2021年5月3日	墨西哥	墨西哥城	基础设施故障,列车脱轨	23人死亡,70人受伤
2023年12月14日	中国	北京	雪天滑轨,与前车追尾	102人受伤

　　制定合理有效的应急疏散方案,首先需要深入研究地铁乘客的疏散行为特征。相关研究表明,地铁乘客的疏散行为不单会受到自身特质的影响,也会受到客观环境情况的影响;地铁突发事件的发生很容易让乘客产生恐慌心理,而乘客在应急状态下的心理状态极大地影响着疏散过程和疏散效率;同时,个人对所处环境的熟悉程度、个人的方位感知能力、个人所在的位置,以及个人的事故敏感程度等也在很大程度上影响着其自身的疏散行为。此外,地铁突发事件的发生也将导致地铁环境产生一系列变化,如人群密度的变化、火灾可能带来的能见度的变化等,环境的变化将进一步影响乘客的心理状态,从而导致乘客的疏散行为也呈现出不同的特性。由此可见,地铁乘客应急疏散过程受到人和环境的诸多复杂、不确定因素的影响。因此,地铁应急疏散研究需要对疏散过程中疏散人员的心理特征、行为特征及其形成机理进行深入研究。

　　目前,人员应急疏散的研究方法大致可分为两类:宏观方法和微观方法,宏观方法将人视为流动的介质,使用流体理论研究人员的疏散行为;微观方法将每个人视为具有各自属性的独立个体进行研究。与宏观方法相比,微观方法更贴近现实情境,已成为当前主流研究方法。同时,由于人员疏散过程难以组织实验,而计算机仿真作为一种对复杂问题和随机现象具有良好描述能力的有效工具,可以不受实验规模、场景和经费等的限制,已经成为密集人群流动规律和紧急疏散研究的重要手段。地铁乘客在疏散过程中会表现出多样性、随机性以及自组织性等独特的性质,使得人员疏散过程极为复杂。因此,需要对人员的疏散过程进行科学、合理的分析,对疏散过程中地铁乘客的宏观特性、个体微观特性,地铁乘客的心理特征、行为特征及其形成机理进行深入研究,进而掌握地铁乘客的运动规律,这是解决人员疏散问题的重要途径。

　　在应急疏散微观模型研究领域,应用最广泛的是各种仿真模型,如社会力模型、元胞自动机模型和基于Agent的模型,这些模型的核心内容是疏散者对疏散路径的选择。然而,这些模型的核心决策机制存在一定的局限性:首先,这些模型通常假设路径选择为完全理性及掌握完全信息下的最短路径或广义费用最小化路径,然而受环境认知、信息获取、个体自身的生理和心理特征等影响,疏散者在疏散过程中难以获得完全的信息,也无法完全理性地选择最短路径进行疏散;其次,对环境认知、信息感知、心理状态、性格特征等行为建模中难以直接测量的因素的影响考虑不足,社会力模型虽然通过"恐慌系数"的概念考虑了疏散者的心理因素影响,但体现到模型中仅仅是一个预先设定的简单常数,这样的参数能在多大程度上体现疏散者的心理因素影响仍需进一步验证;再者,疏散个体的同质性假设与现实不符,绝大部分的应急疏散模型假设疏散群体中的个体是同质的,即疏散个体在生理、心理和决策机制上没有差别,而现实中疏散个体在生理、心理上存在明显差别,且在决策机制上也存在较大的不同,即疏散个体间存在异质性;最后,行为决策理论建模时并未考虑动态火灾发展对疏散者疏散决策行为的影响,缺乏对不同时间下火灾对疏散行为的实时影响研究。因此,地铁应急疏散研究需要在疏散者行为决策机制上进行创新,以便能够更真实地反映疏散者应急疏散的行为决策机理。

本研究将应用多学科理论探索地铁空间疏散者的行为决策机理。从地铁应急疏散的疏散者行为决策问题入手,综合考虑环境认知、信息感知、心理状态、性格特征等不易测量的因素,以及疏散群体的异质性特征,探索疏散者在地铁应急疏散情况下的行为决策机理,通过实施大规模问卷调查,应用空间认知和行为决策分析等方法,构建不确定条件下地铁应急疏散的多用户类别行为决策模型,即潜变量模型和混合决策规则模型,并将模型引入地铁空间应急疏散仿真平台,实现疏散效率评估。本研究所提出的混合行为决策模型,以及应用该模型的仿真平台,在交通行为理论研究和交通应急管理方面具有较大的推广价值,对地铁安全管理有重要的理论指导意义,研究结果将为应急疏散提供新的建模视角和理论指导,同时为地铁运营制定合理有效的应急疏散方案提供理论依据。

1.2　国内外研究现状

行人的应急疏散问题是安全应用研究领域的一个研究热点,国内外学者也在该领域取得了比较丰富的研究成果。已有研究中,行人应急疏散研究主要通过行人仿真的手段实现,仿真模型主要分为社会力模型、元胞自动机模型和多智能体等几大方向,所采用的决策规则多是基于完全理性的最短路径规则,少有研究考虑行人的性格、心理、态度和感知等因素及行人的空间认知和行为决策在疏散中的影响,以及不同个体所遵循的决策规则对疏散中的路径选择行为的影响;同时,建模过程中考虑的火灾往往忽略其动态发展对疏散的影响。

下文从行为决策理论及模型、地铁行人应急疏散研究、空间认知研究三个大方向分别对国内外研究现状和发展动态进行介绍,最后总结现有研究中存在的问题与不足。

1.2.1　行为决策理论及模型

（1）完全理性和有限理性行为决策模型

交通行为决策模型通常按照个体的理性假设角度进行区分,主要分为两大门类,即基于完全理性的和基于有限理性(非完全理性)的交通行为决策模型。在完全理性交通行为决策模型中应用最为广泛的是离散选择模型(Discrete Choice Model,DCM),该类模型以随机效用理论(Random Utility Theory,RUT)为基础,决策者追求的是随机效用最大化(Random Utility Maximization,RUM),其隐含假设决策者为完全理性。国外离散选择模型的研究成果十分丰富,无论是模型方法还是理论应用都处于不断发展之中。国内离散选择模型研究起步较晚,理论方面的专著只见于关宏志的基础性介绍,但近年来研究成果不断增多,尤其是在交通方式选择和路径选择方面成果丰富,在行人疏散方面也有所应用。

典型的离散选择模型有二项 Logit(Binary Logit,BL)模型和多项 Logit(Multinomial Logit,MNL)模型,嵌套 Logit(Nested Logit,NL)模型和 Probit 模型等。前两种模型由于其不可观测项的相互独立假定,而具有相互独立(Independence from Irrelevant Alternation,IIA)特性,该特性与人们的现实选择结果并不完全相符,此外这两种模型也存在无法体现决策者个体之间的异质性及无法处理面板数据(panel data)等缺陷。后来提出的 NL 模型,只克服了 IIA 特性,其余两项缺陷依旧存在。Probit 模型虽然克服了选择肢之间相互独立的假定缺陷,但最初受限于计算技术的发展,其不可观测项的正态分布假设导致参数估计并不十分可行,随着计算机性能和仿真计算技术的发展,Probit 模型的参数估计变得可行。此外更新提出的混合 Logit(Mixed Logit,ML)模型及多重离散连续极值(Multiple Discrete Continuous Extreme Value,MDCEV)模型也能够完全克服 BL 模型、MNL 模型和 NL 模型的缺陷,模型的拟合精度和解释能力有了很大的提高。

目前应用比较广泛的有限理性交通行为决策模型主要有"前景理论(Prospect Theory,PT)"模型和"后悔理论(Regret Theory,RT)"模型,这两类模型基于的理论的发展源于对期望效用理论存在的一些问题的解释。20 世纪 50 年代,John von Neumann 和 Oskar Morgenstern 根据传统的"理性人"假设,建立和发展了期望效用理论,并得到广泛的应用。期望效用理论是不确定条件下标准的理性决策理论,在风险决策领域一直处于主导地位。然而在期望效用理论的实际应用过程中,难以解释"阿莱(Allais)悖论""埃尔斯伯格(Ellsberg)悖论"等现象。Herbert Alexander Simon 认为,人由于其获取知识的不完备、信息的不完全、行为和认知心理的约束、预期的干扰、未来的不确定性以及环境的复杂性,往往无法做出使自己收益最大化的决策,也就无法做到完全理性,从而提出了"有限理性"。为解释违背期望效用理论的现象,融合经济学和心理学的新决策理论悄然兴起。学者们从"有限理性"的假设出发,各自提出新的风险决策理论——"前景理论"和"后悔理论"。

1979 年,Kahneman 和 Tversky 在 Simon"有限理性"的基础上,进行了一系列实验,将心理学的内在观点和研究方法引入经济学,提出了"前景理论"。该理论从决策者决策时的心理角度出发,研究人们在面临风险及不确定环境时的行为决策,认为决策者在决策中看重的不是最终绝对收益,而是对于参考点的相对收益和损失,最终选择满意的决策。价值被分为收益和损失两部分,决策权重代替概率,用价值函数和决策权重函数共同度量总体价值,通过价值函数确定收益和损失,通过决策权重函数对概率作出主观判断,并对价值函数和决策权重函数的形状进行描述。由价值函数的形状图可以看出收益部分是凹的,损失部分是凸的,因为损失部分函数表达式中存在一个大于1的系数,所以损失部分的形状比收益部分更加陡峭。决策权重函数通常会高估小概率事件,低估中高概率事件。1992 年,Tversky 和

Kahneman 又在 PT 的基础上提出了累积前景理论(Cumulative Prospect Theory,CPT)。PT 的发展经历了从原始前景理论(Original Prospect Theory,OPT)提出,到累积前景理论(CPT)弥补了 OPT 的缺陷,再到第三代前景理论(PT3)的三个发展阶段。由于前景理论能够很好地描述决策者的行为特征,部分研究基于前景理论,从有限理性的视角研究了决策者在面对突发事件情况下,对待收益和损失的风险态度,取得了一定成果。但总体而言,因为经济学与交通工程学之间的差别,多数基于前景理论的模型在构建方面存在一些不足。首先,行为决策是一个复杂的决策过程,该过程包含多种影响因素,例如风险环境下的决策者,受到环境和决策者个人的年龄、性别、受教育水平,以及难以直接测量的心理、性格等多种因素的影响,同时地铁环境的通道宽度、人流密度、行进速度等因素也都会影响人的决策。在传统的前景理论模型中,很难将这些因素都体现在一个简单的幂函数形式的价值函数当中,在应用前景理论建模时,应考虑如何将环境因素纳入前景理论模型体系。其次,考虑决策者的异质性,前景理论中的价值函数、决策权重函数、参数体系及参考点的设置都需要慎重处理。

对于风险环境下的决策者,"后悔"也是行为决策分析的关键影响因素。后悔理论(RT)产生于 1982 年,由 Bell、Fishburn、Loomes 和 Sugden 分别独立提出,该理论假定决策者有限理性且追求预期后悔最小化。所谓后悔,是伴随某个未选方案的一个或一些属性的效用优于所选方案而带来的负面感知。对于个体,未被选择的选项可能比已选择的选项更具有吸引力,即在每个可能的环境状态下,个体对一个选项可能会感到后悔或欣喜,并在接下来所有的环境状态中集计该后悔或欣喜。Loomes、Sugden 和 Bell 指出单因素效用函数不能很好地解释人们的非理性决策行为,进而将后悔和欣喜因素纳入效用函数,分别独立提出"后悔理论"。Chorus 在 2008 年提出了随机后悔最小化(Random Regret Minimization,RRM)模型,采用该模型对疏散行为进行决策分析的优势在于继承了效用模型简洁的形式,同时避免了前景理论中参考点选取的复杂性。随后 Chorus 等以后悔理论为基础,提出了原始随机后悔最小化(Original Random Regret Minimization,ORRM)模型,但是该模型有两个缺点:第一,该模型假定后悔只相对于最好的未选方案发生,与其他方案无关;第二,由于模型中引入了 max 函数,现有的离散选择模型软件不能估计该函数中的参数。2010 年,Chorus 在 ORRM 模型的基础上提出了经典随机后悔最小化(Classic Random Regret Minimization,C-RRM)模型,该模型用对数函数代替 ORRM 模型中的 max 函数,弥补了 ORRM 模型的两个缺陷,并验证了决策者倾向于选择具有折中效应的方案。2014 年,Chorus 将属性后悔权重引入 C-RRM 模型中,提出广义随机后悔最小化(Generalized Random Regret Minimization,G-RRM)模型,该模型可以将各具优势和概念解释的行为决策模型进行组合,不再拘泥于单一的线性变化,该成果使得后悔理论行为决策模型具有极大的灵活性,可考虑不同取值范围和不同类型的变量组合。

疏散者作为一类特殊条件下的出行者,并不一定是单纯追求效用最大化的完全理性者,往往期望所选方案能够在后悔规避方面占优,避免后悔发生带来的负面效应。一些研究将基于"后悔最小化"的决策理论应用在交通出行行为分析中,但主要是针对常规情景分析。安实等认为应急疏散者在决策时通常是后悔规避的,即希望所选项带来的后悔尽可能小,因此引入随机后悔最小化理论,构建疏散者出行方式选择模型,并采用疏散意向行为调查数据进行模型检验。王泽将效用最大化和后悔最小化决策规则联合考虑,研究疏散者出行路径选择行为。另外,以随机后悔理论为基础,引入后悔权重系数构建基于改进广义随机后悔最小化的疏散路径选择行为模型。

也有研究指出,基于有限理性的"前景理论"和"后悔理论"虽然能够解释一些违背完全理性的现象,但完全理性的假设仍然是当前行为决策理论的主流,不能因为有限理性理论能够解释违背完全理性的现象就抛弃完全理性假设的合理之处。

事实上在面临风险决策时,前景理论所描述的对待收益和损失的风险态度,以及后悔理论所描述的后悔和欣喜因素,体现了不同决策者在面对突发事件时的不同决策心理,二者与完全理性决策心理并非相互对立,无法共存,而是在人群中同时存在,部分决策者可采用前景理论所描述的策略进行决策,部分决策者可采用后悔理论所描述的策略进行决策,也有一部分决策者是进行完全理性决策,甚至存在一个决策者做出同时具有完全理性与有限理性的决策机制的决策。

因此在研究突发事件下疏散者的行为决策时,有必要在离散选择模型、前景理论模型及后悔理论模型的基础上,进一步构建有限理性和完全理性共同作用的混合行为决策模型,从而能够更准确地描述疏散群体的行为决策。

综上可知,近几年出行行为选择模型的发展趋势主要分为综合化和精细化两个方向,即针对多行为决策模式的混合决策模型研究和考虑不可观测因素的潜变量模型研究。

(2) 混合决策模型

混合决策模型是行为选择模型综合化发展的典型。随着行为选择模型研究的深入,出行者同质性假设由于与现实存在差异逐步被舍弃,对应的出行者异质性假设逐渐成为行为建模的一个重要领域,很多行为选择模型如 Probit 模型、ML 模型、MDCEV 模型都能够考虑用户的异质性,出行者都拥有各自的偏好参数,并且在拟合精度上高于传统模型。关于用户异质性的研究主要体现在效用函数中参数的变动性上,这样的异质性通过连续的混合模型体现,如 ML 模型,或者通过有限数量的潜类别模型(Latent Class Model,LCM)体现,这种潜类别的本质是效用函数中的半参数设定,即假定决策者被分为多个潜在类别,在各个类别之间其效用函数的参数不同,但在同一个类别内其效用函数的参数相同。半参数设定的潜类别模型在交通领域被广泛应用于许多方向的研究,如对交通事故数据分类、车辆购买、货物运输、航空器选择、自行车出行需求、交通与环境等方面。

但上述模型仍然保持着决策者使用相同的效用最大化决策规则的假设前提,究竟不同的选择结果是由决策者仅仅对变量的边际敏感性不同造成的,抑或是由决策者选择过程遵循的决策规则不同造成的,需要研究者进一步的探索。Stephane Hess 等于 2012 年提出了混合行为决策潜类别模型,该模型将 RUM 分别与多参考点 PT 模型、RRM 模型、基于词典编纂的模型(lexicography based models)及逐步消除模型(elimination by aspect models)等行为决策模型进行混合,在拟合精度上明显优于单一的决策规则模型,证明了在单一数据集内个体之间产生的决策行为过程确实是不同的。其后,一些学者在随机效用和随机后悔综合决策模型及其应用方面进行了研究。Boeri 等在某小镇交通宁静化方案的选择研究中应用了随机后悔最小化和随机效用最大化的综合模型,展示了该类模型对现实的强大解释能力。Chorus 提出了通用合并随机后悔和随机效用的模型,并指出该模型可以捕捉决策规则中的异质性。王泽将效用最大化和后悔最小化决策规则联合考虑,研究疏散者出行路径选择行为。Stephane Hess 利用该类模型对决策者通勤出行行为进行建模以探索决策规则的潜在驱动因素,该研究认为无法观察的个人性格特征是决策异质性的关键来源,并将其作为潜变量引入混合决策框架之中。Charonitia 等则是在后悔理论基础上提出了一种潜类别模型,整合了个人性格、社会人口特征和背景因素的影响,利用实例证明人群中后悔驱动选择行为的 3 种潜类别的存在。

本质上,交通行为混合决策研究的目的是要找到一个模型设定,该设定能够表示个体潜在的决策过程。该方向研究的关键假设是在不确定条件下,依赖于决策的环境,不同个体会应用不同的决策规则,甚至同一个体也会应用不同的决策规则,即在某些环境下,某一个体会展示出效用最大化的行为,但在另外的环境下,同一个体会展示出后悔最小化的行为。

(3)潜变量模型及混合选择模型

行为决策模型的另一发展趋势,即精细化,是在传统效用模型的基础上加入"潜变量",以提高模型的解释能力和预测精度。所谓"潜变量",是指难以通过直接测量的方式量化的影响因素,如个体的态度、动机、认知、情绪等。Ben-Akiva 等指出离散选择模型本质上是一个从可观测变量到可观测结果的"黑盒子",假设黑盒子的内在工作机制已被模型捕捉,但是该假设的正确性存在争议,即没有考虑包含态度和感知在内的认知对选择行为的影响,因此应在模型中明确态度和感知等因素。1999 年,Ben-Akiva 和 Mcfadden 等最早提出了将心理因素加入行为决策过程的拓展理论框架,并指出该方法需要对离散选择模型和潜变量模型系统构成的整合多公式模型进行估计。初始的潜变量模型框架中,指标是潜变量的一种表现,两者之间的关系通过测量方程表达。因变量和潜变量之间是结构化的关系,因此结构方程模型(Structural Equation Model,SEM)是研究潜变量模型的必备工具。加入潜变量的行为选择模型被称为混合选择模型(Hybrid Choice Model,HCM),也有学者称之为综合的选择与潜变量(Integrated Choice and Latent Variable,ICLV)模型。2002 年,Ben-Akiva 等首次提出了 HCM 的概念,并通过放松基本 RUM 核心假设的方式,使得 HCM 能够包括非 RUM 的决策规则,这样 HCM 既可以作为潜变量模型使用也可以作为潜类别模型使用。

应用 HCM 的相关研究很多,主要集中在出行方式选择研究领域。出行者出行方式的选择过程既受个人属性等显变量的影响,同时也受到出行者态度、感知等不可观测潜变量的影响。Ben-Akiva、Mcfadden、Train 最先将潜变量应用于交通领域,建立了结合潜变量的出行方式离散选择模型;Schumacker 等的研究表明整合潜变量及显变量的混合选择模型在对出行行为分析和预测方面的解释能力和精度确有提升,出行者态度、认知等主观影响因素与传统的出行行为分析模型的整合在国际上引起了广泛的关注;Johansson 等在离散选择模型中引入人格特征和行为态度两个潜变量,比较二者对出行者行为决策的影响,结果显示这些潜变量确实对交通方式选择有影响;Kamargianni 等通过分析多因素间相互作用对心理决策的影响,描述了年轻人对自行车和步行两种出行方式的选择偏好;Maldonado-Hinarejos 等通过建立驾驶时间、态度、知觉的潜变量随机参数模型预测了出行者骑自行车的需求;Bolduc 等利用混合选择模型分析了居民对新型小汽车的选择行为;陈坚等在二项

Logit 模型中引入服务环境、舒适性、安全性、等车感受和方便性 5 个潜变量,构建了出行方式选择行为的结构方程模型-二项 Logit 模型整合模型(SEM-BL 整合模型),并将此模型与传统的二项 Logit 模型进行了对比,发现与未引入潜变量的选择模型相比,SEM-BL 整合模型具有更强的解释能力和更高的预测精度;李聪颖等考虑了态度、主观规范、行为控制认识和过去经验 4 个潜变量,分析了雾霾天气下出行者的出行行为;程龙等在多项 Logit 模型中引入舒适性、方便性、可靠性、灵活性、安全意识和环保意识 6 个潜变量,分析了低收入通勤者的出行方式选择行为;Prato 等应用空间能力、时间距离估计能力、标志性建筑使用偏好、信号灯回避偏好等作为潜变量,对出行者的路径选择行为进行建模。李军等利用混合选择模型,分析了安全意识、服务质量、舒适性和忠诚度 4 个潜变量对出行者专车出行选择行为的影响;鞠鹏等将混合选择模型用于分析出行者汽车共享的选择行为,在多项 Logit 模型的基础上,引入了感知有用性、感知易用性、行为态度、主观规范、知觉行为控制和行为意向 6 个潜变量,通过分析发现,混合选择模型比传统的多项 Logit 模型对实证数据有更高的拟合度;景鹏等构建了考虑心理潜变量的混合选择模型,对出行者关于各种出行方式的行为态度、主观规范、描述性规范和感知行为等因素做了问卷调查,并对混合选择模型进行参数回归,结果表明考虑心理因素的模型相比传统离散选择模型更全面地描述了出行者的出行方式选择行为;Paulssen 等用分层的潜变量 ML 模型进行出行方式选择预测,考虑了价值观念因素,并构建了价值观念-态度-行为的分层认知模型;Kamargianni 等在可持续的出行方式研究中,将青少年对走路和自行车出行的态度潜变量引入 HCM,考察其对出行方式选择的影响。

随着对 HCM 研究的不断深入,研究范围也扩展到了其他方向。有学者利用潜变量模型对出行方式选择模型中缺失的收入数据进行数据插补。也有学者采用路网熟悉度、信息依赖度、行程掌控感、路径探索意识作为潜变量,研究驾驶员的路径选择行为。人们对政府的不信任也被作为潜变量,对不同的轨道安全系统进行了深入研究。多重离散连续核心的潜变量模型是潜变量模型研究的最新成果,它整合了 HCM 与多重离散连续模型,能够考虑个体的情绪等潜变量因素,对个体日间出行行为及参与活动时间进行预测。对于 HCM 本身的反思也逐渐增多,包括模型的建模投入与收益、适用条件以及态度与感知指标的一致性等方面。

混合选择模型已在交通出行选择行为的分析中得到了广泛的应用,总结发现,混合选择模型相较于不考虑潜变量影响的传统离散选择模型对出行者选择行为的解释能力更强、预测精度更高。地铁应急疏散是行人在多因素影响下的疏散路径选择问题,也是在不确定条件下考虑个人社会经济属性、心理潜变量以及其他因素共同影响下的备选方案选择问题,将混合选择模型应用于地铁应急疏散领域有待实践。

(4)潜类别模型

潜类别模型(LCM)是研究异质性的有效工具,通过将研究样本分成有限数目的潜类别,以潜类别之间参数的差异表现研究样本中存在的异质性。还有许多模型也可以表现研究样本的异质性,如 Probit 模型、混合 Logit 模型、多重离散连续极值模型等。而 LCM 相比于其他模型具有以下特点:可以表现群体层面的异质性,具有更强的解释能力;不需要假设随机参数的分布形式,提高了模型的运算效率。本研究利用 LCM 研究疏散者在心理层面和决策规则层面的异质性。

在交通行为研究领域,许多学者应用 LCM 分析决策者的偏好异质性。如陈建冰利用 LCM 对通勤者的出行选择行为进行分析,考虑了经济属性、通勤距离、成本、舒适度、身份认同感等 7 种属性,根据通勤者对各属性的不同偏好,将通勤分成"花费敏感型""看重工作型""注重体验型"3 种类别。顾兆军等利用 LCM 研究民航旅客的选择行为偏好,对民航旅客进行分类,从而帮助航空公司改进收益管理策略。Prato 等采用 LCM 来确定哥本哈根地区小于 22km 的短距离出行选择的潜在模式偏好,并且认为未来的研究应该集中在潜在社会心理偏好的识别上。Yutaka Motoaki 等在 2015 年建立了混合选择 LCM,用于分析天气对自行车出行需求的影响,根据被调查者潜在的心理状态,推导出一个具有类别分配机制的 LCM。调查者被分为两类:一类是技术熟练、经验丰富的自行车手,另一类是技术不熟练、非专业自行车手。这两个类别的调查者对可能鼓励或阻碍自行车出行的因素有不同的敏感性。刘建荣等在 2019 年利用 LCM 分析不同类别的出行者对私家车限行政策赞同度和纯电动车购买意愿的影响。刘建荣等基于 LCM,考虑了公交使用者的公交满意度、使用意愿等变量,对其进行类别划分,将公交使用者划分为机会乘客、忠诚乘客两类群体,并分别分析了影响公交总体满意度、使用公交意愿的因素。LCM 也为企业和政府决策提供依据,因此 LCM 被应用于交通事故数据分类、货物运输方式选择、航空器选择、自行车出行需求、交通与环境等方面。Naveen 等建立了基于有序 Logit 模型的潜类别模型来评估各种因素对驾驶员伤害严重程度的影响,研究表明影响伤害严重程度的关键因素包括驾驶员的年龄、事故发生的时间、雪或雨的存在、车辆原因以及事故发生前驾驶员的行为。陈妤婕等利用 LCM 分析交通事故的偶然性和大量的影响因素,从而有效避免影响因素被忽略的情况。Concepción Román 等使用指定数据来分析货物运输的模式选择偏好,为了更好地理解托运人偏好的异质性,建立了一个包含罚函数的 LCM,对现实中托运人的运输方式选择行为进行描述,研究结果证明存在不同的潜类别,它们可以感知影响运输模式选择的主要属性,并且在属性不符合可接受的服务水平时对该运输模式产生厌恶情绪,以至于决策者不倾向于选择该运输模式。Li Zhenning 等对混合 Logit 模型和 LCM 进行了仔细的比较,结果表明 LCM 对数据集的分析性能更好,通过分析驾驶员属性、道路状况等因素对雨天状况下农村单车碰撞的影响,为制定预防严重伤害的有效对策提供了有益参考。Yashar Araghi 等通过 LCM 分析航空旅客的偏好异质性,研究结果表明航空旅客可分为 3 种类型,第一种是价格敏感型,第二种是爱带行李型,第三种是绿色出行型,根据不同类别旅客对航空属性的敏感性差异,提出以旅客为导向的环境策略,减小对环境的不利影响和对各国航空工业的压力。乔珂等在 2017 年利用 LCM 进行高速铁路市场的细分,为我国高速铁路收益管理理论研究和实践应用提供参考借鉴。也有学者将 LCM 应用于应急疏散的研究,Koot 等利用 LCM 研究在洪水、核辐射等灾害发生时,大范围疏散过程中人群的异质性和不同类别人群的疏散行为,并取得了良好的效果。

根据以上研究可知,LCM 对分析出行者的选择偏好异质性有良好的效果,并且为政府政策或者企业策略的制定提供了一定帮助,但以上研究大多利用 LCM 分析偏好异质性,缺乏对心理异质性和决策规则异质性的考虑。在对心理异质性的分析中主要是通过潜在剖面分析(Latent Profile Analysis,LPA)建立 LCM,而对决策规则异质性的研究是通过在 LCM 的结构中预设决策规则潜类别,对样本进行分类并估计每个类别的偏好差异。Stephane Hess 利用一种混合随机效用和随机后悔的 LCM,对选择通勤方式的潜在驱动因素进行探索,发现出行的满意度与行为决策有很大关联,并将满意度作为潜类别的划分依据。Chorus 提出了合并随机后悔和随机效用的广义随机后悔最小化(G-RRM)模型,该模型改写了 C-RRM 模型中的后悔权重,G-RRM 模型中后悔权重为一个大于 0 小于 1 的可变参数 γ,并指出该模型可以捕捉决策规则的异质性,当 γ 为 0 的时候可以看作 RUM 模型,当 γ 为 1 时可以看作 C-RRM 模型。Chorus 还强调了在未来可以将 LCM 与 G-RRM 模型进行混合以区分决策者对属性的偏好异质性和决策规则的异质性。Rezapour Mahdi 等通过建立决策规则 LCM 对影响安全带使用的因素进行研究,结果表明考虑决策规则异质性的 LCM 具有更好的拟合效果,探索了更多的影响因素。

综上所述,LCM 不仅可以识别不同类别间的偏好异质性,还可以识别心理状态的异质性和决策规则的异质性。地铁应急疏散是不同心理状态人群的路径选择问题,也是采用不同决策规则人群的疏散方案选择问题,但现有地铁应急疏散研究中鲜有学者对疏散者在地铁应急疏散情景中的心理异质性和决策规则的异质性进行探索,因此,探索地铁应急疏散情景中疏散者心理异质性和决策规则异质性的 LCM 有待实践。

(5)动态离散选择模型

以往分析火灾下疏散人员的决策行为时,往往忽略了火灾的动态发展对疏散行为的影响,疏散人员并非一成不变地选择固定的疏散出口或路径,而是根据火灾环境的动态信息作出决策。Nikolai W.F. Bode 利用贝叶斯模型探索环境信息变化时疏散人员的动态路径选择机制,研究表明疏散人员根据时间依赖性信息做出的出口选择偏好并不是固定的。因此,考虑火灾的动态发展对疏散决策的影响能够提高模型的预测精度,使得模型更加与实际相符。

有研究表明动态离散选择模型(Dynamic Discrete Choice Model,DDCM)可较好地弥补离散选择模型在捕捉动态演化方面的缺陷。动态离散选择模型是一类离散控制动态规划,不同于离散选择模型,虽然同样遵循效用最大化,但 DDCM 除考虑当期效用外,还考虑其他阶段的时变效用,即考虑决策者的未来期望效用,考虑时间变化的动态决策。Rust 等首先将 DDCM 应用于公交车的发动机是否更换的问题。Ge 等通过建立 DDCM 分析电动汽车车主的车辆选择与充电选择,得出合适的车辆与充电时段。张慧琳基于动态离散选择的框架,构建一个考虑出行者短视行为以及节点费用的路径动态选择模型,以 3 种路网为算例,说明其建立的动态离散选择模型能解释出行者根据实时状况做出选择行为的合理性。有研究将 DDCM 引入疏散领域,Urena 等引入了考虑飓风灾害特征与人员对飓风期望的 DDCM,研究验证所提出的 DDCM 能够显著提高决策和疏散时间的预测精度;Fosgerau 等开发了一个动态路径选择模型,其中路径选择问题被表述为一个链接选择序列,在每个阶段,出行者选择顺势效用和期望效用之和最大的路径。

因此基于 DDCM,考虑动态火灾,即不同时刻火场环境下不同的疏散人员行为决策有待挖掘。

1.2.2 地铁行人应急疏散研究

下文从疏散行为影响因素、地铁行人应急疏散路径选择行为、地铁行人应急疏散微观仿真模型研究，以及 BIM(Building Information Model)技术在火灾疏散仿真中的应用等方面对国内外研究现状和发展动态进行介绍。

（1）疏散行为影响因素

在疏散行为的既有研究中，学者常考虑个人因素、环境因素(如火场环境、疏散路径或出口属性等)等可观测变量对疏散行为的影响。

可直接观测变量中疏散人员的个人因素包括疏散人员的性别、年龄、受教育程度、消防安全知识等，此类因素直接或间接影响人员疏散速度进而影响疏散效率。疏散环境因素研究通常考虑火场环境属性(如烟雾、毒性气体等)、疏散出口及疏散路径特征等因素对疏散决策的影响。Ruggiero 等使用基于虚拟现实的 SP 数据校准 ML 模型以探究烟雾、应急照明、出口距离等环境因素对疏散出口选择行为的影响；Yan 等基于虚拟现实技术分析出口标志、方向标志等疏散信息对出口选择的影响；2010 年，Guo 等提出基于离散选择机制的元胞自动机模型分析出口能见度等环境因素、出口熟悉程度等个人因素对出口选择行为的影响；穆娜娜等指出性别、受教育程度、安全知识等个人因素对疏散行为有一定影响；罗凌燕等通过问卷调查及疏散实验，总结出影响疏散路径选择的因素包括环境熟悉度、认知水平等个人因素与照明情况、疏散指示标识等环境因素。

上述研究仅考虑可直接观测变量对疏散行为的影响，随着研究的推进，学者们开始注重疏散心理的研究，并指出不可直接观测的心理因素亦显著影响疏散行为。然而目前的研究对心理因素的考量尚不全面，多针对疏散人员在逃生过程中存在的恐慌、从众等非适应性心理展开研究，忽略利他等适应性心理对疏散的影响。"非适应性心理"指疏散人员在逃生过程中采取的不利于他人安全的心理行为，"适应性心理"指疏散人员在逃生过程中采取的可能有利于其他人疏散或避免事故损失的心理行为。如 Fruin 通过引入恐慌参数概念探求其对疏散行为的作用，指出恐慌显著影响疏散效率；刘颖基于结构方程模型探究群体性恐慌心理对不安全疏散行为的影响，结果显示群体性恐慌心理对不安全疏散行为有促进作用；岳斌构建考虑恐慌、从众等非适应性心理，以及影响个体疏散行为的安全意识、服从性、导向依赖、环境熟悉度等 6 个心理潜变量的行为选择模型，以分析地铁火灾应急疏散行为形成机理。一般而言，目前紧急状况下人群非适应性心理行为理论可分为 3 个方面：①恐慌理论；②紧急程度理论；③决策理论。其中决策理论指个体即使处于危险状况下，仍能进行合理决策，在疏散过程中能够相互合作并采取减少伤亡的行为。由此可知，疏散者在疏散过程中除存在非适应性心理阻碍疏散外，也存在适应性心理利于疏散，Hoogendoorn 等对过去的事故的研究表明，部分人在疏散时展现出帮助陌生人的利他主义适应性行为倾向；王坤在分析疏散行为影响因素时指出，利他互助适应性心理表现出的正向激励机制可增加逃生机会。少有研究同时考虑适应性与非适应性心理多个心理潜变量对建筑火灾疏散行为的影响，缺乏建筑火灾下包含适应性与非适应性的各疏散心理潜变量之间、个人属性与心理潜变量之间的作用关系研究。

（2）地铁行人应急疏散路径选择行为

疏散路径选择是应急疏散研究的关键环节，现有的应急疏散路径选择研究较多，其核心的路径选择机制多以路径（时间）最短或效用最大为选择规则，也有少部分考虑基于有限理性的路径选择规则。其中，宫建针对 2008 年北京奥运会进行应急交通疏散路径选择建模分析，该模型的路径选择以疏散时间最短为目标，考虑了道路通行能力、交叉口个数、车辆在交叉口处的转向折减以及智能交通系统（Intelligent Transport System，ITS）设施的设置。马军平等的研究在疏散过程中考虑了抗出错因素，在路径选择过程中加入抗出错系数，求解抗出错最短路径，以减少路径选择错误带来的损失。Duives 考虑距离、角度偏差和从众行为，构建疏散者路径选择的 MNL 模型，研究结果表明即使疏散者完全理性地选择效用最大路径，仍无法达到最优疏散效率。Chiu 和 Mirchandani 构建基于 MNL 的疏散路径选择模型，运用问卷调查数据进行验证，从而研究疏散者的路径选择行为。

罗凌燕等指出在实际疏散过程中，人员不会严格按照已设计好的或者最优的疏散路径进行疏散，并通过打分式问卷调查以及疏散实验对影响应急疏散路径选择的因素进行研究，结果表明环境熟悉程度、疏散环境物理条件、疏散人群密度、光线条件、语音信息提供是影响疏散路径选择的主要因素，疏散者并不十分在意路径的远近和复杂程度，说明最短路径选择规则在实际疏散过程中并不完全适用；此外，疏散者的认知水平也是影响疏散路径选择的重要因素。事实上，已有部分学者认识到环境感知、认知水平及个人心理性格等因素对疏散路径选择的影响。郭仁勇等考虑了从众影响、出口的可视性及熟悉度等因素，在有障碍物及多出口房间的环境下，建立基于 Logit 的出口选择模型。覃剑等指出疏散者在疏散过程中会受到周围环境、个体心理和自身的性格特点等因素的影响，这些因素都会使人产生不同的潜意识行为。Lovreglio 则更进一步利用考虑潜变量的随机效用模型，从战略、战术和操作 3 个层面对应急疏散路径选择行为进行研究。

考虑其他的决策规则也是应急疏散路径选择研究的新方向，有少数学者分别利用前景理论和后悔理论对疏散者的路径选择行为进行研究，丰富了应急疏散路径选择理论体系，例如曾柯考虑被疏散者的心理及行为决策特征，基于前景理论建立路径选择模型，分析了如何优化路径选择决策的问题；安实等认为疏散者在进行决策时通常是后悔规避的，因此基于随机后悔最小化理论，建立出行方式选择模型，并根据问卷调查数据对该模型进行验证。王泽同时考虑效用最大化和后悔最小化决策规则，基于改进广义随机后悔最小化建立疏散路径选择行为模型，并对比分析各模型，对疏散者路径选择行为进行研究。

（3）地铁行人应急疏散微观仿真模型研究

行人疏散问题研究的代表性人物为日本学者户川喜久二，他在 1955 年推导的疏散时间近似计算公式，奠定了行人疏散问题研究的基础。关于群体行人运动，John Fruin 在群体行人的运动速度、人群密度和流量等方面做了大量的研究，并在其著作 *Pedestrian Planning and Design* 中对这几方面的关系进行了阐述。

从 20 世纪 80 年代起,人们开始用数学模型描述人群的宏观统计特性。90 年代随着计算机软硬件技术蓬勃发展,学者们构建仿真系统的能力逐渐增强,从微观层面上,为描述行人行为特性提供了技术支撑。与此同时,行人行为的理论研究成果也越发丰富,通过对行人运动规律和行为特性进行分析,提出了许多极具代表性的疏散仿真模型,用于研究行人的集体行为、自组织现象以及动态特征。

行人行为的复杂性来自大量个体间相互作用的复杂模式,可以从宏观与微观两个方面研究行人行为:宏观方法将行人看作连续流动介质,可以利用流体力学的相关研究成果;微观方法更加细致,考虑行人的个体差异以及行人间的相互作用。微观模型因其强大的仿真能力,逐渐成为研究的主流,目前常见的微观行人疏散模型可分为连续型模型和离散型模型两大类,连续型模型以 Helbing 等提出的社会力模型为代表,离散型模型有元胞自动机模型、格子气模型等。基于 Agent 的模型中智能体移动的空间能够以连续或离散的形式描述。以下按模型形成的顺序分别介绍元胞自动机模型、社会力模型和基于 Agent 的模型。

1) 元胞自动机(Cellular Automata,CA)模型

20 世纪 50 年代初,John von Neumann 为模拟生物发育中细胞的自我复制而提出了元胞自动机的雏形,是描述自然界复杂现象的简化数学模型。元胞自动机不是由严格定义的物理公式或函数确定的,而是定义在由有限状态的元胞组成的离散空间上,根据一定元胞更新规则,基于自身和相邻元胞状态在离散时间维度上同步更新、动态演化的动力学系统。特别适合复杂系统时空演化过程的动态模拟研究。元胞自动机具有构造简单、运算能力强、所需硬件条件较低等优点,其缺点主要为:由于结构简单,没有考虑个体间的相互作用,对个体行为的模拟比较粗糙,使得模型无法对人群疏散过程中个体之间的碰撞进行仿真;同时像目前其他人群疏散仿真模型一样无法真实描述个体心理,因而降低了模型仿真结果的可信度。

元胞自动机模型通过建立简单的局部规则来实现复杂的全局现象,反映个体在应急疏散中的交互作用,能够模拟宏观人群疏散中的自组织行为。赵宜宾等引入目标方向密度概率描述备选路径人群密度,以及出口影响因子概率等影响决策的因素,充分考虑个体在疏散决策过程中的主观能动作用,基于元胞自动机构建人群疏散模型。Yue 等在改进动态参数模型的基础上,引入影响行人行为决策的认知系数和不平衡系数。与原始模型的仿真结果相比,认知系数和不平衡系数的引入能较好地解释疏散者的出口选择行为。之后,将基于距离与基于时间的策略相结合,根据元胞自动机模型的理论框架构造出口选择的混合策略,并对不同认知系数的出口选择结果进行分析。刘磊等基于元胞自动机模型,依据路径长度和排队时间两个因素选择出口,与基于最短路径、基于出口人群密度进行出口决策的疏散过程进行比较,结果表明改进模型能较好地描述疏散人员的出口选择行为。Liao 等基于改进的元胞自动机模型,对行人行为进行详细分析,发现路径长度、出口人群密度和检票设施空间布局对行人出口选择有显著影响。Wang 等基于元胞自动机和场域模型,通过感知动态疏散路径来调整引导策略,提出一种多信息传播场域模型来研究逃生信息对疏散者出口选择行为的作用机制。张鑫龙等基于社会力模型中自驱动力、摩擦力、排斥力的力学规则改进元胞自动机模型,完善疏散人员出口选择机制,刻画行人动态出口选择过程。Li 等基于最短时间和最短路径策略,修正考虑行人运动偏好的出口决策规则,将其嵌入元胞自动机模型中,

模拟多出口场景中行人的疏散行为。Fu 等考虑疏散路径长度和出口人群密度，改进元胞自动机模型模拟多出口房间中行人的出口决策，并与随机选择出口策略结果进行比较，结果表明改进模型更适用于房间的应急疏散。

元胞自动机模型作为离散型微观仿真模型，在描述复杂系统内在规律与外在联系方面具有构造简单、规则灵活、容易刻画微观行为和易于计算机实现等优势。然而，元胞状态仅根据相邻元胞的状态信息和相应规则进行更新，从群体决策而非个人决策角度进行研究，对行人主体本身的考量较少，缺乏个体间相互作用、行人心理-行为分析，基本都是针对主体运动建立规则，这就使得主体同质性较强，而忽视了主体的异质性。同时，元胞自动机模型通过设定路径决策规则驱动元胞移动，常采用在行人完全理性和掌握完全信息的假设下的最短路径规则驱动元胞移动，而该假设与现实情况并不完全相符。

2）社会力模型（Social Force Model，SFM）

社会力模型是 Helbing 和 Molnar 于 1995 年在分子动力论的基础上提出的连续型微观仿真模型，并于 2000 年在 *Nature* 杂志上正式发表，该模型可以解释人员疏散过程中不连续、非线性的复杂行为。社会力模型的基本原理是通过与牛顿力学相似的受力分析来建立行人基本行为趋向性的模型，从社会力的角度，心理和物理上产生的影响将共同构成对行人行为的推动力。社会力模型认为有 3 种力作用于行人：自驱动力、人与人之间的作用力、人与边界（墙壁）之间的作用力，这些力的合力作用于行人，产生行人移动过程中的物理参数——加速度，使人到达最终的目的地。模型能够模拟行人的自组织行为，比如自动渠化、流动条纹、瓶颈摆动、从众行为、快即是慢效应等自组织现象。因此，社会力模型的模拟结果比较接近真实情况，在行人建模研究上是一次较大的突破。

相比其他仿真模型，社会力模型可以很好地模拟疏散个体的行为特征和解释常见的疏散现象。秦文虎等提出了综合考虑行人心理慌乱状态和出口拥挤程度的出口选择策略，在决策分析中考虑决策者的心理行为，较好地解决了个体逃生时的出口选择问题。Zainuddin 等考虑出口设计、出口距离和人群堵塞等因素，对可用出口集合中的疏散出口进行效用评估，构建基于社会力模型的出口效用评估模型。汪蕾等基于出口效用评估函数，从出口客观条件以及局部堵塞效应对个体心理影响角度着手，基于社会力模型构建多出口选择综合模型刻画人群疏散。Zheng 等提出一种改进的社会力模型用于出口选择，考虑空间距离、人员密度和出口宽度模拟地铁站内行人的微观行为。马洁等引入反映个体感觉和知觉能力的感知因子和判断系数，构建基于社会力模型的出口动态选择模型，通过动态比较和预测决策，模拟行人的出口选择以及出口变换。李楠等构建基于改进社会力模型及最优化理论的多出口疏散仿真模型，与基于最短路径规则的出口选择策略相比，该模型可以较真实地再现和解释现实中的疏散情况。Han 等通过分析信息传递机制，结合社会力模型构建考虑信息损失的信息传递模型，描述个体间的相互作用以及出口决策。Shuaib 等以时间负效用最小选择最优出口为决策规则，将出口效用评估过程集成到所采用的寻路规则中，基于社会力模型描述个体的出口选择行为。Ma 等基于社会力模型，提出了一种简单的方法来定量描述疏散人员对紧急出口位置的认知，研究疏散人员的空间记忆在低能见度条件下对出口选择的影响。

社会力模型明确了驱动力是源于行人自身的主观行动,充分考虑了个体间相互作用以及环境对行人的影响。社会力模型考虑了恐慌情绪在人员疏散过程中对人的行为所造成的影响,提出了"恐慌系数"的概念。恐慌系数表达的是"恐慌"情绪下,疏散人员试图尽快离开危险区域的非理性,是一种行为的非理性。但存在粒子运动盲目,未将行人作为决策主体,而将行人视为受力的作用产生运动的物体,缺乏感知认知、行为习惯等心理因素对行人行为决策的影响研究,而事实上人具备与行走环境交互的智力,行为更为复杂,具有更灵活的路径选择能力。此外,社会力模型的力学公式所描绘的个体间、个体与环境间交互状态表现过于简单,这种表达没有明确的感知—决策—行动链条,力的线性叠加无法刻画行人的复杂行为和决策心理。针对以上问题,可引入 Agent 建模方法对社会力模型加以改进。

3）基于 Agent 的模型（Agent-Based Model,ABM）

Agent 又叫智能体或真体,是人工智能领域中的一个重要概念,是集合感知、决策、执行等行为,可与其他主体以及所处环境动态交互、自主行动从而实现设计目标的智能体。任何独立的能够思考并可以同环境交互的实体都可以抽象为智能体。Agent 是一个有能力在所处环境中自主行动从而实现设计目标的系统,具有反应性、社会性、主动性及协同性等属性,能将复杂系统环境中个体微观行为与系统的整体环境属性有机结合起来。在基于 Agent 的模型中,每一个独立的 Agent 都可以依照自身所处环境,将生理因素等有差异的个体在受到外界干扰的情况下的自主行为直接映射到智能体上,并按照预先设定的行为规则选择自身行为,适用于行人疏散的仿真,方便对个体的行为进行分析。

相比元胞自动机模型和社会力模型,基于 Agent 的模型除了具备一般微观模型自下而上建模的优点之外,Agent 本身具有的在所处环境下的反应性、主动性、社会性以及协同性等属性,使得基于 Agent 的模型更适合表达社会群体行为,尤其在将复杂系统中个体的微观行为与疏散环境属性有机结合方面更具优势。

基于 Agent 的模型由自主的、交互式的智能体组成,每个智能体表示一个个体,拥有独特的属性和状态,如物理属性（如速度、位置）、心理学属性（如情感）、社会属性等。每个智能体也拥有一定程度的感知和推理能力,在没有用户干涉的情况下有能力对特定的事件和复杂动态的环境做出反应和基于当前所处的环境做出行为决策,每个智能体根据决策规则独立做出自己的行为决策,而行为决策规则经常取决于与智能体相关的局部信息。这些简单的局部行为决策规则最终涌现为全局的群体现象。研究者可以有很大的自由空间,设计各种不同的行为决策规则。

基于 Agent 的模型因能够表征行人行为的异质性、允许在动态系统中模拟个体交互,以及在不同环境中添加复杂的行为决策规则而被广泛用于模拟行人疏散。Bo 等将 Agent 及其环境状态集成在感知—决策—行动框架中,模拟多出口疏散环境下行人的决策行为和社会行为。Ha 等考虑出口宽度、期望速度和摩擦系数对疏散效率的影响,结合基于 Agent 的模型和社会力模型构建自驱动粒子模型,研究多出口场景下的出口选择问题。Ben 等为有效模拟行人疏散,基于元胞自动机模型和 Agent 环境建模框架,分析了各参数对疏散人员出口选择行为的影响。Bode 等提出了一种基于 Agent 的模型来描述行人的行为特性以及运动规律,研究疏散出口选择与周围环境的关系。Zhang 等基于多智能体个体决策框架和元胞自动机模型,提出了一种多智能体疏散仿真模型,研究疏散过程中障碍物、人群分布以及出口位置对疏散效率和出口选择的影响。Kim 等利用多智能体仿真技术,根据最短路径、最大流量、最大可达性以及最短疏散时间确定疏散出口,用基于多智能体框架的仿真模型来评估疏散时间和行人行为决策。Andresen 等基于 Agent 的建模方法,根据行人空间认知的不准确心理表征,研究个体环境熟悉程度对行为决策的影响,通过对疏散过程中空间信息的准确感知以及对空间记忆检索的有效利用,做出智能的决策。Rozo 等基于离散选择模型规则,表征行人行为异质性及其与环境的相互作用,考虑行人在紧急情况下的应急反应和决策行为构建基于 Agent 的模型。Haghani 等为了模拟人群运动,结合最短加权路径算法和社会力模型,从建筑环境、出口能见度、出口疏散能力以及空间分布等方面研究从众行为对疏散出口选择的影响,发现从众行为对行人的出口决策影响显著。Liu 等利用基于 Agent 的模型,考虑空间距离、排队人数和便利性,模拟地铁站乘客对疏散出口的决策过程。部分研究根据基于随机效用最大化理论的离散选择模型确定目标选择和路径选择的规则。Antonini 等在基于 Agent 的模型框架下,建立了 Cross-Nested Logit 和 Mixed-Nested Logit 模型描述行人的行为决策规则,并开发行人仿真验证模型。

基于 Agent 的模型可为个体预先设定基于自身状态变化或环境条件变化的动态疏散行为,能够细化疏散群体。已有文献中,部分基于 Agent 的模型考虑了个体行为决策规则,但是其本质是在行人完全理性及掌握完全信息的假设下的行为决策规则,即基于随机效用最大化理论的离散选择模型规则和最短路径决策规则,然而这种假设并不完全符合现实。而其他一些已有研究,只从群体决策而非个人决策的角度进行仿真。以上两种决策规则与现实均有较大偏差。现实世界中,在突发事件发生的情景下,行人能否获得信息存在较大差异,部分群体能够获得信息,进行完全理性行为决策,而部分群体可能无法获得信息,只能进行有限理性行为决策。

综上可知,行人疏散仿真研究中,行人行为决策规则制定的合理与否,决定了行人疏散仿真与现实情况拟合度的高低。然而基于 Agent 的模型仍未解决元胞自动机模型和社会力模型心理参数设置过于简单、决策规则假设违背实际、基于完全理性的行为建模往往与现实具有较大偏差等问题。虽然社会力模型、元胞自动机模型和基于 Agent 的模型中有部分研究考虑了疏散者"完全理性"的行为决策规则,但实际疏散过程中,"完全理性"与"有限理性"同时存在于疏散群体中,大多数研究未能对这一点进行探索。同时,大量研究表明,疏散者对地铁空间越熟悉,在疏散过程中所用的时间越少,即地铁空间熟悉程度与疏散效率呈现强相关关系,但大多数的仿真未能将空间熟悉程度因素引入模型,其原因主要在于该因素难以量化,不宜引入决策规则之中。因此,有待后续研究在前提假设和决策规则上进行改进。

（4）BIM 技术在火灾疏散仿真中的应用

建筑火灾下建筑内人员的应急疏散是安全研究领域的一个热点,国内外学者在该方面也取得了较为丰硕的成果。现有研究中,仿真模型在火灾人员疏散领域的研究中占主导地位,利用基于 BIM 的火灾人员疏散仿真建模可以克服传统火灾仿真与人员疏散仿真模型中存在的不足。

1）基于 BIM 的火灾疏散仿真研究

随着计算机应用技术的发展与崛起,计算机数值模拟技术开始被引入火灾发生后的事故分析,并在第一次国际火灾安全科学讨论会后确定其对火灾人员疏散问题研究的应用价值,这标志着计算机与火灾科学领域的结合开始进入全面发展阶段。20 世纪 70 年代是消防应急疏散研究和 BIM 技术发展的重要节点,在此期间,美国学者 Emmons 建立了基于质量守恒、能量守恒、动量守恒和化学反应原理的区域模拟理论,开启了消防应急疏散仿真的研究。查克·伊士曼教授及 McGraw Hill 建筑信息公司等相继提出了 BIM 的概念,即利用计算机技术对建筑物进行智能模拟,自此,国外学者便将两种智能化技术相结合,开始了 BIM 技术在应急疏散仿真中的应用研究。随着计算机技术的不断发展,相关学者开始将 BIM 技术与 STEPS、FDS(Fire Dynamics Simulator,火灾动力学模拟器)、Pathfinder、PyroSim 等模拟软件共同应用于消防应急疏散方面的分析研究,推进消防应急疏散的发展。吴梦轩将 BIM 模型数据导入火灾模拟软件和人员疏散仿真软件中,对建筑火灾下人员的疏散进行了研究,提高了建筑火灾数值模拟及人员疏散结果的准确性。李志勇验证了 BIM 技术在应急安全方面的应用价值,定量分析火灾温度、CO 浓度与能见度等安全因素指标,为火灾现场应急指挥与决策提供科学支撑与数据保障,对高层公共建筑防灾减灾、应急疏散有重要意义。Adam Stančík 等提出一种将 BIM 模型应用于火灾应急疏散的方案,分析 BIM 在项目全生命周期消防安全管理中的应用,包括在规划阶段创建防火安全预案、逃生路线的设计和疏散时间的计算,生成消防安全检查报告并定位消防设施的位置;修改消防安全信息,为消防救援部门提供消防管理数据;介绍如何使用 BIM 插件实现信息化模型修改,并在 BIM 模型中展示疏散路径。Qi Sun 和 Yelda Turkan 为研究不同建筑结构的火灾发展和疏散性能,通过 FDS 和 Agent 软件,构建了一个基于 BIM 的模拟框架。以上研究大多未考虑火灾产物对行人疏散的影响,少有的考虑火灾产物的研究也仅从静态角度考虑,未能动态还原火灾蔓延与烟气扩散规律。

2）BIM 应用于火灾仿真

最初学者仅利用火灾仿真软件,对疏散者在火灾中疏散的效率进行研究,确定疏散者所必需的疏散时间,以达到优化疏散方案的目的。Ma 等学者通过对一个高校图书馆进行火灾模拟,考虑静态火灾产物对疏散者的影响,并从可靠安全疏散时间和建筑安全疏散时间两个方面进行评估,比较了不同疏散策略的效果。后来逐渐有学者将 BIM 技术与火灾仿真相结合,解决了火灾仿真软件无法建立完整、精确的建筑信息模型的问题,提升了火灾仿真的准确性。道吉草等学者探讨了如何将 BIM 技术与火灾仿真软件相结合,实现建筑火灾仿真分析和火灾疏散计划的制订,通过将 BIM 模型与火灾仿真软件进行数据交换,可以实现基于真实建筑模型的火灾仿真分析,但火灾仿真软件仍需经过单独创建网格、障碍物等烦琐流程。

以上研究发现,BIM 模型与火灾仿真软件之间的数据传输会导致材质、门和楼梯构件等信息的丢失,而且在传输时可能会产生一些冗余数据。此外,这些信息的丢失还可能导致模拟结果不符合实际情况。

3）BIM 应用于疏散仿真

BIM 具有完整详细的建筑信息,将 BIM 和疏散仿真软件相结合,不仅可以减少疏散仿真软件建立建筑模型的工作量，还能为疏散仿真提供更符合实际的疏散场景。虽然比以往使用仿真软件建立建筑模型的工作量更小，建筑模型更精确，但由于目前 BIM 与疏散仿真软件在文件传输过程中存在数据丢失的问题，所以 BIM 的建筑信息不能得到充分利用。

阎卫东等、马亚娜、Rania Wehbe 等、Zhang 等学者利用 BIM 建立建筑模型，简化后导入疏散仿真软件 Pathfinder 进行疏散仿真研究，可知使用 BIM 建立建筑模型的工作量更小，比疏散仿真软件建立的建筑模型更加符合实际。王婷利用 BIM 建立建筑模型，简化后导入疏散仿真软件 Building EXODUS 中进行人员安全疏散分析。Tang 等利用 BIM 的二次开发技术，将 BIM 建筑模型导入疏散仿真软件 AnyLogic 中进行疏散仿真研究，结果有利于对疏散效率的评估，但在将 BIM 建筑模型导入疏散仿真软件的过程中，存在信息丢失的情况。

BIM 是建筑行业的新技术，可以帮助实现在整个建筑生命周期中生成、使用、管理建筑数据。许多国内外学者将 BIM 应用于火灾疏散仿真方面的研究，研究成果丰硕，但也存在诸多问题：BIM 与火灾疏散仿真结合的研究还不够深入；在将 BIM 与疏散仿真模型结合的过程中，疏散决策规则采用的出口决策机制基于完全理性的路径最短规则，与现实不符，缺乏对疏散者心理因素的考虑。

综上可知，现有对 BIM 与火灾仿真结合的研究还不够深入，部分学者使用二次开发技术，实现对 BIM 信息的提取，优化 BIM 与火灾仿真软件之间的数据交流，但火灾仿真软件仍需经过单独创建网格、障碍物等烦琐流程。在 BIM 与疏散仿真模型的结合方面，缺乏对疏散决策机制的研究，现有研究尚未充分考虑疏散者心理因素对疏散行为的影响。对 BIM、火灾仿真、疏散仿真三者结合的研究不够深入，现有研究尚未考虑动态火灾产物对疏散者的影响，如何将 BIM 与火灾仿真以及疏散仿真进行交互值得进一步探索。

1.2.3　空间认知研究

（1）空间认知在应急疏散中的影响

当遇到突发事件时，能否安全高效地疏散人群受到诸多方面因素的影响，对此国内外学者通过大量研究总结了相关影响因素，如 Pelechano 等指出在应急疏散过程中，疏散人员基于自身空间认知情况所构建的心理地图对其疏散路径选择有重要影响；Kobes 等指出空间认知是人员的疏散速度、疏散行为的重要影响因素；李逊等将应急疏散心理行为影响因素分为环境、引导、受度和乘客基础信息 4 个因素，以是否熟悉楼梯、出口的位置和安全疏散路线，是否清楚车站的空间布局等问题来定性描述乘客环境熟悉程度的高低，进而分析受度因素对乘客心理行为的影响，研究发现乘客环境熟悉程度越高，其搜寻路径越简单准确；李强等以是否确切知道出口的方向和位置定性描述疏散人员的环境熟悉程度，分析能够进行安全疏散的人员容量，研究发现人员容量随着人员环境熟悉程度的提高而增加。空间认知程度较差会使行人容易迷路或者迷失方向，在突发事件发生时无法快速到达安全出口，容易造成严重的事故。

现有的应急疏散仿真研究中，诸多学者已将空间认知引入应急疏散模型中，如李阳等在传统的地场模型中引入环境熟悉度参数 $\lambda \in [0,1]$，分析行人在不同环境熟悉度下的疏散行为特性，研究发现当增加疏散人员的环境熟悉度时，所需的疏散时间逐渐减少，且相较于其他策略，环境熟悉度低的乘客更倾向于跟随移动策略；宋英华等在行人疏散元胞自动机模型中引入环境熟悉度参数 σ（取值 0.2～0.8），分析环境熟悉度与行人密度和疏散时间的变化关系，研究发现行人的环境熟悉度越高，所需疏散时间越短，该变化规律尤其在环境熟悉度较低时较为明显，且不同的环境熟悉度所需的疏散时间随引导有效性变化的趋势不同；邢志祥等认为疏散人群的环境熟悉度影响其疏散路径的选择，并在应急疏散仿真模型中引入简单参数进行研究分析，结果表明环境熟悉度高的店员所采取的疏散引导措施能够有效减少疏散时间；成琳娜通过在应急疏散仿真模型中引入简单参数，分析地铁站人员的个人属性、性格、环境熟悉度、建筑结构、火灾产物等主观因素与客观因素对地铁应急疏散的影响；徐高认为当人员空间认知水平较低时，其行为通常会表现出一定的摸索性，并通过应急疏散仿真模拟发现人员的空间认知水平越低，其需要的疏散时间越长。

然而，针对地下空间认知地图的研究较少，米佳以上海市人民广场为例进行研究，详细分析了空间及其功能与使用者行为之间暗含的相互关系；追寻部分个体的行为，研究该部分个体处于人民广场的地下公共空间环境时如何寻路和形成空间认知。苏嘉楠从认知和需求两个角度调查空间使用者，对空间物质形态和空间人文形态进行分析，找出在空间形态设计方面对人们在地下空间进行判断存在的影响。周庆等通过地铁导视系统与认知地图的搭建，形成完善的地铁空间认知元素，并以此为设计对象，对地铁导视系统中乘客方向感缺失等问题作出一些具体分析与优化。

疏散人员的空间认知对其在应急疏散过程中的个人行为决策有重要影响，显著影响疏散时间与疏散效率，但学者仅通过在问卷调查中设置类似于是否了解空间布局或周边环境等问题，或根据被试者对空间布局或周边环境熟悉程度的自评所得分数定性表达被试者的空间认知，或通过引入环境熟悉度参数 $\lambda \in [0,1]$ 定量描述疏散人员的空间认知水平，这不能完全反映实际情况，因此，应在未来地铁应急疏散研究中引入量化的空间认知水平，使模型能更真实地反映疏散人员的真实空间认知情况。

（2）空间认知的应用

空间认知是人们通过对有关空间关系的视觉信息的加工，获取日常空间环境中有关位置和现象属性信息，并对其进行编码、储存、回忆和解码等的一系列心理过程。空间认知的概念最早源于认知心理学，主要研究人的感觉、知觉、记忆、学习等心理认知过程，大量心理学者探讨空间认知能力的发展阶段与各发展阶段的特征，同时，"空间认知"的概念开始进入其他专业研究领域，如 1960 年林奇（Lynch）在城市规划研究中引入"城市意象"的概念，这标志着地理学领域开始关注空间认知研究。国内的"空间认知"概念最早也出现在认知心理学领域，如 1983 年李文馥等对儿童空间认知能力特征进行了分析，之后空间认知理论成为测绘学、地图学以及 GIS 科学等诸多学科的研究焦点，尤其在地理学领域得到了进一步发展。

空间认知涉及一系列空间问题的解决，如行进中测定位置、察觉道路系统、寻路、选择指路信息及定向等。由定义可知,空间认知对疏散行为选择有不可忽略的影响,良好的空间认知保证人们在地下环境中可以明确所处的位置和方向,即能保证活动有序,在突发事件发生时也利于人员有效安全疏散。混乱的空间认知导致的不利结果直接表现为迷路与迷向,严重的情况表现为在突发事件发生时人们无法及时找到安全出口或通道,人员和财产遭受重大损失。

地铁是典型的城市轨道交通类型,地铁站内部空间较大,多与周边商业体相连,内部空间布局相似性高,地面参照物失效,行人往往需要经过一段时间的适应才能熟悉车站内各个通道的走向,并且行人在地铁空间中容易失去方向感。在这种特殊的环境及条件下,当发生火灾、爆炸以及恐怖袭击等突发事件时,人群极易出现焦躁、惊慌及恐惧等异常情绪,使得人群行为更加混乱,难以控制,造成严重的事故后果。

在地铁空间环境中,为提高应急疏散的效率,就必须要提高个体的疏散选择决策质量,通过空间认知模式的转变,促使个体从低质量的决策模式转换到较高质量的决策模式。而空间认知理论中的认知地图(cognitive map)调查可以帮助研究者评价行人对所处空间环境的熟悉程度,进而掌握行人在地铁空间中的空间认知模式。空间认知理论中的认知地图调查方法能够将人头脑中形成的局部环境的综合表象外部化,进而可以量化反映人对环境的熟悉程度。

(3) 空间认知的调查及空间认知扭曲研究

认知地图是空间认知的产物,存在于人们的大脑中。认知地图是环境意象构成要素、要素间的距离和方向信息最为完全的表现形式,具有与地图学地图(cartographic map)类似的性质,是行为地理学的核心研究内容之一,是心理学、认知科学以及 GIS 科学的跨学科交叉研究对象。"认知地图"概念最早由托尔曼(Tolman)于 1948 年在白鼠学习迷宫的实验中提出:白鼠在走过迷宫后,头脑中形成了迷津通路的整体概念。Tolman 将这种头脑中形成的局部环境的综合表象称为"认知地图"。Tolman 认为认知地图是关于相对局部或综合环境的映射,其形成过程受到环境经验、空间位置以及方向等因素影响。1960 年,Lynch 在 *The image of the city* 一书中提出城市意象五要素理论,首次将认知地图用于城市规划研究中,他认为城市居民对城市意象的认知模式具有相似的 5 类构成要素,即道路、边界、区域、节点和标志物,并指出居民以路径主导型和空间主导型两种方式来构造其对城市的认知地图。认知地图作为有效的空间认知外化方法,被广泛用于探究空间认知扭曲、空间认知的影响因素及空间认知水平的量化等研究中。

空间认知扭曲指被试者对所处环境空间信息经过空间思考后在头脑中产生的认知地图与地图学地图之间存在扭曲,是环境与人员空间认知过程共同作用的必然结果,综合反映了人员对空间的认知和环境对人员的影响。空间认知扭曲主要包括绝对扭曲、系统扭曲和相对扭曲。其中,绝对扭曲指变换前的认知地图与地图学地图对应地点的绝对偏差,系统扭曲指通过平行移动、旋转和伸缩后能消除的认知地图与地图学地图对应地点之间的偏差,相对扭曲指经过了平行移动、旋转和伸缩后依然不能消除的认知地图与地图学地图对应地点的偏差。

为进行认知地图扭曲研究,需先通过空间认知的外部化方法将被试者的头脑中的认知地图情况表达在二维平面上,进而分析认知地图与实际地图之间变形的情况。目前,常用的空间认知的外部化方法主要包括多维尺度法(Multidimensional Scaling,MDS)与手绘草图法(sketch map)。其中,多维尺度法是一种间接的数值方法,该方法要求被试者对其所研究地理对象之间的距离进行估计,并以顺序值或等比 P 等距值的形式输入估计距离的矩阵,利用迭代算法还原该地理对象的二维空间布局。一般被试者所估计的地理对象可以是地标、城市等可以抽象成点状的地物。手绘草图法是一种直接的图形方法,该方法要求被试者依据其记忆,在调查地图上尽可能绘制规定的地理空间区域情况。通过对多维尺度法与手绘草图法的比较可知,多维尺度法主要通过距离估计与数据处理还原二维空间布局,不能进一步调整反馈调查结果,且该方法的使用前提是被试者对调查对象地的熟悉程度相同;手绘草图法主要通过绘图直观表示二维空间布局,对被试者的限制较少,同时所获取的信息更丰富。

现有的空间认知扭曲研究主要集中于城市尺度或社区尺度,如薛露露等基于北京城市居民的手绘草图数据,运用二维回归法与标准差椭圆法分析了城市尺度认知地图整体和局部的变形情况,并通过建立二元 Logistic 模型探究个体的变形系数与其个人属性之间的关系,同时通过对二维回归法计算所得的变形系数指标进行进一步处理得到北京市居民的认知地图变形特点与趋势。王茂军等基于首都师范大学和北京林业大学学生的认知地图调查数据,运用标准差椭圆法进行认知地图扭曲分析,探讨了社区尺度空间认知地图的形态扭曲、距离扭曲和方向扭曲,并对各地点空间扭曲情况进行差异性分析。

(4)空间认知量化及相关研究

空间认知量化主要是通过简单统计、构建指标等方法,将调查所得的认知地图数据从图画、语言等形式转化为可用于分析的数值形式,便于进行空间认知的量化分析。现有的空间认知量化研究较少,主要在城市、区域尺度展开,部分以校园、公园为对象地。如何丹等基于长沙市、武汉市和南昌市的大学生对长江中游城市群空间范围认知的调查数据,采用中心偏差系数指标和面积偏差系数指标对被试者的认知地图与城市规划所圈定的地图之间的差异进行量化分析,并结合个人属性数据,运用因子分析法和二元 Logistic 模型探索基于个体社会属性的认知地图差异;陈基纯等基于校园学生的认知地图调查数据,通过构建认知距离偏离率指标,分析被试者对校园空间认知的总体特征;戴代新等基于鲁迅公园游客的认知地图数据,运用描述统计法和标准差椭圆法对历史公园尺度的空间认知进行量化分析,丰富了空间认知的量化分析方法,提高了空间认知量化分析的准确性。

除了空间认知扭曲研究与空间认知量化研究,还有一些与空间认知相关的其他方面的研究。在城市意象研究方面,如 Appleyard 在城市居民意象地图类型的实证研究中,将路径主导型地图分为 4 种子类型,分别是段状地图、链状地图、支/环状地图以及网状地图,将空间主导型地图也分为 4 种子类型,分别是散点类地图、马赛克类地图、连接类地图和格局类地图;Golledge 认为随着时间变化,城市居民的感知地图可分为连接发展、邻里描绘以及等级秩序 3 个阶段;朱庆等根据 Lynch 的城市意象五要素理论,详细论述了其所提出的城市空间意象句法的表达新方法;阴劼等以方志城池图为例,将中国古代城市意象分为3种类型,分别是内外均衡型、外向型和内向型,并认为随着时间流逝,城市意象会发生动态变化,即从清朝中期到晚期的城市意象变化表现为从外向型变为内向型。在寻路与导向设计研究方面,如米佳探讨了空间、功能与使用者行为之间的相互关系,通过对地下空间认知和寻路模式的总结,提出有利于空间认知和寻路方面的设计建议;薛磊通过总结认知地图中的规律,确定乘客在完善其地铁空间认知时所需要的信息,并基于此信息进行地铁导视系统优化设计;季诚基于寻路行为、空间认知模式的特征,以及男生与女生认知能力差异等相关研究结果,提出有利于寻路与空间认知的设计建议;吕元等引入空间认知概念,提出空间环境线索设计可以作为空间寻路的重要手段;周庆等通过搭建认知地图与地铁导视系统,对地铁空间认知要素进行深入分析。在认知影响因素研究方面,如王保勇等将探索性因素分析与验证性因素分析相结合对空间认知影响因素进行验证分析;许洁等利用二元Logistic回归方法,确定居民属性等16个变量对交通节点、商场及休闲地3种类型地点认知的影响情况;蒋志杰等运用定性分析与定量分析相结合的方法,对校区尺度进行相对高度认知及影响因素分析,研究了参照体系特征与个体日常环境等因素对认知的影响。

总结上述研究可以发现,在进行空间认知扭曲分析前需要先采用多维尺度法或手绘草图法对空间认知进行外部化处理,其中多维尺度法主要通过距离估计与数据处理还原二维空间布局,这要求被试者对调查对象地具有相同的熟悉程度;手绘草图法主要通过绘图直观表示二维空间布局,对被试者的限制较少。空间认知扭曲分析方法主要包括二维回归法和标准差椭圆法,分别用于测量认知地图的整体与局部扭曲状况。空间认知量化指标包括认知率、中心偏差系数、面积偏差系数、认知距离偏离率等指标。此外,已有空间认知扭曲研究和空间认知量化研究主要集中于城市尺度或社区尺度展开,部分空间认知量化研究以校园、公园为对象地,鲜有学者对地铁站尺度的空间进行空间认知扭曲研究和空间认知量化研究。

因此,本研究将对地铁站尺度空间进行空间认知扭曲研究和空间认知量化研究;同时,涉及地铁应急疏散的研究中,虽然有部分研究注意到了空间认知对行人疏散选择行为的影响,但大都仅从空间认知角度出发进行简单统计分析提出设计建议,并未与行人的疏散行为决策选择相结合,该方向属于学科交叉领域,亟待进一步研究探索。

1.2.4 现有研究的不足

国内外学者在地铁应急疏散及行为决策理论方面的研究取得了较为丰富的成果,然而仍存在一些不足,主要概括如下:

(1)这些模型通常假设路径选择为完全理性及掌握完全信息下的最短路径或广义费用最小化路径,这与现实不符;

(2)对环境感知、认知水平、心理因素等行为建模中潜变量的影响考虑不足,而Ben-Akiva指出,忽略重要的潜变量可能导致错误的模型设定以及所有参数估计的不一致;

(3)疏散群体的同质性假设与现实不符,绝大部分的应急疏散模型假设组成疏散群体的个体是同质的,即疏散个体在生理、心理和决策机制上没有差别,而现实中疏散个体间明

显存在异质性;

（4）利用行为决策理论建模时并未考虑动态火灾发展对疏散者疏散决策行为的影响，缺乏对不同时间下火灾对疏散行为的实时影响研究;

（5）在疏散人员的应急疏散仿真中，考虑的是静态火灾产物，并且以往研究中火灾蔓延仿真模型与疏散人员疏散仿真模型分别建模，模型信息不够精确。

因此，本研究旨在针对以上问题，通过混合决策规则建模、考虑潜变量的行为决策建模、考虑动态火灾产物的动态离散选择模型建模，以及建立应急疏散仿真平台评估疏散效率等方法，对地铁应急疏散行为决策机理进行深入的研究与探索，从而为地铁应急疏散问题的解决提供更强有力的理论和方法支撑。

1.3 研究内容及技术路线

1.3.1 研究内容

本研究从疏散者的行为决策问题入手，突破传统的单一决策规则，引入多种决策规则，并综合考虑环境认知、信息感知、心理状态、性格特征等不易测量的潜变量因素，以及疏散群体的异质性特征，运用意向调查、结构方程模型和仿真最大似然估计等方法，构建不确定条件下考虑混合决策模式（即混合决策规则模型）和潜变量（即潜变量模型）的地铁应急疏散行为决策模型，探索疏散者的行为决策机制，并通过实证及仿真研究对模型进行分析及验证。主要研究内容如下。

（1）地铁应急疏散情况下的用户决策混合选择模型

现实世界中，疏散者不但受到自身的社会经济状况、疏散路径长度、时间等可观测变量影响，而且还受到自身的环境感知、认知水平、心理性格等无法观测的潜变量影响。因此，加入潜变量的混合选择模型能够更准确地反映疏散者的决策行为。本研究考虑影响地铁应急疏散决策的关键潜变量，构建混合选择模型。

（2）地铁应急疏散用户混合决策潜类别模型

路径选择建模是应急疏散研究中的核心内容，而路径选择模型的结果是否符合现实，则取决于模型对疏散者的行为决策模式的反映是否准确。目前行为决策研究已经向混合决策模式发展，但在地铁应急疏散领域，基于混合决策模式的模型研究非常少见。本研究将混合决策模式引入地铁应急疏散研究，构建地铁应急疏散用户混合决策潜类别模型。

（3）行人地铁空间认知分析

多数研究对空间认知影响因素采用定性的分析方法，本研究将采用因子分析结合结构方程模型量化地铁空间认知水平的影响因素。地铁空间认知水平影响因素众多，难以全部确定，为得到较为全面的影响地铁空间认知水平的因素，本研究将采用开放式问卷结合封闭式问卷的调查方法以及认知地图调查获取数据，量化分析行人地铁空间认知水平。

（4）行人应急疏散过程中的行为决策建模

考虑突发事件的特殊性，本研究通过意向调查（Stated Preference Survey，SP 调查）获取行人疏散的行为决策数据。合理设计问卷，在地铁站内部随机抽取地铁行人作为调查对象，与空间认知问卷调查同时进行。本研究考虑出行者的异质性，在问卷设计中体现出行者的风险态度和后悔厌恶，同时在问卷中设置不同的应急疏散情景，收集不同地铁空间认知水平下，各种决策类型行人的出口及路径选择数据。

利用调查得到的数据，对基于行为决策理论的模型（完全理性及有限理性模型）的参数进行标定，构建考虑空间认知水平的基于行为决策理论的，地铁空间内出口及路径选择的混合行为决策模型。

（5）基于空间认知及行为决策理论的地铁空间行人疏散仿真

AnyLogic 平台是应用广泛的，对离散、系统动力学、多智能体和混合系统建模和仿真的工具，可以应用于行人交通仿真、行人疏散仿真。本研究拟采用 AnyLogic 平台作为基础平台，运用面向对象的二次开发技术，首先参照现实典型的城市地铁空间对疏散环境进行初步设定，其次将行人个体定义为 Agent，对行人个体单独建模，定义行人个体的属性和决策规则，在行人个体的决策规则中引入前述研究得到的空间认知水平影响因素和行为决策模型，从而实现行人的疏散行为仿真功能。AnyLogic 平台的一大特点是疏散者并非由采用同一种决策规则的相同类型群体组成，而是由采用随机效用最大化、损失规避、随机后悔最小化等不同决策规则甚至是复合类决策规则的不同类型群体组成，有利于仿真结果接近现实中人群的决策本质。

（6）考虑动态火灾产物与心理因素的应急疏散行为决策模型

火灾情况下人员的疏散是一个受多因素影响、具有多维不确定性、时空动态演变非常显著的复杂问题。将动态的火灾产物和行为决策模式引入疏散研究中，在此基础上考虑影响行人疏散的心理属性，揭示疏散者在火灾中不同的疏散心理状态下的行为选择机理，为建筑火灾疏散建模提供分析基础。本研究综合考虑动态火灾产物与疏散心理潜变量的影响，构建疏散人员的行为决策模型。

（7）基于 BIM 的动态行人疏散仿真

基于 BIM 技术建立火灾蔓延仿真模型和人员疏散仿真模型，实现 BIM 建筑模型和 PyroSim 火灾模拟模型以及 BIM 建筑模型和 AnyLogic 人员疏散仿真模型之间的转化，并在人员疏散仿真中考虑疏散者的行为选择和动态火灾产物的影响，提高火灾情况下人员疏散仿真精度，对人员火灾疏散进行更深入全面的研究。

1.3.2 技术路线

地铁应急疏散行为决策内在机理研究

现有问题	1.现有疏散模型在完全理性及掌握完全信息的假设下建模，与现实实不符；2.现有疏散模型对行为建模中难以直接测量因素的影响考虑不足；3.疏散模型的同质性假设与现实的同质性不符，绝大部分的应急疏散模型设假设疏散组成疏散群体的个体是同质的；4.在分析火灾对人员的疏散行为选择时，未考虑随时间发展过程的火场环境对疏散决策的影响

科学问题	1.构建考虑潜变量影响的应急疏散混合选择模型 2.构建考虑个体心理情况下的疏散潜类别模型 3.构建基于完全理性与有限理性的疏散行为决策模型 4.构建考虑动态火产物的应急疏散混合选择模型

研究内容	**Part I** 基于心理潜变量的地铁应急疏散研究 1.构建个人属性与潜变量之间关系 2.构建考虑心理潜变量的地铁应急疏散混合选择模型	**Part II** 基于潜类别模型的地铁应急疏散行为决策 1.考虑多种表现个体心理特征的潜变量构建潜类别模型 2.基于不同潜类别建模视角，在完全理性假设和有限理性假设框架下，建立包含多种决策规则的潜类别模型	**Part III** 基于空间认知及行为决策理论的地铁应急疏散仿真研究 1.行人地铁空间认知分析 2.行人应急疏散过程中的行为决策建模 3.基于空间认知及行为决策理论的地铁应急疏散仿真	**Part IV** 基于BIM及行为决策理论的应急疏散研究 1.构建考虑动态火灾产物与心理因素的行为决策模型 2.基于BIM的动态行为人疏散仿真

研究目标	为应急疏散提供新的建模视角和理论指导，为地铁运营管理制定合理有效的应急疏散方案提供理论依据

1.4 创 新 点

（1）构建综合考虑感知、态度、心理等潜变量的地铁应急疏散混合选择模型

本研究考虑的环境感知、认知水平、心理因素在模型中不是一个简单的预设常数，而是基于大量测量指标和各种属性变量估计得到的函数关系，可以更真实地反映疏散行为决策机制。

（2）在地铁应急疏散行为研究中引入混合决策规则

考虑决策规则的多样性，构建地铁应急疏散混合决策潜类别模型，提高模型的灵活性以及对行为决策规则的深度表达。

（3）考虑地铁应急疏散行为中的多类别用户异质性

已有研究的潜类别模型中，其潜类别本质上是决策规则的混合，未考虑决策者本身的异质性，本研究把决策者本身的异质性放入模型的决策类别中。

（4）地铁空间认知的理论创新

已有研究鲜少对地铁空间认知水平进行量化，本研究通过量化的空间认知水平指标表征空间认知水平并应用于行人疏散仿真研究，填补了地铁空间认知研究上的空白，在理论上有所创新。

（5）考虑有限理性的行人疏散行为决策建模

现有大部分行人疏散仿真模型为基于完全理性的模型，少数研究在社会力模型中考虑有限理性，但只是行为上的有限理性而非行为决策上的有限理性。本研究提出将有限理性行为决策应用于地铁行人疏散仿真建模中，在行人疏散仿真研究中属于首次，丰富了行人疏散仿真研究理论体系。

（6）完全理性与有限理性混合行为决策建模

已有有限理性行为决策研究均采用单一行为决策模式，事实上完全理性与有限理性可以在行人群体中同时存在。本研究将多种决策模式进行融合，构建基于完全理性与有限理性的混合行为决策模型，该模型能够更真实地反映现实世界中行人疏散过程中的决策情况。

（7）考虑动态火灾产物的行为决策建模

已有研究分析火灾下疏散人员的决策行为时，往往忽略了火灾的动态发展对疏散行为的影响，现实中，疏散人员并非一成不变地选择固定的疏散出口或路径，而是根据火灾环境的动态信息作出决策。本研究基于火灾动态蔓延仿真数据，考虑疏散人员的多种疏散心理，

构建考虑动态火灾产物与心理潜变量的动态疏散行为选择模型。

（8）基于 BIM 的建筑火灾疏散仿真平台

目前人员火灾疏散模型研究所建立的建筑模型大多不完整，没有将火灾仿真与疏散仿真结合，且模型精度不够高，不能真实地反映建筑环境。BIM 具有可视化、可模拟、可协调、参数化等诸多优点，可将火灾仿真和人员疏散仿真结合，建立基于 BIM 的应急疏散仿真平台，在二次开发的基础上，整合不同行为决策规则，对不同行为决策规则的疏散效率进行对比，能更加真实地对现实情景进行模拟，实现对人员疏散效率的评估。

第 2 章　基于心理潜变量的
地铁应急疏散研究

　　地铁应急疏散行为是一个复杂的心理决策过程,以社会力模型、元胞自动机模型和基于 Agent 的模型为代表的微观模型,能基于个体的视角,描述行人在疏散过程中的外在行为,现已成为地铁应急疏散领域对行人疏散过程进行研究的主流方法。但是,微观模型存在两个问题亟待改善:其一,微观模型假设行人在疏散过程中选择的是掌握完全信息下的时空最短路径。事实上,行人在疏散过程中很难完全掌握信息,故无法保证所有行人都选择时间和空间上的最短路径。其二,虽有研究考虑心理因素对行人疏散过程的影响,在微观模型中设定恐慌、焦虑等参数,但这些参数仅为预先设置的简单常数,它们能在多大程度上反映对疏散效果的影响有待验证。为了解决微观模型中行人以最短路径疏散的假设与现实情况不符的矛盾,国内外学者运用随机效用理论分析行人的路径选择行为,以探索具有不同社会经济属性的个体的决策规则。目前,多数基于随机效用理论的离散选择模型仅通过个人属性以及与备选路径相关特性等显变量分析对选择行为的影响,而对心理潜变量影响的研究不足。通过在传统离散选择模型中引入潜变量,构建考虑心理潜变量对选择行为影响的混合选择模型(HCM),其已在交通出行选择行为领域得到应用,但在地铁应急疏散问题中还没有得到实践。

　　本研究将通过应用交通出行行为分析领域的混合选择模型,综合考虑恐慌、信息依赖度、环境熟悉度、安全意识、服从性和从众心理等不易测量的心理潜变量,对行人的疏散路径选择行为进行分析。一方面可对行人疏散路径选择规律进行深入分析,建立更符合实际的选择模型,为后续仿真研究奠定基础,得到更为真实的行人疏散时空演化规律;另一方面,可使心理因素不再是现有微观模型中的预设常数,而是对大量数据进行因子分析的结果,使心理因素对行人疏散过程的影响得到理论支持。

　　本章首先在总结国内外文献中显著影响疏散效率的因素,以及影响行人路径选择的心理潜变量的基础上设计调查问卷,分别针对地铁非换乘站和换乘站,在北京市和上海市的多个地铁站内采集问卷数据;其次,考虑到不同人群的心理特征存在差异,运用结构方程模型分别对地铁非换乘站和换乘站的行人构建个人属性与潜变量之间、各潜变量之间的结构关系,对行人地铁应急疏散心理形成机制进行探索,定量分析个人属性与心理潜变量之间的关系;最后,建立考虑心理潜变量的地铁应急疏散混合选择模型,分别对行人在地铁非换乘站和换乘站的路径选择行为进行分析,并将其与未考虑心理潜变量影响的多项 Logit 模型进行对比。

2.1　问卷设计与调查

本节内容是在梳理国内外相关研究的基础上,选取地铁应急疏散的相关变量,并以此为问卷的设计依据。在问卷设计与调查过程中,问卷调查的方法、变量水平的设置、调查方案实施的每一个环节都将决定问卷数据质量,而问卷数据质量直接影响模型的构建,最终影响研究结论。本节首先对影响问卷数据质量的问卷调查方法、问卷设计过程、问卷调查选址进行详细介绍;其次对回收的数据进行初步统计分析,判断样本对总体的代表性;最后对问卷数据进行信度效度分析,判断数据是否满足建模的要求。

2.1.1　问卷调查方法

问卷调查方法分为意向调查(SP 调查)和行为调查(Revealed Preference Survey,RP 调查)。其中 SP 调查是在假设的未实际发生的选择情景中,对被调查者对备选方案的偏好和意向进行调查。SP 调查具有可以根据未来的状况,任意设定选择条件的优点,这一点对分析过去没有的选择方案十分有利;另外,由于可以调查相同条件下的许多人的反应,所以可以用于研究因个人属性不同而产生的选择结果的差异。SP 调查可人为设定备选方案的属性和变量的取值范围,但 SP 调查也有两个缺点:其一是多种属性变量的排列和组合会导致问卷体量的增加,导致被调查者无法有耐心地完成问卷调查;其二是 SP 调查可能会产生被调查者的问卷选择结果与实际行为之间的偏差。RP 调查是对被调查者的实际行为进行调查,用其实际行动揭示自己的偏好,具有可信程度高的优点,但其无法调查假设情景下的选择行为。为克服 SP 调查和 RP 调查各自的局限性,本研究将采取 SP/RP 调查结合的方式,对地铁站乘客进行实地问卷调查。SP 调查主要调查行人在所设置疏散情景中的路径选择行为,RP 调查则调查行人心理潜变量所对应的日常生活中的行为表现。

2.1.2　问卷设计

本章的主要内容是分析行人疏散路径选择行为的影响因素,故在现有研究所考虑的恐慌、环境熟悉度、从众心理等潜变量的基础上,考虑了可能对选择行为有影响的服从性、信息依赖度、安全意识 3 个潜变量,并针对每个潜变量设计多个测量指标,运用 Likert 五点量表,要求被调查者根据日常生活中的实际行为以及紧急情况下可能产生的表现对问卷题项的认同程度进行打分。每个潜变量所对应的问卷题项如表 2-1 所示。

表 2-1　心理潜变量对应的问卷题项

潜变量	测量指标
恐慌	PAN1:听到异响时我会感到害怕
	PAN2:地铁站灯光昏暗我会感到害怕
	PAN3:若周围人员慌张,我会感到害怕

续表2-1

潜变量	测量指标
信息依赖度	ID1：我认为工作人员的指引对我的逃生很重要
	ID2：我认为车站广播的指引对我的逃生很重要
	ID3：安全出口指示灯对我的逃生很重要
环境熟悉度	EF1：我知道每个出口对应的路径
	EF2：我知道通往各出口的路径距离
	EF3：我知道通往各出口的步行时间
	EF4：我知道每条路径上的障碍物位置
安全意识	SF1：我在日常生活中不会做一些危险动作
	SF2：我选择效率低但很安全的做事方式
	SF3：我能预见某些行为的潜在危险
服从性	SA1：旅游时我听从导游的安排
	SA2：在家我听从长辈的安排
	SA3：上学时我听从老师的安排
从众心理	GP1：我选择多数人推荐的书籍
	GP2：我选择购买人数多的商品

现有选择行为分析的研究认为决策者的选择行为受个人属性和备选方案属性两方面影响，本研究考虑的个人属性包括：性别、年龄、职业、受教育水平、家庭年收入、最常用交通工具、乘坐地铁的频率以及经历的安全疏散演习次数。在传统交通出行选择行为分析中，备选方案属性主要包括该出行方式的时间和费用，而费用属性与本研究问题不符，故将其改为疏散路径长度；同时在现有地铁微观模型的研究中，照明条件和人员指引是地铁站点环境的属性变量。本研究借鉴地铁应急疏散和交通出行行为分析研究领域的经验，并根据所研究问题的实际情况，考虑的备选方案属性包括：照明条件、人员指引、拥挤程度、疏散时间和路径长度。为了使备选方案属性水平的设置尽可能地接近真实情况，在确定备选方案属性的前提下，问卷调查实施前在北京市和上海市的多个地铁站点进行实地预调查，所确定的各备选方案属性水平如表2-2所示。

表2-2　备选方案属性水平

属性	非换乘站	换乘站
照明条件	良好	良好
	一般	一般
	差	差
人员指引	有	有
	无	无

属性	非换乘站	换乘站
拥挤程度	不拥挤	不拥挤
	一般拥挤	一般拥挤
	拥挤	拥挤
疏散时间/min	2	3
	3	5
	5	8
路径长度/m	150	200
	200	300
	300	500

考虑到问卷题项数量过大可能使被调查者失去作答的耐心,需减少问卷题项数量,故对备选方案进行正交设计,得到16条备选路径,并对其进行情景组合,删去其中具有绝对优势和绝对劣势路径的情景,得到地铁非换乘站和换乘站各6个情景,如表2-3所示,最终设计出的问卷见附录1。

表 2-3　问卷情景设计

站点类型	情景	照明条件	人员指引	拥挤程度	疏散时间/min	路径长度/m
非换乘站	1	良好	无	拥挤	2	200
		一般	有	一般拥挤	2	300
		差	有	一般拥挤	2	200
	2	良好	无	一般拥挤	3	150
		差	有	拥挤	3	150
		差	无	不拥挤	2	150
	3	良好	有	不拥挤	3	300
		一般	无	不拥挤	2	150
		差	有	一般拥挤	2	200
	4	良好	无	一般拥挤	3	150
		一般	无	不拥挤	3	200
		差	有	拥挤	3	150
	5	良好	有	不拥挤	3	300
		一般	无	不拥挤	3	200
		一般	有	拥挤	5	150
	6	一般	有	一般拥挤	2	300
		差	有	一般拥挤	2	200
		差	有	拥挤	3	150

续表2-3

站点类型	情景	照明条件	人员指引	拥挤程度	疏散时间/min	路径长度/m
换乘站	1	良好	无	拥挤	3	300
		一般	有	一般拥挤	3	500
		差	有	一般拥挤	3	300
	2	良好	无	一般拥挤	5	200
		差	有	拥挤	5	200
		差	无	不拥挤	3	200
	3	良好	有	不拥挤	5	500
		一般	无	不拥挤	3	200
		差	有	一般拥挤	3	300
	4	良好	无	一般拥挤	5	200
		一般	无	不拥挤	5	300
		差	有	拥挤	5	200
	5	良好	有	不拥挤	5	500
		一般	无	不拥挤	3	300
		一般	有	拥挤	8	200
	6	一般	有	一般拥挤	3	500
		差	有	一般拥挤	3	300
		差	有	拥挤	5	200

2.1.3 问卷调查选址

本研究选择在地铁站内进行实地问卷调查,调查城市选取地铁线路和站点较为密集的北京市和上海市,调查站点分为非换乘站和换乘站两类。为了使调查样本更接近总体情况,选择的各站点均为出行目的多元化的城市商务中心区附近的地铁站点,非换乘站为北京地铁1号线王府井站和上海地铁2号线陆家嘴站。北京市的换乘站为地铁2号线、13号线、首都机场线的换乘站点东直门站,地铁2号线、4号线、13号线的换乘站点西直门站;上海市的换乘站为地铁1号线、2号线、8号线的换乘站点人民广场站,地铁2号线、4号线、6号线、9号线的换乘站点世纪大道站。问卷调查地点的相关信息汇总如表2-4所示。

表 2-4 问卷调查地点信息

站点类型	站点位置	站点名称	途经线路
非换乘站	北京	王府井站	1号线
	上海	陆家嘴站	2号线

站点类型	站点位置	站点名称	途经线路
换乘站	北京	东直门站	2 号线、13 号线、首都机场线
		西直门站	2 号线、4 号线、13 号线
	上海	人民广场站	1 号线、2 号线、8 号线
		世纪大道站	2 号线、4 号线、6 号线、9 号线

2.1.4　问卷调查结果统计及分析

本研究委托北京晶众智慧交通科技股份有限公司进行问卷调查,该公司是以交通调查服务为主业务的专业调查公司。为了使样本更接近总体,要求问卷调查公司采集的样本的性别、年龄、职业等个人属性分布符合北京市和上海市的实际情况;且要求调查时间包含早、晚高峰时段以及平峰时段,以采集到包含更多出行目的的样本。调查共回收问卷 1100 份,有效问卷 1095 份,问卷有效率 99.5%。其中包含地铁非换乘站问卷 461 份,地铁换乘站问卷 634 份。回收问卷基本情况如表 2-5 所示。

表 2-5　调查样本个人属性统计

属性	水平	非换乘站	换乘站	总体
性别	男	238	316	554
	女	223	318	541
年龄	18~25 岁	128	163	291
	26~40 岁	130	163	293
	41~60 岁	114	153	267
	60 岁以上	89	155	244
职业	事业单位人员	45	69	114
	企业单位人员	157	263	420
	公务员	24	52	76
	教师	21	29	50
	学生	31	23	54
	自由职业者	61	70	131
	农民	4	7	11
	个体	54	53	107
	其他	64	68	132
受教育水平	高中(中专)及以下	110	158	268
	大专及本科	313	432	745
	硕士及以上	38	44	82

续表2-5

属性	水平	非换乘站	换乘站	总体
家庭年收入	0~8万元	76	119	195
	8万~15万元	189	351	540
	15万~25万元	146	133	279
	25万元以上	50	31	81
乘坐地铁的频率	少于1d/周	56	115	171
	1~2d/周	173	306	479
	3~5d/周	144	157	301
	每天	88	56	144

总体样本中男性所占比例为51%,女性为49%;地铁非换乘站中男性占比52%,女性占比48%;地铁换乘站中男性和女性所占的比例皆为50%。收集样本性别比例与北京市和上海市的总体近似。性别比例如图2-1所示。

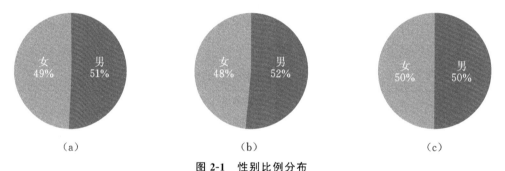

（a） （b） （c）

图 2-1 性别比例分布

(a)总体样本性别比例;(b)地铁非换乘站样本性别比例;(c)地铁换乘站样本性别比例

总体样本中60岁以上的老年人占比22%,18~60岁的人占比78%;地铁非换乘站60岁以上的老年人占比19%,18~60岁的人占比81%;地铁换乘站60岁以上的老年人占比24%,18~60岁的人占比76%。统计结果说明选择地铁出行的人群以18~60岁居多,而60岁以上的老年人所占比例较小。样本年龄分布如图2-2所示。

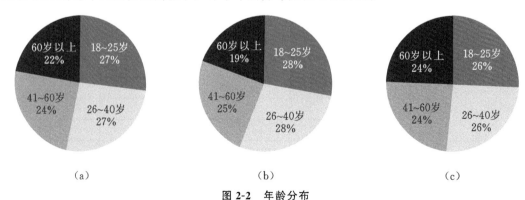

（a） （b） （c）

图 2-2 年龄分布

(a)总体样本年龄分布;(b)地铁非换乘站样本年龄分布;(c)地铁换乘站样本年龄分布

　　总体样本职业分布以企业单位人员居多,其次是事业单位人员和自由职业者,地铁非换乘站和换乘站样本的统计结果同样符合这一规律,说明北京市和上海市的职业分布均以企业单位人员为主,调查样本职业分布符合北京市和上海市的实际情况。职业分布如图 2-3 所示。

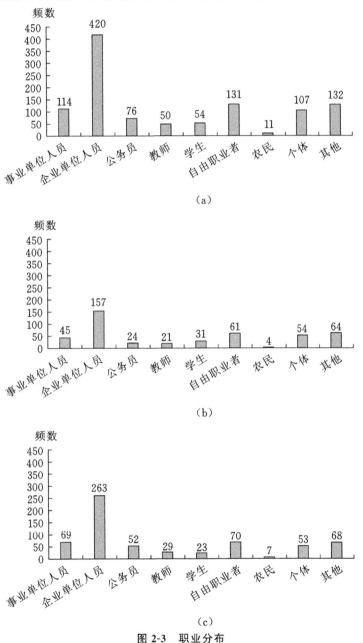

图 2-3　职业分布

(a)总体样本职业分布;(b)地铁非换乘站样本职业分布;(c)地铁换乘站样本职业分布

　　总体样本受教育水平以大专及本科为主,占比达 68%;其次为高中(中专)及以下,占比 24%;硕士及以上最少,仅占比 8%。各类型站点样本受教育水平与总体分布基本一致。样本受教育水平分布符合北京市与上海市的实际情况。受教育水平分布如图 2-4 所示。

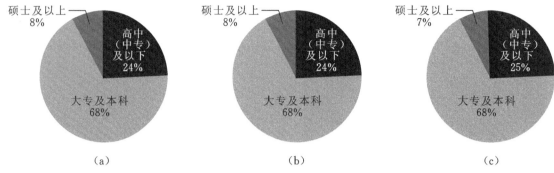

(a)　　　　　　　　　(b)　　　　　　　　　(c)

图 2-4　受教育水平分布

(a)总体样本受教育水平分布;(b)地铁非换乘站样本受教育水平分布;(c)地铁换乘站样本受教育水平分布

　　总体样本家庭年收入分布以 8 万~15 万元最多,占比达 49%;15 万~25 万元次之,占比 26%;0~8 万元占比 18%;25 万元以上最少,占比 7%。地铁非换乘站与换乘站样本家庭年收入占比虽与总体分布有所差异,但家庭年收入分布的规律与总体样本相似。家庭年收入分布如图 2-5 所示。

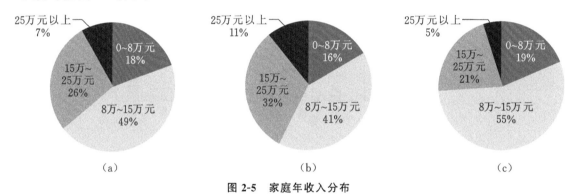

(a)　　　　　　　　　(b)　　　　　　　　　(c)

图 2-5　家庭年收入分布

(a)总体样本家庭年收入分布;(b)地铁非换乘站样本家庭年收入分布;(c)地铁换乘站样本家庭年收入分布

　　总体样本乘坐地铁的频率分布以 1~2d/周居多,占比达 44%;其次是 3~5d/周,占比 27%;少于 1d/周的占比 16%;每天乘坐地铁的样本最少,占比 13%。地铁非换乘站与换乘站样本乘坐地铁的频率分布与总体样本相似。乘坐地铁的频率分布如图 2-6 所示。

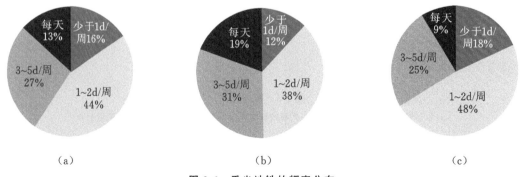

(a)　　　　　　　　　(b)　　　　　　　　　(c)

图 2-6　乘坐地铁的频率分布

(a)总体样本乘坐地铁的频率分布;(b)地铁非换乘站样本乘坐地铁的频率分布;(c)地铁换乘站样本乘坐地铁的频率分布

2.1.5　问卷信度分析

信度分析是评价某一变量在经过重复测量后结果一致性和稳定性的指标,即检验一组问题可否测量同一概念,常用 Cronbach's Alpha(α)系数判别,其计算公式如式(2-1)所示。

$$\alpha = \left(\frac{K}{K-1} \right) \left(1 - \frac{\sum_{i=1}^{n} \sigma_i^2}{\sigma^2} \right) \tag{2-1}$$

式中,K 为测量题项的数量;σ^2 为样本得分总方差;σ_i^2 为第 i 个测量题项的方差。

Nunnally 等认为当 α 值大于 0.7 时,表示测量结果具有高度内部一致性,可信程度高;α 值在 0.5～0.7 之间可以接受;George 等认为 α 值应在 0.6 以上,在 0.5～0.6 之间较差,小于 0.5 时不可接受。目前,对 α 检验的标准如表 2-6 所示。

表 2-6　信度检验标准

α	＞0.90	0.80～0.90	0.70～0.80	0.60～0.70	0.50～0.60	＜0.50
含义	结果很好	结果较好	结果还好	结果可以接受	结果较差	结果无法接受

信度分析过程中,研究者重复测量所得的测量值包含两部分:实际值与误差值。其中误差值越低,表明测量值的稳定性越好,即问卷的信度越高。依据是否测量相同点和测量工具,信度可被分为内部一致性信度、再测信度、复本信度和复本再测信度 4 种类型。

本研究的问卷信度指标及其取值如表 2-7 所示。

表 2-7　问卷信度指标及其取值

指标	取值
α	＞0.6

根据本研究的信度分析结果(表 2-8),恐慌、信息依赖度、环境熟悉度、安全意识、服从性、从众心理的信度系数 α 值在 0.66～0.79 之间,测量结果具有较高的内部一致性。

表 2-8　问卷信度分析结果

潜变量	α
恐慌	0.68
信息依赖度	0.70
环境熟悉度	0.79
安全意识	0.67
服从性	0.66
从众心理	0.72

2.1.6 问卷效度分析

效度分析是评价问卷测试问题准确性和有效性的指标,通过测量的系统误差反映问卷中所设置的问题对研究目标的测量程度。通常学术研究中将问卷效度分为内容效度、准则效度以及结构效度。其中,内容效度也被称为逻辑效度、表面效度,指研究者所测量的目标与内容之间的相对应性,通常为保证问卷所调查的内容符合研究者的研究目标,问卷中所涉及的问题与选项均基于已有研究文献,经过专家或团队的讨论、筛选、修改、评估等,使最终的调查问卷中的问题均能准确表达研究者的设计意图,进而保证调查问卷的有效性;结构效度指研究者得到的测量结果所反映的测值与结构之间的对应程度,通常采用因子分析法进行检验。

因子分析前需通过 KMO(Kaiser-Meyer-Olkin)统计量和巴特利特(Bartlett)球形检验,从而确定问卷数据是否满足因子分析的要求。其中,KMO 统计量主要通过比较变量间的简单相关系数平方和与偏相关系数平方和的大小,反映变量之间的相关性。KMO 统计量的取值在 0~1 之间,检验标准为取值大于 0.5,评价标准如表 2-9 所示。当变量间的简单相关系数平方和远远大于偏相关系数平方和时,KMO 值趋近于 1,表明变量间的相关性越强,越适宜进行因子分析;当变量间的简单相关系数平方和趋近于 0 时,KMO 值也趋近于 0,表明变量间的相关性越弱,越不适合进行因子分析。巴特利特球形检验是依据相关矩阵行列式的卡方变换计算得到统计量,进行变量之间的相互独立性假设检验。当统计量的取值较大时,表明拒绝零假设,即适合进行因子分析。

表 2-9　KMO 统计量评价标准

KMO	>0.90	0.80~0.90	0.70~0.80	0.60~0.70	0.50~0.60	<0.50
含义	结果很好	结果较好	结果还好	结果一般	结果不好	结果无法接受

对数据进行初步的判别后,可进一步通过平均方差提取值(Average Variance Extractied,AVE)和组成信度(Composite Reliability,CR)评价问卷的收敛效度,AVE 与 CR 值计算公式见式(2-2)与式(2-3)。

$$AVE = \frac{\sum \lambda^2}{n} \tag{2-2}$$

$$CR = \frac{(\sum \lambda)^2}{\sum \lambda^2 + \sum \delta} \tag{2-3}$$

式中,λ 为心理潜变量对应各观测变量的标准化因子载荷系数;n 代表问卷中反映疏散心理潜变量的测量变量数目;δ 表示问卷中各观测变量在测量过程中存在的误差。

Bagozzi 等认为 AVE 值应大于 0.5,且 CR 值应大于 0.6。Fornell 等指出综合衡量上述指标判断收敛效度时,AVE>0.5、CR>0.6 时结果较理想,CR>0.6 时 AVE 值标准可降低至 0.4。

本研究的问卷效度指标及其取值标准如表 2-10 所示。

表 2-10　问卷效度指标及其取值

指标	取值
KMO	＞0.5
AVE	＞0.5
CR	＞0.6

本研究问卷效度分析结果如表 2-11 所示。

表 2-11　问卷效度分析结果

潜变量	KMO	AVE	CR
恐慌	0.66	0.41	0.68
信息依赖度	0.50	0.54	0.70
环境熟悉度	0.77	0.51	0.80
安全意识	0.50	0.50	0.66
服从性	0.50	0.50	0.66
从众心理	0.50	0.56	0.71

根据本研究的效度分析结果,恐慌、信息依赖度、环境熟悉度、安全意识、服从性、从众心理的 KMO 值均大于等于 0.5,表示变量间的相关性较强,适合做因子分析。除恐慌的 AVE 值为 0.41 以外,其余潜变量的 AVE 值均大于等于 0.5;同时所有潜变量的 CR 值在 0.66～0.80 之间,说明潜变量的收敛效度较好,潜变量内部聚合度佳,潜变量之间区分明显。

2.2　地铁应急疏散心理潜变量模型

2.1 节详细介绍了问卷设计和数据采集过程,同时通过问卷信度、效度分析可知,问卷数据满足结构方程模型建模的要求。本节将运用问卷数据,针对总体样本、地铁非换乘站样本和换乘站样本分别构建潜变量与测量指标之间的测量方程、潜变量之间以及潜变量与个人属性之间的结构方程。本节将从以下 3 部分展开:首先是对潜变量模型的理论介绍,其次是叙述模型的拟合度指标,最后是潜变量模型建模以及对模型参数估计结果的解读。

2.2.1　潜变量模型介绍

影响地铁应急疏散行人行为的因素主要包括个人属性以及心理因素,其中,个人属性属于显变量,可以被直接观测或度量。而心理因素属于潜变量,属于不能被直接观测或虽能被观测但尚需通过其他方法加以度量的变量。潜变量分为内生潜变量和外生潜变量,外生潜变量在模型中不受其他变量影响但影响其他变量,内生潜变量在模型中总受其他变量的影响。一个潜变量往往对应着多个显变量,可以看作其对应显变量的抽象和概括,显变量则可视为特定潜变量的反映指标。

潜变量建模的目的是明确潜变量的具体含义,并确定潜变量与其对应的测量指标之间的测量关系以及潜变量之间的结构关系,可通过结构方程模型(SEM)实现。SEM 包括测量方程和结构方程两个模型,潜变量与其对应的测量指标的测量关系通过式(2-4)和式(2-5)表达:

$$X = \boldsymbol{\Lambda}_X \boldsymbol{\xi} + \delta \tag{2-4}$$

$$Y = \boldsymbol{\Lambda}_Y \boldsymbol{\eta} + \varepsilon \tag{2-5}$$

式中:ξ——外生潜变量向量;

η——内生潜变量向量;

δ——外生测量指标 X 的残差项;

ε——内生测量指标 Y 的残差项;

X——外生测量指标向量;

Y——内生测量指标向量;

$\boldsymbol{\Lambda}_X$——外生测量指标在外生潜变量上的因子负荷矩阵;

$\boldsymbol{\Lambda}_Y$——内生测量指标在内生潜变量上的因子负荷矩阵。

而潜变量之间的结构关系,则通过式(2-6)表达:

$$\boldsymbol{\eta} = B\boldsymbol{\eta} + \Gamma\boldsymbol{\xi} + \zeta \tag{2-6}$$

式中:$\boldsymbol{\eta}$——内生潜变量向量;

$\boldsymbol{\xi}$——外生潜变量向量;

B——内生潜变量的结构系数矩阵,反映内生潜变量间的关系;

Γ——外生潜变量的结构系数矩阵;

ζ——结构方程的干扰项,即 $\boldsymbol{\eta}$ 在方程中未被解释的部分。

多指标多原因(Multiple Indicators and Multiple Causes,MIMIC)模型是在结构方程模型的基础上,将个人属性以外生变量的形式处理在结构方程中,本质上是结构方程模型的一种形式。MIMIC 模型的形式如式(2-7)和式(2-8)所示。

测量方程:

$$y = \boldsymbol{\Lambda}\eta + \varepsilon \tag{2-7}$$

式中:y——潜变量测量指标向量;

$\boldsymbol{\Lambda}$——测量指标在潜变量上的因子负荷矩阵;

ε——测量指标 y 的残差项。

结构方程:

$$\boldsymbol{\eta} = \sum S_n \gamma + \omega_n \tag{2-8}$$

式中:$\boldsymbol{\eta}$——潜变量组成的向量;

S_n——个人属性向量;

γ——潜变量 η 的结构系数矩阵,反映个人属性 S_n 对潜变量 η 的影响;

ω_n——结构方程的干扰项,即 $\boldsymbol{\eta}$ 在方程中未被解释的部分。

2.2.2 模型的拟合度指标

由于卡方值对样本量的大小较为敏感,通常使用卡方和自由度之比(χ^2/df)作为模型是否接受的指标,χ^2/df在小样本情况下的取值范围为 1~3,若样本量大,该指标的取值范围可放宽至 1~5;使用拟合优度指数(Goodness of Fit Index,GFI)、均方根残差(Root Mean Square Residual,RMR)、均方根误差近似值(Root Mean Square Error of Approximation,RMSEA)、调整拟合优度指数(Adjusted GFI,AGFI)和 Bentler 比较拟合指标(Bentler's Comparative Fit Index,CFI)综合判断模型的拟合度。一般认为 GFI、AGFI、CFI 的值大于 0.9 表示模型的拟合效果佳;RMR 的值小于 0.08 表示模型的拟合程度可接受,RMR 的值小于 0.05 表示模型的拟合效果佳;RMSEA 的取值应小于 0.1。模型拟合度不能以单一指标作为判断依据,必须重视模型总体的拟合效果。本研究所采用的拟合指标及其取值如表 2-12 所示。

表 2-12　模型拟合度指标及其取值

指标	取值
χ^2/df	小样本 1~3;大样本 1~5
GFI	0.9~1
RMR	<0.05
RMSEA	<0.1
AGFI	0.9~1
CFI	0.9~1

考虑到行人在不同类型站点的潜变量的影响以及疏散规律可能具有差异,所以通过 A-MOS 软件分别对地铁非换乘站样本、换乘站样本以及总体样本进行潜变量建模,通过多次模型的修正,删去不利于模型拟合的测量指标,即表 2-1 对应的问卷题项 ID3(安全出口指示灯对我的逃生很重要)、SF3(我能预见某些行为的潜在危险)和 SA1(旅游时我听从导游的安排),得到的最终模型的拟合结果如表 2-13 所示。

表 2-13　模型拟合结果

站点类型	χ^2/df	GFI	RMR	RMSEA	AGFI	CFI
非换乘站	2.933	0.942	0.031	0.064	0.913	0.922
换乘站	3.944	0.939	0.038	0.068	0.907	0.916
总体	4.577	0.957	0.034	0.057	0.936	0.934

由表 2-13 可知,地铁非换乘站样本、换乘站样本以及总体样本的 χ^2/df 值均在 1~5 之间,同时 GFI、AGFI、CFI 的值均大于 0.9,且 RMR 的值均小于 0.05,RMSEA 的值均小于 0.1。地铁非换乘站样本、换乘站样本以及总体样本的潜变量模型拟合效果均较好。

2.2.3　潜变量模型参数估计结果

运用 AMOS 软件求解结构方程模型中的测量方程,以实现对潜变量与测量指标之间因果关系的分析。对地铁非换乘站样本、换乘站样本和总体样本进行参数估计,得到的测量指标与潜变量的因子载荷系数如表 2-14 所示。根据参数估计结果,潜变量与其对应测量指标之间的标准化因子载荷系数值均在 0.5 及以上,在 0.01 的水平上显著,说明潜变量与测量指标间具有较高程度的因果关系,测量方程能够生动刻画受不同程度心理因素影响的行人在日常生活中和疏散过程中的行为表现。

表 2-14　测量指标与潜变量因子载荷系数

潜变量	测量指标	非换乘站	换乘站	总体
恐慌	PAN1	0.66	0.58	0.61
	PAN2	0.72	0.79	0.67
	PAN3	0.64	0.59	0.65
信息依赖度	ID1	0.72	0.59	0.75
	ID2	0.74	0.61	0.72
环境熟悉度	EF1	0.54	0.64	0.60
	EF2	0.81	0.85	0.83
	EF3	0.80	0.75	0.78
	EF4	0.50	0.72	0.61
安全意识	SF1	0.66	0.88	0.73
	SF2	0.65	0.59	0.68
服从性	SA2	0.67	0.58	0.71
	SA3	0.77	0.73	0.69
从众心理	GP1	0.69	0.92	0.72
	GP2	0.81	0.57	0.77

注:表中全部参数估计值的显著性水平为 0.01。

通过结构方程模型中的结构方程分析潜变量之间的相互影响程度,运用 AMOS 软件构建不同类型站点潜变量之间的结构关系,得到的地铁应急疏散心理潜变量间标准化路径系数如图 2-7 所示。

由图 2-7 可知,在不同类型的站点中,行人的心理因素的相互影响能够由统一结构关系表示,同时潜变量之间的相关正负性相同,这说明疏散行人在不同类型站点中会表现出一致的心理过程。但潜变量之间标准化路径系数值显著不同,即不同类型站点行人在疏散过程中受心理因素影响的程度不同。总的来看,安全意识较高的人群在发生紧急情况时会产生更高程度的恐慌和从众心理,进而表现出更高程度的服从性;而对地铁环境更为熟悉的行人

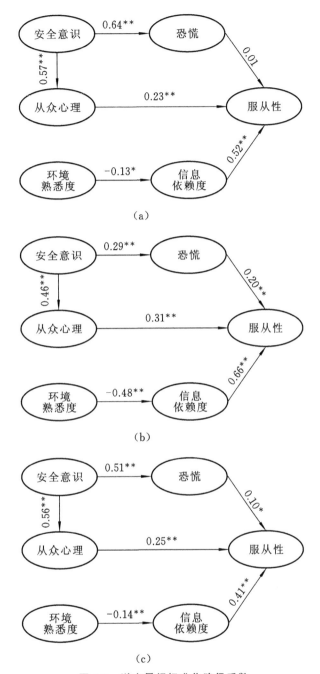

图 2-7　潜变量间标准化路径系数

(a)地铁非换乘站标准化路径系数;(b)地铁换乘站标准化路径系数;(c)总体标准化路径系数

注:图中 * 表示该估计值显著性水平为 0.05,** 表示该估计值显著性水平为 0.01。

在疏散过程中对疏散信息的依赖度较低,且表现出较差的服从性。

具有相同水平安全意识的行人,在地铁非换乘站中会产生更高程度的恐慌,这说明发生事故时恐慌情绪在地铁非换乘站等较小空间内更快扩散;同时发现行人在地铁非换乘站中具有更高程度的从众心理。在相同水平的环境熟悉度下,行人更不依赖地铁换乘站中的疏散信息,且在地铁换乘站中会表现出更差的服从性。

通过 MIMIC 模型建立个人属性与潜变量之间的结构关系,得到的个人属性与潜变量标准化路径系数如表 2-15 所示。

表 2-15　个人属性与潜变量标准化路径系数

站点类型	潜变量	年龄	职业	受教育水平	家庭年收入	乘坐地铁的频率
非换乘站	恐慌	−0.02	−0.01	−0.03	−0.01	0.07*
	信息依赖度	0.08**	−0.02*	−0.01	−0.05	0.05
	环境熟悉度	−0.02	0.01	−0.05	0.15**	0.01
	安全意识	−0.01	−0.03**	0.06	−0.14**	0.06*
	服从性	0.01	−0.01	−0.11**	−0.03	0.06
	从众心理	0.01	−0.01	−0.01	−0.10**	0.01
换乘站	恐慌	0.01	0.01	−0.04	0.09**	0.01
	信息依赖度	0.03	0.01	−0.17**	0.10**	0.06*
	环境熟悉度	−0.03	−0.01	0.21**	−0.07*	−0.01
	安全意识	0.04*	−0.05**	0.06	0.04	0.01
	服从性	0.01	−0.02	0.01	0.12**	0.12
	从众心理	0.05**	−0.04**	0.18**	−0.15**	−0.09**
总体	恐慌	0.01	−0.01	−0.06*	0.02	−0.01
	信息依赖度	0.06**	−0.02*	0.01	−0.03	0.01
	环境熟悉度	−0.01	0.01	0.06	0.01	0.01
	安全意识	0.03*	−0.04**	0.04	−0.10**	−0.01
	服从性	0.02	−0.01*	−0.01	−0.05*	0.05**
	从众心理	0.03*	−0.03**	0.09**	−0.18**	−0.07**

注:表中 * 表示该估计值显著性水平为 0.05,** 表示该估计值显著性水平为 0.01。

总体上,年龄较大的行人在疏散过程中会更加依赖疏散信息,同时具有较高程度的从众心理;不同职业的行人安全意识各异,在疏散时对信息的依赖程度和从众心理也具有显著差异;高学历人群在疏散时的恐慌程度更低,且从众心理更强;高收入群体的安全意识较差,在疏散过程中的服从性更差,同时该群体由于从众心理较差,会选择人数较少的路径;乘坐地铁的频率高的群体倾向于听从疏散人员的指引,而不会选择疏散人数较多的路径。

而在对地铁非换乘站和换乘站进行的进一步分析中,发现在不同站点行人的心理状态具有差异。年龄较大的行人在地铁非换乘站中更加依赖疏散信息,但在地铁换乘站中则表现出更高程度的安全意识和从众心理;在地铁非换乘站中,不同职业的行人会表现出不同程度的信息依赖度和安全意识,而在地铁换乘站中,职业的差异同样影响着安全意识,此外从众心理的差异化部分来源于职业的差异;高学历群体在地铁非换乘站中表现出较差的服从性,而在地铁换乘站中则表现出更低的信息依赖度以及更高的环境熟悉度和从众心理;高收入群体更加熟悉地铁非换乘站的环境,而低收入群体则更加熟悉地铁换乘站的环境。产生此问题的原因可能是不同收入群体出行方式具有差异,史明鑫研究发现,高收入群体倾向于选择停车换乘的出行方式,日常生活中通常驾驶小汽车前往市中心边缘停车换乘地铁到达工作地点,而低收入群体则会选择地铁换乘到达工作地点。所以由于高收入群体前往地铁非换乘站的频率更高,而低收入群体则高频率地选择地铁换乘,两种群体在不同类型站点的环境熟悉度存在显著差异。

2.3　考虑潜变量影响的地铁应急疏散混合选择模型

2.2 节实现了潜变量间、潜变量与个人属性之间以及潜变量与测量指标之间的定量分析。本节将 2.2 节潜变量模型的参数估计结果代入多项 Logit 模型中,构建考虑潜变量影响的地铁应急疏散路径选择行为模型。本节将从以下 3 个方面展开:首先是对选择行为模型的理论进行介绍;其次是确定各变量的取值;最后构建模型,并对模型的参数估计结果进行解读。

2.3.1　HCM 理论介绍

传统的选择行为模型可深入分析交通出行者的选择行为规律,根据决策者的理性假设对选择模型进行分类。一类是基于决策者完全理性假设的随机效用理论(RUT)的模型,主要包括二项 Logit 模型、多项 Logit 模型、嵌套 Logit 模型、Probit 模型和混合 Logit 模型等离散选择模型;另一类是基于决策者有限理性假设的模型,主要包括前景理论(PT)模型和后悔理论(RT)模型。基于完全理性假设的离散选择模型假定决策者会根据个人社会经济属性和备选方案的属性,选择为其产生最大效用的方案。基于有限理性假设的前景理论假定决策者在决策中看重对参考点的相对收益和损失,选择满意的方案;后悔理论则假定决策者的选择行为追求预期后悔最小化。

随着模型的不断发展,研究者发现传统的离散选择模型仅将对选择行为产生影响的个人属性等可直接观测的显变量作为解释变量,忽略了出行者的态度、感知、心理因素等不可直接观测的潜变量的影响,导致预测结果与个体的实际决策存在偏差。为了提高选择模型的预测精度,Ben-Akiva 在 1999 年将潜变量模型与离散选择模型相结合,构建了综合的选择与潜变量(ICLV)模型,明确地将心理因素纳入选择模型。ICLV 模型的框架由潜变量模型和选择模型两个部分组成,如图 2-8 所示。

图 2-8 中上部为潜变量模型,该模型通过测量指标来估计潜变量。测量指标可以是决策者对调查问题的回答,如将恐慌考虑为个体在应急疏散过程中影响路径选择的潜变量之一,其对应的测量指标可包括行人在相应环境下的外在行为表现等。图 2-8 中下部为选择模型,ICLV 模型中个体对每一选择的效用都被假定为一个潜变量,而可直接被观察到的选

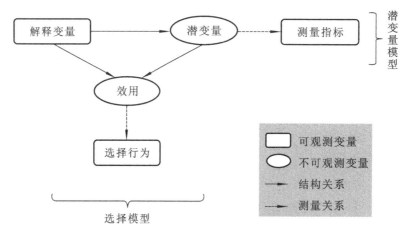

图 2-8　ICLV 模型框架

择行为是效用的外在表现形式,这与传统离散选择模型一致。将离散选择模型与潜变量模型同时集成,可以将潜变量作为解释变量处理在备选方案的效用函数中。需要注意的是,ICLV 模型仅在效用函数中考虑了有关个体状态具有差异的生理信息(个人属性等显变量),以及心理信息(不可直接观测的潜变量),而在决策规则上仍采用随机效用最大化(RUM),故其无法捕捉不同个体决策规则的异质性。

为了同时考虑个体状态以及决策规则上的差异性,Ben-Akiva 于 2002 年提出了一种扩展的离散选择模型框架,在该理论框架中放松了基本的 RUM 核心,允许随机后悔最小化(RRM)等非 RUM 的决策规则,以此来丰富个体的选择行为特征。此理论框架被称为混合选择模型(HCM),框架结构如图 2-9 所示。由于 HCM 允许合并非 RUM 的决策规则,故其不需要假定所有决策者都完全理性,而是一部分决策者完全理性(采用 RUM 的决策规则),另一部分决策者有限理性(采用非 RUM 的决策规则,如 RRM),所以基于 RUM 的 ICLV 模型是通用 HCM 的一种受限形式。

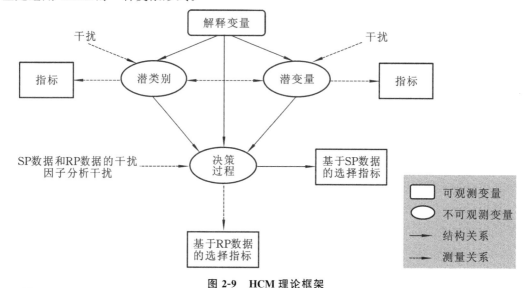

图 2-9　HCM 理论框架

HCM 理论框架主要从两个方面来提高选择模型的解释能力:一方面,从增加解释变量的角度出发,将潜变量模型纳入离散选择模型中,通过同时考虑决策者潜在态度、心理因素等潜变量以及个人属性等显变量对效用函数的影响来提高模型的解释能力;另一方面,从决策过程入手,将基于不同理性假设(有限理性或完全理性)的模型集成到一个可同时进行估计的单一结构中,以此丰富个体决策规则。所以 HCM 既可以作为考虑潜变量影响的离散选择模型又可以作为考虑决策规则异质性的潜类别模型来使用。

本研究的建模思想是将潜变量模型与离散选择模型整合,构建地铁应急疏散路径选择行为模型——HCM。由于多项 Logit 模型具有求解速度快、应用方便等优点,已在交通出行行为领域得到广泛应用,故本研究选择多项 Logit 模型(MNL 模型)进行分析。假设行人在进行应急疏散时,总选择能够产生最大效用的路径。离散选择模型行人选择路径 j 的效用如式(2-9)所示。

$$U_j = \alpha_j \boldsymbol{S} + \beta_j \boldsymbol{Z}_j + \varepsilon_j \tag{2-9}$$

式中:$\boldsymbol{S}$——个人属性向量;

$\quad \boldsymbol{Z}_j$——路径 j 的属性向量;

$\quad \varepsilon_j$——随机项;

$\quad \alpha_j$、β_j——待估参数。

考虑潜变量影响的混合选择模型行人选择路径 j 的效用如式(2-10)所示。

$$U_j = \alpha_j \boldsymbol{S} + \beta_j \boldsymbol{Z}_j + \gamma_j \boldsymbol{\eta} + \varepsilon_j \tag{2-10}$$

式中:$\boldsymbol{\eta}$——不可直接观测的潜变量向量;

$\quad \gamma_j$——待估参数;

$\quad$其他字母含义同前。

模型的效用最大化函数 d 如式(2-11)所示。

$$d = \begin{cases} 1, & U = \max U_j \\ 0, & \text{其他} \end{cases} \tag{2-11}$$

2.3.2　变量设置

本研究选取的变量可分为个人属性变量、备选方案属性变量以及潜变量 3 类,其中,个人属性变量包括性别、年龄、受教育水平、家庭年收入、乘坐地铁的频率、职业、经历的安全疏散演习次数,备选方案属性变量包括备选路径的疏散时间以及拥挤程度,潜变量包括恐慌、信息依赖度、环境熟悉度、安全意识、服从性和从众心理。在模型中,年龄、职业、家庭年收入、最常用交通工具、经历的安全疏散演习次数等变量无法按变量实际取值进行建模,应将其转为虚拟变量;备选方案属性变量中的疏散时间可按照实际取值进行建模;潜变量通过2.2.1中的结构方程模型计算出潜变量适配值后,将潜变量适配值代入模型。本研究各变量的具体定义如表 2-16 所示。

表 2-16 变量定义

变量类别	变量定义	变量取值	变量名称
个人属性变量	性别	1:男性;0:女性	GENDER
	年龄	1:18~60 岁;0:其他	YOUNG
		1:60 岁以上;0:其他	OLD
	最常用交通工具	1:地铁;0:其他	OTSUB
	职业	1:事业单位人员;0:其他	OCC public
		1:企业单位人员;0:其他	OCC enterprise
		1:公务员;0:其他	OCC officer
		1:教师;0:其他	OCC teacher
		1:学生;0:其他	OCC student
备选方案属性变量	疏散经验	1:有;0:无	EXP
	疏散时间	实际取值	TIME
	拥挤程度	1:不拥挤;2:一般拥挤;3:拥挤	CRO
潜变量	恐慌	适配值	PAN
	信息依赖度	适配值	ID
	环境熟悉度	适配值	EF
	安全意识	适配值	SF
	服从性	适配值	SA
	从众心理	适配值	GP

2.3.3 模型参数估计结果

本研究分别对地铁非换乘站、换乘站建立了未引入潜变量的多项 Logit 模型和考虑潜变量影响的混合选择模型,选用 SPSS 软件进行参数估计。本研究选用连续估计法进行混合选择模型建模,首先,通过 AMOS 软件建立 MIMIC 模型,得到个人属性与潜变量之间的结构关系以及潜变量与测量指标之间的测量关系;其次,利用潜变量与个人属性的标准化路径系数以及潜变量与测量指标的因子载荷系数进行潜变量适配值的计算,并将个人属性、备选方案属性以及潜变量适配值代入离散选择模型进行参数估计。模型的参数估计结果如表 2-17 所示(表中以最长路径为效用的基础项,即在非换乘站中以 300m 路径为效用基础项,在换乘站中以 500m 路径为效用基础项)。

表 2-17　模型参数估计结果

STATION	非换乘站				换乘站			
MODEL	MNL		HCM		MNL		HCM	
ROU	150m	200m	150m	200m	200m	300m	200m	300m
	dusky	bright	dusky	bright	dusky	bright	dusky	bright
CONSTANT	3.207***	2.698***	2.778**	0.356	4.577***	1.089**	2.629**	1.171
GENDER	0.154	0.347**	0.012	0.296*	−0.179	−0.023	−0.137	−0.052
YOUNG	0.261	0.147	0.263	0.086	−0.473***	−0.011	−0.461***	0.002
OLD	0.087	−0.072	0.033	−0.026	−0.243	−0.115	−0.244	−0.070
INC	0.099	0.256**	0.056	0.271**	−0.198**	−0.072	−0.209**	−0.035
OTSUB	−0.003	−0.515***	0.019	−0.416**	−0.313**	−0.454***	−0.294**	−0.472***
OCC public	−0.040	−0.785**	−0.062	−0.896**	—	—	—	—
OCC enterprise	−0.835***	0.034	−0.875***	−0.027	—	—	—	—
OCC officer	−1.552***	−0.498	−1.661***	−0.539	—	—	—	—
OCC teacher	−1.071**	0.285	−1.097**	0.210	—	—	—	—
OCC student	−0.037	−0.590	0.019	−0.447	—	—	—	—
EXP	0.198**	−0.024	0.254**	−0.020	−0.082	−0.098	−0.039	−0.050
CRO	−1.602***	−0.526***	−1.652***	−0.546***	−1.534***	−0.058	−1.543***	0.058
TIME	0.059	−0.684***	0.082	−0.689***	0.098	−0.038	0.101	−0.030
PAN	—	—	−0.155*	−0.049	—	—	0.073	−0.182***
ID	—	—	0.013	−0.009	—	—	−0.077	−0.223*
EF	—	—	0.144**	0.200**	—	—	0.037	0.028
SF	—	—	−0.066	0.271**	—	—	0.046	0.108
SA	—	—	0.080	0.001	—	—	0.170*	0.228**
GP	—	—	0.058	−0.021	—	—	0.066	0.079
n	837		837		1582		1582	
McFadden R^2	0.143		0.158		0.119		0.127	

注：* 表示该参数估计值的显著性水平为 0.1，** 表示该参数估计值的显著性水平为 0.05，*** 表示该参数估计值的显著性水平为 0.01。

由模型参数估计结果可知，在地铁非换乘站中，多项 Logit 模型的 McFadden R^2 值为 0.143，HCM 为 0.158；在地铁换乘站中，多项 Logit 模型的 McFadden R^2 值为 0.119，HCM 为 0.127。这说明考虑潜变量影响的 HCM 对地铁应急疏散行人路径选择行为的解释能力高于传统的多项 Logit 模型，且潜变量能够较为显著地影响行人的路径选择行为。

在地铁非换乘站中,根据常数项参数估计结果,总体上行人更加倾向于选择最短路径,但这种规律不完全符合基于不同个人属性以及不同心理潜变量行人的选择行为规律。男性在进行疏散时,相比于 150m 路径,更加倾向于选择路径长度较大但照明条件更优的 200m 路径,出现该情况的可能原因是男性体能较好,在进行路径选择时,认为相比于能够节省体能的最短路径,选择照明条件更好的路径会获得更大的效用;高收入群体在疏散过程中同样表现出趋光性,在进行路径选择时,更加倾向于选择照明条件更好的 200m 路径;每天乘坐地铁出行的行人则认为选择 200m 路径会获得更小的效用,在疏散过程中倾向于拒绝 200m 路径;不同职业行人的疏散路径选择行为具有较大差异,事业单位人员在疏散过程中倾向于拒绝选择 200m 路径,而企业单位人员、公务员和教师在疏散过程中倾向于拒绝最短路径;经历过安全疏散演习的行人在疏散过程中认为选择最短路径会获得更大的效用,在疏散过程中将会选择最短路径。路径的拥挤程度以及疏散时间将显著影响行人的路径选择行为,行人在疏散过程中倾向于拒绝选择拥挤的路径;在最短路径中,疏散时间的影响不显著,但其显著影响行人对 200m 路径的选择行为,这说明选择最短路径的行人在疏散过程中不会评估所选择路径的时效性。恐慌、环境熟悉度、安全意识等心理潜变量显著影响地铁非换乘站中疏散行人的路径选择行为,较恐慌人群在疏散过程中倾向于拒绝选择照明条件较差的最短路径;环境熟悉度高的人群,在疏散过程中更加倾向于选择 200m 路径;具有较高安全意识的行人,在疏散过程中倾向于选择照明条件较好的 200m 路径。

在地铁换乘站中,由常数项参数值可知,行人更加倾向于选择最短路径,且这种倾向性高于地铁非换乘站。造成此类情况的原因可能是地铁换乘站备选路径长度的差值大于地铁非换乘站,行人在备选路径长度差值较大的情况下更加看重路径的长度属性。年轻人在进行疏散路径选择时,倾向于拒绝地铁换乘站中的最短路径,认为选择照明条件好的路径会获得更大的效用;高收入群体在疏散路径的选择过程中表现出与年轻人相似的选择行为,倾向于拒绝最短路径;每天乘坐地铁的行人在疏散过程中倾向于拒绝最短路径和 300m 路径;最短路径的拥挤程度显著影响行人对该路径的选择,若最短路径较拥挤,行人将拒绝选择最短路径进行疏散。心理潜变量将显著影响行人在地铁换乘站中的选择行为,恐慌程度和信息依赖度较高的人群倾向于拒绝选择 300m 路径,而具有较高服从性的人群在疏散过程中倾向于选择最短路径和 300m 路径,且相比于最短路径,该群体更加偏好照明条件较好的 300m 路径。

2.4　本章小结

本章介绍了将 HCM 应用于地铁应急疏散行人的路径选择行为的分析过程。首先应用结构方程模型建立潜变量和测量指标之间的测量关系、潜变量之间以及个人属性与潜变量之间的结构关系,实现了地铁应急疏散行人心理因素的定量分析。其次将潜变量的适配值代入多项 Logit 模型,建立地铁应急疏散行人路径混合选择模型,分析了紧急情况下地铁疏散行人的路径选择行为。主要得到以下结论:

(1)地铁非换乘站和换乘站心理潜变量之间标准化路径系数的差异表明,行人在疏散时的心理状态受所在站点类型的影响。在遇到紧急情况时,行人在地铁非换乘站中的恐慌程度更高,同时表现出的从众心理更强,而在地铁换乘站中行人更加依赖疏散信息,且表现出更好的服从性。

（2）根据 MIMIC 模型的参数估计结果可知,相同类型站点中疏散行人心理因素的差异来源于不同个体个人属性的差异,即基于不同个人属性的行人在疏散过程中将表现出显著不同的心理状态。年龄较大的行人具有更高的信息依赖度、安全意识和更强的从众心理,而不同职业也对其产生显著影响;高学历人群的服从性更差,同时从众心理更强;由于出行方式的差异,高收入群体对地铁非换乘站的环境熟悉度更高,而低收入群体对地铁换乘站的环境熟悉度更高。

（3）将未引入潜变量的多项 Logit 模型与考虑潜变量影响的混合选择模型进行拟合优度对比,可知考虑潜变量影响的混合选择模型的拟合优度优于多项 Logit 模型。这说明在选择模型中引入潜变量能够提高模型的拟合能力,同时说明除个人属性外,潜变量也显著影响行人的路径选择行为,即行人的疏散路径选择不仅受个人属性的影响,也受心理潜变量的影响。

（4）微观模型常采用的最短路径的决策规则无法完全涵盖所有疏散行人的路径选择行为的决策规则,且不同人群对疏散路径的选择行为具有显著差异。在地铁非换乘站中,企业单位人员、公务员、教师和高恐慌群体在疏散路径选择时倾向于拒绝最短路径,而有安全疏散演习经验的群体在疏散时会偏好选择最短路径。在地铁换乘站中,最短路径不受年轻人、高收入群体和每天乘坐地铁群体的青睐,而高服从性群体更加偏好选择最短路径。

（5）心理潜变量及备选方案属性显著影响行人疏散路径的选择行为,在地铁非换乘站中的恐慌、环境熟悉度、安全意识和地铁换乘站中的恐慌、服从性等心理潜变量都将显著影响行人对疏散路径的选择;在地铁非换乘站中,选择最短路径的行人更加看重路径的拥挤程度,且路径的疏散时间对选择最短路径的群体影响不显著。对于选择较长路径的群体,相比于拥挤程度,该群体的选择行为受路径疏散时间的影响更大。在地铁换乘站中,最短路径的拥挤程度同样显著影响行人对其的选择行为。

第 3 章　基于潜类别模型的地铁应急疏散行为决策研究

　　地铁应急疏散是一个复杂过程,许多因素会对疏散者的疏散过程产生影响,如环境因素、疏散者的心理状态以及决策方式等。在大多数的地铁应急疏散研究中,影响地铁乘客疏散的环境因素和个人属性被广泛考虑,但缺乏对反映地铁乘客心理状态的、不易直接观测的潜变量的考虑。地铁乘客的疏散行为不仅会受到自身属性的影响,也会受到周围环境的影响。地铁突发事件的发生很容易让地铁乘客产生恐慌心理,地铁乘客在应急状态下的心理状态极大地影响着疏散过程和疏散效率。此外,地铁突发事件的发生也将导致地铁环境产生许多不确定因素,如人群密度变化、能见度变化、噪声等,这些因素将进一步影响疏散者的心理状态,导致疏散者做出不同的疏散行为。因此,在地铁应急疏散研究中除了应考虑个人社会经济属性之外,还应考虑表现心理状态的潜变量的影响。此外,当前地铁应急疏散领域对疏散者路径选择行为的心理状态和决策机理的研究尚不完善,研究中假设疏散者均具有相同的生理、心理和决策规则,即假设疏散者是同质的,而同质性假设并不完全符合实际情况。当前研究大多基于随机效用最大化(RUM)的决策规则来进行,但 RUM 理论的基本假设是所有个体是完全理性的,即决策者掌握全部决策信息,在决策时选择效用值最大的方案。基于 RUM 理论的假设推导出的多项 Logit 模型,虽然应用广泛,但其存在三大局限性:一是不能表示随机偏好的变化;二是不能克服相关备选方案相互独立(IIA)特性;三是不能处理面板数据(panel data),即不可观测因素在不同时期相关的数据。此后出现的基于有限理性假设的前景理论(PT)和后悔理论(RT),虽然较 RUM 理论能解释一些不符合完全理性假设的现象,但模型的解释能力仍有待提高。为了更加符合实际情况,更好地解释人群的选择行为,需要在模型中引入不同的决策规则,充分考虑疏散者的异质性以合理表达疏散者的决策行为。

　　本研究针对当前许多研究中决策理论单一、模型解释能力不足的问题,考虑多种表现个体心理特征的潜变量构建潜类别模型(LCM),将地铁乘客划分成不同心理潜类别的人群,探索疏散人群不同的心理特征,并分析不同心理潜类别人群的路径选择偏好,通过对比 LCM 与不考虑心理异质性的模型,验证模型的有效性,并将 LCM 与不考虑心理异质性的模型结果代入仿真模型,探索 LCM 在实际疏散情景中的适用性。此外,本研究也将以多种行为决策理论为出发点,基于不同决策规则,在完全理性假设和有限理性假设的框架下,将 RUM 和 RRM 理论联合考虑,建立包含多种决策规则的 LCM,分析个体间决策规则的异质性,探索决策者更深层次的决策行为模式以及行为决策机制;同时,本研究将对包含多种决策规则的 LCM 和单一决策规则的 LCM 进行比较,通过模型结果之间的对比,对模型的有效性和预测准确性进行验证,进一步丰富行为决策理论的研究内容。

3.1　行为决策理论模型

本研究将行为决策理论模型与 LCM 相结合,在潜类别模型中应用行为决策理论不仅可以探索疏散者的行为选择偏好异质性,也可以探索疏散者的决策规则异质性,进而深入分析疏散者的应急疏散行为选择机理。本节对行为决策理论模型中的基于完全理性的期望效用理论和基于有限理性的后悔理论进行说明,介绍模型的形式及参数对应的意义,为模型的建立及结果分析奠定理论基础。

3.1.1　期望效用理论及模型概述

目前,在交通行为研究领域常用的决策理论有期望效用理论、后悔理论以及前景理论(将在第 4 章介绍)等,这些决策理论基于不同的假设,具有各自的理论特点和解释能力的优势。

20 世纪 50 年代,John von Neumann 和 Oskar Morgenstern 提出了期望效用理论,之后 Mcfadden 将期望效用理论发展为随机效用最大化(RUM)理论,并在行为决策中居于重要地位。RUM 理论假定决策者是完全理性的,在决策时掌握全部决策信息,并且选择效用值最大的方案。Luce 在决策者效用最大化的假设下推导出多项 Logit 模型,该模型由于其封闭的选择概率公式而得到广泛应用。吴世江等以多项 Logit 模型的基本假定为基础,以开发能够真实反映不同选择肢效用随机项的异方差性和相关性的效用随机项结构为目标,逐步放松多项 Logit 模型效用随机项独立同分布的刚性假定。

随机效用最大化理论中,假设决策者 n 的选择方案的集合为 A_n,选择其中的方案 j 的效用为 U_{nj},则决策者 n 从 A_n 中选择方案 i 的条件为:

$$U_{ni} > U_{nj}, i \neq j, j \in A_n \qquad (3-1)$$

该理论中效用包括固定项和随机项,并假设两者之间呈线性关系。固定项通常包括可获得的决策者个人属性,如受教育水平、家庭年收入等;随机项通常包括难以获得的属性,如决策者的心理特征等。因此,如果假设决策者 n 选择方案 i 的效用为 U_{ni},则 U_{ni} 可以用式(3-2)表示:

$$U_{ni} = V_{ni} + \varepsilon_{ni} \qquad (3-2)$$

式中:V_{ni}——决策者 n 选择方案 i 的效用函数中的固定项;

ε_{ni}——决策者 n 选择方案 i 的效用函数中的随机项。

此时,决策者 n 选择方案 i 的概率 P_{ni} 如式(3-3)所示:

$$P_{ni} = P(U_{ni} > U_{nj}, i \neq j, j \in A_n) = P(V_{ni} + \varepsilon_{ni} > V_{nj} + \varepsilon_{nj}, i \neq j, j \in A_n) \qquad (3-3)$$

其中,$0 \leqslant P_{ni} \leqslant 1$,$\sum_{j \in A_n} P_{ni} = 1$。

根据不同的随机项分布假设可以推导出 Probit 模型、多项 Logit 模型、嵌套 Logit 模型和混合 Logit 模型等形式。

Luce 通过对随机项的假设推导得到多项 Logit 模型,但该模型不能反映决策者的异质性。随后提出的混合 Logit 模型可以精确地反映个体的异质性,不仅可以突破多项 Logit 模型的三大局限性,而且具有高度灵活性,可以通过任何形式的分布进行表示,如正态分布、均匀分布等。混合 Logit 模型的选择概率公式见式(3-4):

$$P_{ni} = \int \frac{e^{V_{ni}(\beta)}}{\sum_{j-1}^{J} e^{V_{nj}(\beta)}} f(\beta)\, d\beta \tag{3-4}$$

式中,$f(\beta)$表示参数为 β 的概率密度函数。混合 Logit 模型的选择概率函数为非封闭型,其参数估计通过计算机模拟实现。

但在 RUM 理论发展应用的过程中,其完全理性的基本假设受到质疑,如 Allais 悖论和 Ellsberg 悖论,该研究通过实验证实决策者是有限理性的且并非追求效用最大。此后基于有限理性假设的决策理论得到发展。

3.1.2 后悔理论及模型概述

后悔,指所选方案相对于未选方案中最优的结果产生的负面感知。采用后悔模型对疏散行为决策进行分析,一方面是因为后悔模型的形式比较简洁,另一方面是在模型估计过程中参数简单易操作,且个数较少。后悔理论的核心思想是决策者对比所选方案与其他未选方案可能产生的结果,若发现选择其他方案会获得更好的结果,其内心会感到后悔,反之则会感到欣喜,该理论以后悔值最小为决策规则。后悔理论模型的发展主要分为 3 个阶段:原始随机后悔最小化模型、经典随机后悔最小化模型和随机后悔最小化模型。

随机后悔最小化(RRM)模型源于 1982 年由 Bell、Loomes 等分别提出的基于有限理性的决策理论。研究者指出在进行决策时,决策者会将已选方案可能获得的结果与其他备选方案可能获得的结果进行比较,若已选方案不产生最优结果,决策者会产生后悔情绪,反之则会产生欣喜情绪;此外,决策者会根据以往的经验对本次决策结果产生预期判断,从而尽量避免选择可能使自己产生后悔情绪的方案,即决策者的后悔规避心理。后悔理论最初应用于心理学领域,后逐步发展并引入交通领域研究交通选择行为。2008 年,Chorus 等基于后悔理论提出 RRM 模型,该模型具有两点特性:第一,选择备选方案的概率受后悔情绪的影响,并非选择效用最大的方案;第二,多属性的备选方案决策时是非完全补偿的,即一种属性的增大(减小)无法被另一属性减小(增大)相同程度来代替,并且用预期后悔展示随机后悔最小化在风险选择中的应用,结果表明 RRM 模型是有效的。

最初的 RRM 模型形式为分段函数,曲线并不光滑,因此 Chorus 对 RRM 模型进行改进,于 2010 年提出经典随机后悔最小化(C-RRM)模型,并在此基础上延伸出多种 RRM 模型的形式。RRM 理论完善了行为决策理论体系,下面将对 C-RRM 模型、G-RRM 模型、加入后悔尺度参数的 μRRM 模型以及单纯随机后悔最小化(Pure Random Regret Minimization, P-RRM)模型进行详细介绍。

(1) 经典随机后悔最小化(C-RRM)模型

Chorus 通过 C-RRM 模型发现了决策者倾向于选择方案属性处于中间水平的方案,即折中方案,这一现象在许多研究领域中同样被证明,但在地铁应急疏散路径选择情景中,疏散者是否倾向于选择折中方案仍有待探究。C-RRM 模型为决策者选择折中方案的研究提供了理论基础,并且用 C-RRM 模型来描述决策行为中选择折中方案的行为更为贴切。

C-RRM 模型的函数表达式如式(3-5)所示:

$$R_i^{\text{C-RRM}} = \tau_{\text{C-RRM}} + \sum_{i \neq j} \sum_m \ln(1 + \exp(\beta_m(X_{jm} - X_{im}))) + \varepsilon_i \quad (3\text{-}5)$$

其选择概率公式为式(3-6):

$$P_i = \frac{\mathrm{e}^{-R_i^{\text{C-RRM}}}}{\sum_j \mathrm{e}^{-R_j^{\text{C-RRM}}}} \quad (3\text{-}6)$$

公式中 τ 为常数项,属性 m 的属性参数为 β_m,方案 j 中属性 m 的值为 X_{jm},方案 i 中属性 m 的值为 X_{im},根据公式可知 C-RRM 模型具有光滑的函数曲线,利用离散选择模型分析软件进行估计更加方便。有学者指出该模型与 RUM 模型具有相似性,当选择集为二项选择集时,两个模型可以相互转化,在多项选择中,两个模型虽有差异,但也具有一定的相似性。

(2) 广义随机后悔最小化(G-RRM)模型

G-RRM 模型的函数表达式如式(3-7)所示:

$$R_i^{\text{G-RRM}} = \tau_{\text{G-RRM}} + \sum_{i \neq j} \sum_m \ln(\gamma_m + \exp(\beta_m(X_{jm} - X_{im}))) + \varepsilon_i \quad (3\text{-}7)$$

其选择概率公式为式(3-8):

$$P_i = \frac{\mathrm{e}^{-R_i^{\text{G-RRM}}}}{\sum_j \mathrm{e}^{-R_j^{\text{G-RRM}}}} \quad (3\text{-}8)$$

G-RRM 模型相比于 C-RRM 模型,增加了后悔权重 γ_m,γ_m 代表属性 m 对后悔值的影响程度,γ_m 越大说明属性 m 越重要,$\gamma_m \in (0,1)$。不同的属性具有不同的后悔权重。这使得 G-RRM 模型的后悔函数曲线呈非线性变化,不同于 C-RRM 模型中的线性变化,具有一定的灵活性。

(3) 加入后悔尺度参数的 μRRM 模型

μRRM 模型的函数可以表示为式(3-9):

$$R_i^{\mu\text{RRM}} = \tau_{\mu\text{RRM}} + \sum_{i \neq j} \sum_m \mu \cdot \ln\left(1 + \exp\left(\frac{\beta_m}{\mu}(X_{jm} - X_{im})\right)\right) + \varepsilon_i \quad (3\text{-}9)$$

其选择概率可以表示为式(3-10):

$$P_i = \frac{\mathrm{e}^{-R_i^{\mu\text{RRM}}}}{\sum_j \mathrm{e}^{-R_j^{\mu\text{RRM}}}} \quad (3\text{-}10)$$

μRRM 模型是 C-RRM 模型的另一种一般化形式,通过后悔尺度参数 μ 的大小来表现模型估计后悔的程度,较大的后悔尺度参数 μ 表明模型估计的后悔程度较小,较小的后悔尺度参数 μ 说明模型估计的后悔程度较大。

μRRM 模型有 3 种特殊情况:①当 μ 取值无限大时,μRRM 模型的表现效果等同于随机效用最大化模型;②当 μ 无限接近 0 时,μRRM 模型表现出 P-RRM 模型的效果;③当

$\mu=1$ 时，μRRM 模型近似于 C-RRM 模型。

有学者根据 μ 值的大小探索后悔值 R 的大小变化，如图 3-1 所示。当 $\mu=10$ 时，该函数图像已接近直线。当 $\mu=0.01$，$X_{jm}-X_{im}$ 小于 0 时，函数值为 0；$X_{jm}-X_{im}$ 大于 0 时，该函数曲线的斜率大于图中其他函数曲线的斜率，说明具有最强烈的追求随机后悔最小化的倾向。

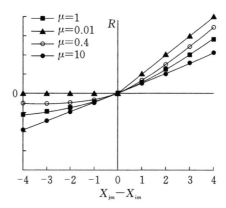

图 3-1　后悔尺度参数 μ 与后悔值 R 的关系

（4）单纯随机后悔最小化（P-RRM）模型

当后悔尺度参数 μ 逐渐接近 0 时，β_m/μ 的值会逐渐变大，导致后悔函数在生成后悔值和欣喜值时产生的差异变大。在所有的 RRM 模型中，μ 接近 0 时的后悔模型产生的后悔值和欣喜值具有最大差异，研究者将其称为 P-RRM 模型。

P-RRM 模型后悔值可以通过式（3-11）计算。

$$R_i^{\text{P-RRM}}=\tau_{\text{P-RRM}}+\sum_m \beta_m X_{im}^{\text{P-RRM}}+\varepsilon_i \tag{3-11}$$

其选择概率可以表示为式（3-12）：

$$X_{im}^{\text{P-RRM}}=\begin{cases}\sum_{i\neq j}\max(0,X_{jm}-X_{im})\\ \sum_{i\neq j}\min(0,X_{jm}-X_{im})\end{cases} \tag{3-12}$$

相比于其他 RRM 模型，P-RRM 模型最大的特点是当已选方案的属性 m 优于其他备选方案时，决策者在决策时不会产生欣喜值。此外，在 P-RRM 模型中，偏好参数的符号是已知的，在实际操作过程中，可以在模型估计之前假设参数的符号。其函数图像近似于图 3-1 中 $\mu=0.01$ 的函数图像，在横坐标的负半轴，其函数值为 0，表示不产生欣喜；在横坐标的正半轴，其函数曲线的斜率最大，产生最大的后悔值。

在行为决策理论的发展演变过程中，后悔理论的提出解决了 RUM 理论解释现实时出现的问题。从理论角度来看，RUM 和 RRM 具有各自的理论特点和模型解释能力优势，所以许多学者常常将这两种决策规则进行混合，且已证明混合决策规则的解释能力优于单一决策规则的解释能力，但很少有人研究在具体的实际决策情景中用不同决策理论划分人群类别。

3.2　数　据　分　析

本章使用第 2 章中的问卷调查数据进行分析,在第 2 章调查问卷数据的基本统计分析以及信度、效度分析的基础上,通过交叉分析对不同社会经济属性人群的路径选择偏好做进一步探究,为下一步的建模工作做好准备。

3.2.1　问卷设计与调查

本章的变量设置与第 2 章不同,因此表 3-1 列出了本章的变量命名情况。调查问卷分为 3 个部分,第一部分是路径选择意向调查,选择情景设置如表 3-2 所示;第二部分为心理状况调查,变量设置及选项如表 3-3 所示;第三部分是个人社会经济属性调查。

表 3-1　变量及说明

影响因素		变量命名	备注
个人属性	性别	SEX	0:男;1:女
	年龄/岁	AGE	1:18～25;2:26～40;3:41～60;4:>60
	家庭年收入/万元	INC	1:0～8;2:8～15;3:15～25;4:>25
	受教育水平	EDU	0:高中(中专)及以下;1:大专及本科;2:硕士及以上
	乘坐地铁频率/(次/周)	FRE	0:<1;1:1～2;2:3～5;3:>5
	参加疏散演习次数	NOD	0:0;1:1;2:2～3;3:>3
路径属性	照明条件	LIG	0:良好;1:一般;2:差
	疏散指引	GUI	0:无;1:有
	拥挤程度	CRO	0:不拥挤;1:一般拥挤;2:非常拥挤
	路径长度/m	DIS	1:150;2:200;3:300;4:500
	疏散时间/min	TIM	1:2;2:3;3:5;4:8
心理属性	恐慌程度	PAN	采用 Likert 五点量表,每个属性由多个问题测量
	信息依赖度	ID	
	环境熟悉度	EF	
	安全意识	SF	
	服从性	SA	
	从众心理	CON	

表 3-2　问卷情景设置

情景	照明条件	疏散指引	拥挤程度	疏散时间/min	路径长度/m
1	良好	无	非常拥挤	2	200
	一般	有	一般拥挤	2	300
	差	有	一般拥挤	2	200
2	良好	无	一般拥挤	3	150
	差	有	非常拥挤	3	150
	差	无	不拥挤	2	150
3	良好	有	不拥挤	3	300
	一般	无	一般拥挤	2	150
	差	有	不拥挤	2	200
4	良好	无	非常拥挤	3	150
	一般	无	不拥挤	3	200
	差	有	一般拥挤	3	150
5	良好	有	不拥挤	3	300
	一般	无	不拥挤	3	200
	一般	有	非常拥挤	5	150
6	一般	有	一般拥挤	2	300
	差	有	一般拥挤	2	200
	差	有	非常拥挤	3	150
7	良好	无	非常拥挤	3	300
	一般	有	一般拥挤	3	500
	差	有	一般拥挤	3	300
8	良好	无	一般拥挤	5	200
	差	有	非常拥挤	5	200
	差	无	不拥挤	3	200
9	良好	有	不拥挤	5	500
	一般	无	非常拥挤	3	200
	差	有	一般拥挤	3	300
10	良好	无	一般拥挤	5	200
	一般	无	不拥挤	5	300
	差	有	非常拥挤	5	200

续表3-2

情景	照明条件	疏散指引	拥挤程度	疏散时间/min	路径长度/m
	良好	有	不拥挤	5	500
11	一般	无	不拥挤	5	300
	一般	有	非常拥挤	8	200
	一般	有	不拥挤	3	500
12	差	有	一般拥挤	3	300
	差	有	非常拥挤	5	200

表 3-3　心理潜变量及观测变量设置

潜变量	观测变量		选项说明
恐慌程度（PAN）	PAN1	看到人员的伤亡,我会感到	1:完全不恐慌
	PAN2	听到异常声音,我会感到	2:不恐慌
	PAN3	地铁站灯光昏暗,我会感到	3:一般
	PAN4	周围人员慌张,我会感到	4:恐慌
	PAN5	地铁站充满烟雾,我会感到	5:极度恐慌
	PAN6	逃生过程中被别人推搡,我会感到	
信息依赖度（ID）	ID1	工作人员的指引对我逃生路线的选择很重要	1:完全不同意
	ID2	车站广播的指引对我逃生路线的选择很重要	2:不同意
	ID3	安全出口指示灯对我逃生路线的选择很重要	3:一般
	ID4	周围人员的选择对我逃生路线的选择很重要	4:同意
			5:完全同意
环境熟悉度（EF）	EF1	我对现在所处的位置	1:完全不清楚
	EF2	我对车站出口的位置	2:不清楚
	EF3	我对到出口的各条路径	3:一般
	EF4	我对通往各出口的距离	4:清楚
	EF5	我对通往各出口的步行时间	5:完全清楚
	EF6	我对逃生路径上设置的障碍物(护栏、检票口等)位置	
安全意识（SF）	SF1	我在日常生活中不会做一些危险动作	1:完全不同意
	SF2	我选择效率低但很安全的做事方式	2:不同意
	SF3	我会选择更安全的交通工具	3:一般
	SF4	我能预见某些行为有可能发生危险	4:同意
			5:完全同意

续表3-3

潜变量	观测变量		选项说明
服从性 （SA）	SA1	工作时，我听从上级的安排	1：完全不同意 2：不同意 3：一般 4：同意 5：完全同意
	SA2	在家里，我听从长辈的安排	
	SA3	上学时，我听从老师的安排	
	SA4	旅游时，我听从导游的安排	
从众心理 （CON）	CON1	我选择多数人推荐的书籍	1：完全不同意 2：不同意 3：一般 4：同意 5：完全同意
	CON2	我选择购买人数多的商品	
	CON3	我选择排队人数多的餐厅就餐	

　　本研究的调查数据来源于北京晶众智慧交通科技股份有限公司进行的地铁应急疏散路径选择意向调查。本研究采取SP调查和RP调查相结合的调查方式，SP调查调查行人在假设的应急疏散情景中的疏散路径选择行为，但在假设的情景中容易出现选择意向结果与实际选择不一致的情况，RP调查调查行人的社会经济属性以及能够体现心理特征的日常活动表现，是对已经发生的实际结果进行调查，具有准确性高的特点，但无法调查假设条件下的选择偏好，因此本研究将两种调查方式相结合，避免单一调查方式的局限性。

　　由于北京市与上海市建设地铁的时间较早，是当前我国地铁运营里程排名前两位的城市，并且地铁的客运量较大，北京市与上海市的城市居民具有良好的乘坐地铁出行的习惯，所以对北京市与上海市的地铁乘客进行调查更具有客观性与代表性。表3-4展示了北京市与上海市的地铁发展变化情况。

表3-4　北京市与上海市地铁里程与站点数目变化

城市	通车时间	初始运营里程/km	2020年运营里程/km	初始站点数	2020年站点数
北京市	1971年	226	689	148	402
上海市	1993年	361	705	221	415

　　为使样本更具有代表性，调查地点选取出行目的更为多样的城市商务中心区附近的地铁站点，包括北京地铁的王府井站、西直门站和东直门站，上海地铁的陆家嘴站、人民广场站和世纪大道站。调查样本的性别、年龄分布均符合北京、上海两地的实际情况，调查时间包括早、晚高峰时段和平峰时段，以便包含更多出行目的。本研究共回收问卷1100份，有效问卷1095份，问卷有效率99.5%。

3.2.2　数据交叉分析

　　为了初步分析个人的社会经济属性对路径选择的影响，本研究根据问卷数据，分别选择社会经济属性与疏散人员选择的疏散路径进行交叉分析,初步分析影响疏散人员疏散路径选择的因素。

图 3-2 为性别与疏散路径选择结果的交叉分析,结果表明男性与女性选择疏散路径比例的分布较为相似,这说明性别对疏散路径选择的影响并不显著。总体而言,男性选择结果的分布情况相比于女性选择结果的分布情况更为均衡一些,这说明男性在进行路径选择时更加理性,同样有研究表明男性在疏散时比女性表现得更为理性,可能的原因是男性的身体素质通常优于女性的身体素质,因此倾向于选择较拥挤的路径或者疏散距离较长的路径。男性选择最短路径 A 的比例与选择折中路径 B 的比例接近,选择最长但不拥挤的路径 C 的比例较小;在女性群体中,选择路径 A 的比例与选择路径 B 的比例相差较大,选择路径 B 的比例高于男性,并且选择路径 C 的比例小于男性,这说明女性相比于男性更加不倾向于选择距离较长的路径,而更加倾向于选择各种属性比较均衡的折中路径。

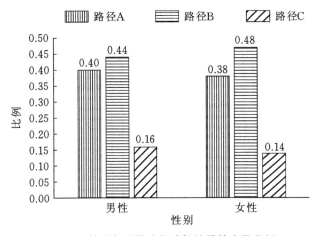

图 3-2　性别与疏散路径选择结果的交叉分析

图 3-3 为年龄与疏散路径选择结果的交叉分析。由图 3-3 可知,各个年龄阶段的人群选择疏散路径比例的分布较为相似,选择路径 B 的比例最高,这说明各类人群均倾向于选择折中路径,而不是选择最短但最拥挤或者不拥挤但较长的疏散路径。18～25 岁的群体和 60 岁以上的群体选择路径 A 的比例略高于其他年龄段的人群,这说明这两类人群相比于其他年龄段人群更加容易在疏散时选择最短路径,原因可能为 18～25 岁的人群缺乏社会经验,在应对突发状况时更容易选择短路径进行疏散,而 60 岁以上老人因身体素质下降,也倾向于选择短距离路径进行疏散。26～40 岁人群和 41～60 岁人群,其社会经验可能优于 18～25 岁人群,或者身体状况优于 60 岁以上人群,这两类人群在进行疏散路径选择时的偏好与其他类别人群具有一定的差异。此外,有研究表明疏散者的年龄与疏散路径选择具有一定的相关性。

图 3-4 为受教育水平与疏散路径选择结果的交叉分析,结果表明 3 类不同受教育水平人群的疏散路径选择结果分布较为相似,选择路径 B 的比例最高,选择路径 A 的比例次之,选择路径 C 的比例最低。但分布情况却有差异,受教育水平为高中(中专)及以下的人群选择路径 A 和路径 B 的比例较为接近,均略高于 40%;受教育水平为硕士及以上的人群选择

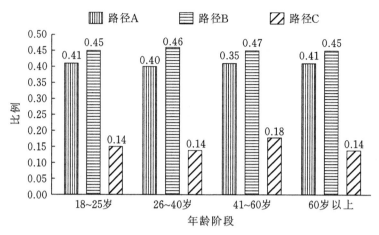

图 3-3   年龄与疏散路径选择结果的交叉分析

路径 A 和路径 B 的比例也较为接近,但均低于 40％,选择路径 C 的比例为 3 类人群中最高的,为 23％,这说明学历较高的人可能在进行决策时趋于理性。受教育水平为大专及本科的人群选择路径 B 的比例高于其他两类人群,这说明受教育水平对人群路径选择结果具有一定的影响,硕士及以上学历的人群选择结果的分布情况更为均衡,也有研究结果表明,疏散路径选择与疏散者的学历具有相关关系。

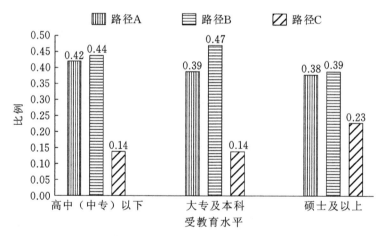

图 3-4   受教育水平与疏散路径选择结果的交叉分析

图 3-5 为家庭年收入与疏散路径选择结果的交叉分析。由图 3-5 可知,各个收入水平人群的疏散路径选择结果分布比例总体一致,均为选择路径 B 的比例最高,选择路径 A 的比例次之,选择路径 C 的比例最小。在各个收入阶层的人群中,家庭年收入 8 万～15 万元的人群选择路径 B 的比例最高,并且该类人群选择路径 C 的比例最低,并且可以发现随着家庭年收入的增加,选择路径 B 的比例呈现下降趋势,选择路径 C 的比例呈现上升趋势,这说明收入水平对人群的疏散路径选择有较为明显的影响。

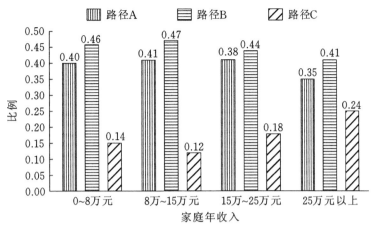

图 3-5　家庭年收入与疏散路径选择结果的交叉分析

3.2.3　验证性因子分析

在地铁应急疏散情景中，个人的属性变量可以被直接观测，称为显变量，难以直接观测的心理因素通常被称为潜变量。内生潜变量和外生潜变量是潜变量的两种类型，不受其他变量影响但影响其他变量的潜变量称为外生潜变量，受其他变量影响的潜变量称为内生潜变量。潜变量需要通过其他方法进行测量，能够直接观测并能够对潜变量进行解释的变量称为观测变量，观测变量通常通过 Likert 五点量表反映。潜变量与观测变量之间的关系需要通过验证性因子分析（Confirmatory Factor Analysis，CFA）进行处理。CFA 在分析之前就已经确定了观测变量与潜变量之间的隶属关系，处理潜变量与观测变量之间的关系更加方便、灵活。

验证性因子分析具有不同的表达形式，常用的形式有路径图、方程和矩阵，本研究利用 Mplus 软件进行验证性因子分析，由于软件默认设置了一些信息（如误差项），所以该软件的 CFA 形式更加简洁。Mplus 软件中验证性因子分析可以被写成如下形式：

$$\xi_1 \ \text{by} \ x_1 \ x_2 \ x_3$$
$$\eta_1 \ \text{by} \ y_1 \ y_2 \ y_3$$

ξ_1 为内生潜变量，x_1、x_2、x_3 为内生潜变量的观测变量；η_1 为外生潜变量，y_1、y_2、y_3 为外生潜变量的观测变量。

通过验证性因子分析计算潜变量与观测变量之间的因子载荷系数，得到对潜变量有更高解释能力的观测变量，因子载荷系数越大说明该观测变量对潜变量的影响越大，因子载荷系数大于 0.55 说明潜变量与观测变量之间有较强的因果关系，舍弃对潜变量影响较小的观测变量后，对验证性因子分析结果进行检验，结果如表 3-5 所示。由表 3-5 可知，在对各潜变量的观测变量进行筛选之后，得到剩余观测变量的因子载荷系数均大于 0.55，表明潜变量与观测变量之间具有较强的因果关系。此外，还需要利用 α 计算量表的测验信度，该系数的检验标准详见表 2-6。本研究中各个潜变量的 α 均在 0.6 以上，表明测量结果的信度较高。组成信度(CR)用来评价包含多个分量表或子维度的量表的内部一致性,CR 的取值标准详见表 2-10,CR 值大于 0.6 说明一致性良好,本研究的 CR 值均大于 0.7,表明验证性因子分析的结果良好。平均方差提取值(AVE)用于衡量收敛效度,AVE 的取值标准详见表 2-10,本研究的潜变量中 AVE 最小值为 0.477,其余结果均大于 0.5,表明问卷的效度分析结果较为理想。各类指标表明问卷的信度与效度良好,问卷具有较高的准确性和可信度。

表 3-5　因子载荷系数检验结果

潜变量	观测变量	因子载荷系数	CR	α	AVE
PAN	PAN1	0.624	0.727	0.710	0.477
	PAN2	0.832			
	PAN3	0.590			
ID	ID1	0.903	0.731	0.701	0.587
	ID2	0.598			
EF	EF3	0.605	0.801	0.793	0.507
	EF4	0.832			
	EF5	0.772			
	EF6	0.611			
SF	SF1	0.876	0.702	0.672	0.551
	SF2	0.578			
SA	SA1	0.898	0.751	0.735	0.551
	SA2	0.655			
	SA3	0.552			
CON	CON1	0.867	0.737	0.721	0.588
	CON2	0.652			

3.3　地铁应急疏散心理潜类别模型

3.2 节对数据进行分析和检验,在确定数据的有效性和可靠性之后,本节拟构建心理潜类别模型(LCM)对疏散者的决策行为进行分析,探索疏散者的心理异质性和选择偏好异质性。首先根据筛选得到的心理潜变量数据进行潜在剖面分析,其次根据心理 LCM 拟合效果的判断标准确定最优潜类别数目和最优心理 LCM,最后将模型预测结果与实际选择结果进行对比,建立仿真模型对 LCM 的有效性进行进一步验证。

3.3.1　心理潜类别模型概述

心理 LCM 是通过潜类别来解释外显指标间的关联,进而维持其局部独立性的方法。其基本假设是外显指标各种反应概率可以由少数互斥的潜类别来解释,每一类别对各外显指标的选择反应都有特定的倾向。建模时,LCM 中的变量为类别变量时称为潜类别分析(Latent Class Analysis,LCA),变量为连续变量时称为潜在剖面分析(LPA)。

本研究采用 Likert 五点量表采集的观测变量数据可以看作连续变量。因此,本研究采用 LPA 建立潜类别模型,此时将连续观测变量的方差分解为:

$$\sigma_1^2 = \sum_{k=1}^{k} P(c_l = k)(u_{lk} - u_l)^2 + \sum_{k=1}^{k} P(c_l = k)\sigma_{lk}^2 \tag{3-13}$$

式中,u_{lk} 和 σ_{lk}^2 为类别 k 内指标 l 的均值和方差,$P(c_l = k)$ 为每个类别占总体的比例,当满足局部独立和同质性假设时,式(3-13)可以简化为:

$$f(y_l) = \sum_{k=1}^{k} P(c_l = k) f(y_l \mid c_l = k) \tag{3-14}$$

$f(y_l)$ 为选择 y_l 的概率,$f(y_l \mid c_l = k)$ 为类别 k 中选择 y_l 的概率。当 LCM 拟合成功时,研究样本会被归入不同的潜类别,即确定每个个体的潜类别属性。采用贝叶斯后验概率进行分类:

$$P(c_l = k \mid y_l) = \frac{P(c_l = k) f(y_l \mid c_l = k)}{f(y_l)} \tag{3-15}$$

后验概率是根据个体的作答结果,在 LCM 拟合后得出,代表个体属于某一类别的概率。常用蒙代尔分配法确定个体所属的潜类别。蒙代尔分配法是根据个体后验概率的最大值将其归入特定的类别。例如某个体 Q 在 3 个类别的后验概率分别为 0.1、0.2、0.7。由此可知,Q 属于第 3 类别的概率值最高,所以应将其归入第 3 类别。本研究采用蒙代尔分配法。

心理 LCM 的主要检验指标有赤池信息量准则(Akaike Information Criterion,AIC)、贝叶斯信息准则(Bayesian Information Criterion,BIC)、调整贝叶斯信息准则(Adjusted Bayesian Information Criterion,ABIC)、Entropy、LMR(Lo-Mendell-Rubin),其中,AIC、BIC、ABIC 均为信息评价指标,这几种统计量通过比较期望值与差异值来判断模型拟合的优劣,统计值越小表示模型拟合效果越好;Entropy 用以评价分类的精确性,其取值区间为 (0,1),当 Entropy < 0.6 时表明个体分类正确率低于 80%,当 Entropy ≥ 0.8 时表明个体分类的正确率超过 90%;LMR 用于比较 $k-1$ 个和 k 个模型间的拟合差异,LMR 的 P 值显著($P < 0.05$)表明 k 个类别模型的拟合效果显著优于 $k-1$ 个类别模型的拟合效果。在实际应用过程中,会出现各评价指标不一致的情况,例如当 BIC 最小时 LMR 的 P 值并不显著。遇到此种情况,应结合分类的实际意义和类别所包含的样本数确定最终的类别数目,即各项指标提示保留 k 个类别,而其中一个类别个体数目有限或者不易解释时,应考虑 $k-1$ 个类别的模型。

3.3.2　模型结果分析

本研究利用 Mplus 分析软件对疏散者的心理状态进行分类,在模型中假定分类的数目,从类别数目为 1 开始，依次递增，得到不同类别数目的模型的类别概率和拟合指标，并比较不同类别数目模型的各指标差异，直至某一拟合指标不满足最优类别数目标准。各个潜类别模型的拟合结果如表 3-6 所示，由表 3-6 可知，随着分类数目的增加，模型的 AIC、BIC 和 ABIC 值逐渐减小，这表明模型的拟合效果越来越好。然而随着模型分类数目的增加，Entropy 的值先增大后减小，当模型将人群分为 5 个类别时，Entropy 具有最大值，当模型将人群分为 6 类时，Entropy 值显著下降，这表明模型的拟合效果开始下降。此外，在模型将人群分为 2 类、3 类、4 类、5 类时，LMR 的 P 值均小于 0.05，即 LMR 的 P 值显著，这表明随着分类数目的增加，较大分类数目模型的分类优于较小分类数目模型，这说明分为 5 类时模型的解释能力优于前 4 种不同类别数目的模型，但分为 6 个类别时，LMR 的 P 值大于 0.05，LMR 的 P 值不显著，根据确定最优 LCM 的原则，可得出分成 6 个类别的模型不优于分成 5 个类别的模型。因此，本研究确定分为 5 类的 LCM 为最优模型，最优分类数目为 5。

图 3-6 展示了分为 5 类的 LCM 的各个类别在不同观测变量上的得分情况。

表 3-6　潜类别模型拟合结果

类别数	AIC	BIC	ABIC	Entropy	P 值	类别概率/%
1	39719.3	39879.2	39777.6	—	—	100
2	37756.7	38001.6	37846.1	0.89	0	21.1/78.9
3	36312.5	36642.4	36432.8	0.9	0.001	16.8/23.3/59.9
4	35818.2	36233.1	35969.5	0.9	0.001	13.9/21.3/8.0/56.8
5	35404.5	35904.4	35586.8	0.91	0.027	8.5/18.2/13.3/54.6/5.4
6	35137.3	35722.1	35350.4	0.84	0.518	12.2/32.2/5.6/14.4/27.3/8.3

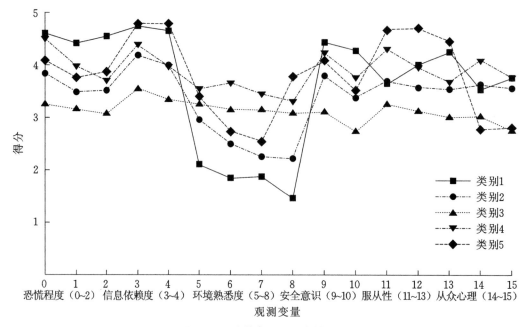

图 3-6　5 种潜类别观测变量得分

如图 3-6 所示,横坐标轴表示 6 个潜变量分别对应的观测变量,纵坐标表示该观测变量的得分情况,根据图 3-6 中的数据进行对比分析,可以发现第 1 类人群的恐慌程度得分较高,这说明第 1 类人群具有最强的恐慌心理,同时第 1 类人群的环境熟悉度最差,安全意识最强,而其服从性和从众心理在 5 类人群中处于中等水平。从第 1 类人群观测变量的得分分布情况来看,该类人群在应急疏散的过程中更容易出现恐慌心理,并且由于其环境熟悉度较差,在疏散时可能更容易产生慌不择路的情况。第 2 类人群的恐慌程度是 5 类人群中第二低的,其环境熟悉度略优于第 1 类人群,表明该类人群不易产生慌不择路的情况,此外第 2 类人群的信息依赖度、安全意识、服从性、从众心理在 5 类人群中处于中间水平。第 3 类人群的恐慌程度、信息依赖度最低,安全意识、服从性最差,从众心理较弱,说明该类人群最不容易产生恐慌心理,在进行路径选择时可能不会对信息进行分析判断,既不倾向于听从指挥也不容易产生从众行为,较为武断,根据自身本能反应,选择最短的路径进行疏散。第 4 类人群有最强的从众心理和环境熟悉度,而且人数占比最大,表明在疏散人群中,大多数人表现出明显的从众心理,可能在实际疏散情景中产生从众行为,并且也有相关研究表明,疏散群体中多数人会产生从众行为。第 5 类人群的恐慌程度在 5 类人群中处于中间水平,该类人群拥有最高的信息依赖度、最强的服从性,并且该类人群的从众心理是 5 类人群中最低的,第 5 类人群的观测变量得分情况表明该类人群可能会依据所掌握的信息进行判断,不容易产生从众行为,其疏散路径选择可能更趋于理性。

根据观测变量的得分情况和因子载荷系数可进一步计算每一类人群的心理潜变量的大小,并根据验证性因子分析中的因子载荷系数进行方差分析(表 3-7),计算得到每一类人群的心理潜变量的均值和方差,进一步比较不同类别人群的心理潜变量的差异。由表 3-7 可知,在 5 类不同心理状态的人群中,第 1 类人群恐慌程度的均值最大,信息依赖度的均值与第 5 类人群相等,环境熟悉度均值最小,安全意识均值最大,其余潜变量均值处于中间水平,与图 3-6 中该类人群的观测变量得分分布情况基本一致;第 2 类人群的恐慌程度较低,环境熟悉度高于第 1 类人群,此外该类人群的信息依赖度、安全意识、服从性、从众心理在 5 类人群中处于中间水平,与图 3-6 中观测变量的得分分布情况一致;第 3 类人群的恐慌程度、信息依赖度最低,安全意识、服从性的均值为 5 类人群中最小的;第 4 类人群的从众心理和环境熟悉度的均值为 5 类人群中最大的;第 5 类人群的恐慌程度处于中间水平,信息依赖度、服从性的均值最大,从众心理均值是 5 类人群中最小的。各类人群的潜变量在方差分析表中的计算结果与图 3-6 的分析结果一致,进一步证明人群中存在心理异质性。显著性结果表明:5 类人群在恐慌程度、信息依赖度、环境熟悉度、安全意识、服从性、从众心理等潜变量上均具有显著差异,说明分类结果良好。

表 3-7　方差分析表

潜变量	心理类型(均值±方差)					显著性
	第 1 类 $n=279$	第 2 类 $n=598$	第 3 类 $n=437$	第 4 类 $n=1794$	第 5 类 $n=177$	
恐慌程度	9.2±0.7	7.3±0.9	6.4±1.2	8.2±0.8	7.9±0.9	***
信息依赖度	7.1±0.6	6.2±0.7	5.1±0.9	6.3±0.7	7.1±0.5	***

续表3-7

潜变量	心理类型（均值±方差）					显著性
	第1类 $n=279$	第2类 $n=598$	第3类 $n=437$	第4类 $n=1794$	第5类 $n=177$	
环境熟悉度	5.1±1.0	6.8±1.2	8.9±1.3	9.8±1.0	7.1±0.5	***
安全意识	6.3±0.7	5.2±0.7	4.2±0.8	5.8±0.6	5.6±0.8	***
服从性	8.2±1.1	7.5±0.9	6.6±1.1	8.4±0.9	9.7±0.8	***
从众心理	5.5±1.0	5.5±0.8	4.4±0.8	6.0±0.6	4.2±1.1	***

注：*** 表示 $p<0.01$。

确定最优LCM之后，分析各类人群的路径选择偏好，分析各种因素对5类人群路径选择的影响程度，将最优LCM的参数拟合结果与未分类的总体模型进行对比，结果如表3-8所示。

表3-8　参数估计结果

变量	人群类别					总体
	第1类	第2类	第3类	第4类	第5类	
截距$_1$	9.89***	7.20***	5.85***	8.24***	8.80***	7.36***
SEX$_1$	−0.34	−0.01	0.11	−0.29*	−0.3	−0.23*
INC$_1$	−0.33	−0.28**	0.16	−0.36***	−0.64*	−0.30***
FRE$_1$	−0.34*	−0.16	−0.12	−0.29***	−0.44	−0.21***
NOD$_1$	0.48**	−0.029	0.23	0.02	−0.11	0.07
LIG$_1$	−2.52***	−2.11***	−1.79***	−2.36***	−2.74***	−2.27***
CRO$_1$	−3.12***	−2.20***	−2.20***	−2.47***	−1.96***	−2.26***
DIS$_1$	−1.89***	−1.15***	−1.61***	−1.16***	−0.59*	−1.11***
GUI$_1$	−0.057	1.41***	1.66**	0.86***	2.57***	1.14***
截距$_3$	4.43***	4.69***	1.28	1.78***	7.92***	2.82***
SEX$_3$	−0.32	0.03	0.23	0.15	−0.84*	0.05
INC$_3$	−0.11	−0.23	0.1	−0.01	−0.53	−0.06
FRE$_3$	0.19	0.07	0.03	0.04	−0.22	0.07
NOD$_3$	−0.31*	−0.03	−0.06	0.04	−0.03	−0.03
LIG$_3$	−1.09***	−1.21***	−1.26***	−1.60***	−1.59***	−1.39***
CRO$_3$	−1.53***	−1.28***	−0.67**	−0.64***	−1.73***	−0.91***
DIS$_3$	−0.30**	−0.42***	0.1	−0.14**	−0.61**	−0.06
GUI$_3$	−0.85**	−0.91**	0.94*	0.66***	−0.53	0.08
R^2	0.345	0.315	0.277	0.276	0.31	0.272

注：1.以路径B为参照项，下标1表示路径A的参数，下标3表示路径C的参数。

　　2.* 表示 $p<0.1$，** 表示 $p<0.05$，*** 表示 $p<0.01$。

参数估计结果表明,各个模型的拟合优度 R^2 值均在 0.2~0.4 之间,证明模型对各类人群均有良好的拟合效果。此外,个别因素的影响在总体模型中可能会被忽略,比如参加疏散演习次数会对第 1 类人群有显著正影响,说明参加疏散演习次数会使容易恐慌的第 1 类人群倾向于选择最短路径,但在总体模型中该因素的影响并不显著,在总体模型中会忽略疏散演习次数对某类群体疏散路径选择的影响;在总体模型中,路径 C 的长度对疏散人群并没有显著影响,而在潜类别模型中,路径 C 的长度对第 1 类、第 2 类、第 4 类和第 5 类人群均有显著影响。此外,路径 C 的疏散指引也是在总体模型中影响并不显著,说明潜类别模型对识别影响不同类别人群的因素有良好的效果。

根据截距项判断人群的选择偏好,除第 3 类人群外,其他 4 类人群对于路径 A 和路径 C 的截距项均显著,但路径 A 的截距项均大于路径 C 的截距项,说明这 4 类人群在疏散时既有可能选择短路径也有可能选择不拥挤的路径,但更倾向于选择短路径。尽管如此,在这 4 类人群中,第 5 类人群相比于其他 3 类人群的路径 A 的截距项与路径 C 的截距项差别较小,表明第 5 类人群对于路径 A 和路径 C 的选择偏好近似,该类人群在路径选择时更为灵活,不会偏执于选择短路径,说明第 5 类人群具有决策灵活的特点。而第 3 类人群只有最短路径的常数项显著且为正,说明第 3 类人群只倾向于选择最短路径进行疏散,这表现出这类人群决策风格激进、缺乏灵活性的特点。人数占比最大的第 4 类人群的路径 A 的截距项约为路径 C 的截距项的 4 倍,说明大部分的疏散人群在进行疏散路径选择时更倾向于选择疏散距离较短的路径。

在个人属性方面,第 4 类人群中的女性倾向于选择较短的路径 A,第 5 类人群中的女性更倾向于选择不拥挤的路径 C,这表现出不同心理类别人群路径选择偏好的差异;收入水平对第 2、4、5 类人群选择路径 A 有负影响,说明这 3 类人群中收入水平较低的人倾向于选择短路径进行疏散;乘坐地铁频率对第 1、4 类人群选择路径 A 有负影响,说明在这两类人群中不经常乘坐地铁的人更倾向于选择短路径进行疏散;参加疏散演习次数只对第 1 类人群选择路径 A 有正影响,对选择路径 C 有负影响,说明在具有最高恐慌程度的第 1 类人群中参加疏散演习次数多的人更倾向于选择短路径,这表明容易恐慌的人会因参加过疏散演习而在疏散时寻找短路径,从而有效避免出现慌不择路的情况。

在路径属性方面,照明条件对路径选择有负影响,说明各类人群均不倾向于选择光照条件较差的路径,表现出了明显的趋光性,与已有的研究结果相吻合。拥挤程度对人们的路径选择有负影响,说明人们不倾向于选择拥挤的路径。路径 A 的长度对 5 类人群的路径选择有负影响,说明路径 A 长度增加时,人们表现出强烈的不选择该路径的倾向,但路径 C 的长度只对第 1、2、4、5 类人群的路径选择有负影响,且影响相对较小,表明当路径 C 的长度增加时,这 4 类人群不倾向于选择路径 C。第 3 类人群只关注路径 A 长度的变化,表现出第 3 类人群决策不灵活的特点。无疏散指引时,第 1 类人群不倾向于选择路径 C;第 2 类人群不倾向于选择路径 C,而是倾向于选择路径 A;第 3、4 类人群尽管对路径 A 和路径 C 均有选择倾向,但系数的大小表明,这两类人群更倾向于选择路径 A;同样,第 5 类人群也倾向于选择路径 A,说明在无疏散指引时,人们更倾向于选择短路径进行疏散。在实际应用中,由于大多数人具有从众心理,在疏散时极易造成某一路径过度拥挤,可能会造成疏散效率降低甚至发生踩踏等安全事故,根据影响疏散路径选择的因素可知,可以通过加强有效的疏散指引引导疏散人员进行路径选择,如实时监控、指示灯、地铁广播等,从而避免某一出口或者通道拥挤,提高疏散效率。此外,也要保障地铁系统内的应急照明设施建设,避免因为人群的趋光特性造成拥堵,影响疏散效率。

3.3.3　心理潜类别模型验证

为了验证本研究构建的心理潜类别模型的有效性和适用性,本节从 LCM 疏散结果与未分类的总体模型疏散结果对比、构建仿真模型验证两类模型的疏散结果、LCM 和总体模型分别与实际问卷结果对比等三方面进行模型验证。

（1）LCM 疏散结果与总体模型疏散结果对比

为验证考虑不同心理类别人群疏散特点的 LCM 在地铁应急疏散研究中的有效性,本研究对比基于 LCM 的地铁应急疏散研究结果与基于未考虑疏散人群心理类别的总体模型的研究结果,结果见表3-9。由表3-9可知,模型对3条路径的选择进行预测,LCM 对3条疏散路径的预测准确率高于总体模型对3条路径的预测准确率,说明 LCM 相比于总体模型可以更加准确地预测疏散者的路径选择行为,LCM 具有更好的预测效果。

表3-9　路径预测准确率

模型名称	路径 A	路径 B	路径 C
总体模型	60.40％	64.40％	54.20％
LCM	60.50％	66.10％	59.20％

（2）仿真模型验证

为了进一步验证 LCM 在应急疏散方面的实际效果,本研究进一步建立仿真模型对 LCM 进行对比验证。鉴于 AnyLogic 可以同时存在并且模拟多个不同的个体,所以,本研究基于 AnyLogic 仿真平台,引入 Agent 建模方法对行人个体单独建模,定义行人个体的基本属性,并且根据以上行为决策模型编辑独立个体的路径决策规则,以北京地铁的雍和宫站为例进行仿真验证,模拟疏散人员的路径选择。雍和宫站设计较为复杂,能够模拟通常条件下的疏散情景,通过实地踏勘结合站内平面及立体示意图,掌握地铁站平面及立体设计,并以此建立疏散仿真环境模型。雍和宫站是北京地铁 2 号线与 5 号线交会处的一座换乘站。2号线为岛式站台设计,而 5 号线为较特殊的错层岛式站台设计,采用复合式构造,两侧站台中间有一个错层的台阶用于换乘。雍和宫站共有 6 个出口:2 号线出口 A、B、C,5 号线出口 E、F、G,出口 C 为两线共用出口。地铁站的立体结构如图3-7所示,平面结构如图3-8所示。

根据以上地铁站构造图建立疏散仿真环境模型,将本研究考虑心理异质性的 LCM 与不考虑心理异质性的总体模型,通过面向对象的二次开发技术进行编程,对两类模型的疏散仿真结果进行对比分析,验证心理异质性对行人行为决策以及疏散效率的影响。

已疏散人数随时间的变化曲线如图3-9所示,可以发现,基于 LCM 进行路径决策的疏

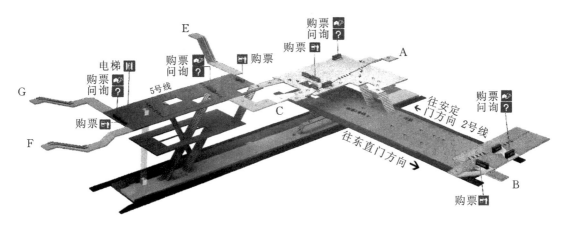

图 3-7　三维空间示意图

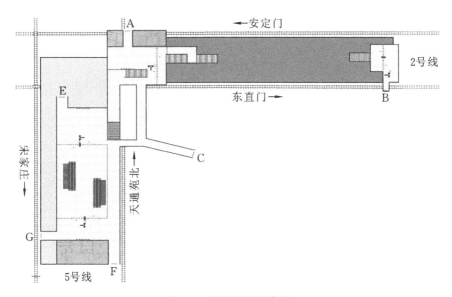

图 3-8　二维平面示意图

散时间为 346s,相比总体模型 395s 的疏散时间节省 49s。疏散前 90s 时间段,LCM 与总体模型疏散效率非常接近,疏散人数没有明显差距。然而,随着疏散进行,LCM 疏散曲线始终位于总体模型疏散曲线下方,即同一时刻 LCM 疏散人数均领先于总体模型,表明此后 LCM 单位时间疏散人数更多,疏散效率相较总体模型具有显著优势。地铁站内不同疏散策略下行人疏散时间分布直方图如图 3-10 所示,其中横轴表示疏散时间,纵轴表示对应时段频数。根据 LCM 进行路径选择,人群平均疏散时间为 147.79s,相比总体模型 161.85s 的平均疏散时间缩短 14.06s,个体疏散优势明显;同时,基于 LCM 进行决策的标准差为 82.32s,相比总体模型 93.37s 更小,各个体疏散时间更为接近。由此可见,考虑决策者心理异质性,人群平均疏散时间明显缩短,疏散过程更加有序。

　　为了进一步分析不同疏散策略对行人路径决策的影响,计算不同路径选择策略下各个出口疏散人数,结果如图 3-11 所示。整体上看,总体模型中,选择 2 号线、5 号线共用出口 C

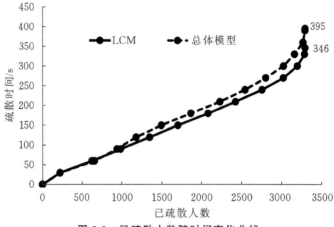

图 3-9　已疏散人数随时间变化曲线

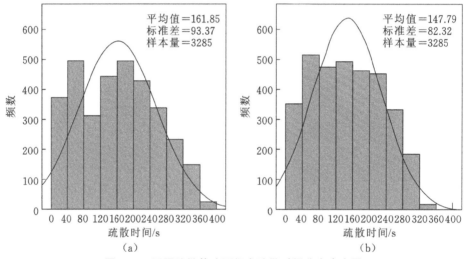

图 3-10　不同疏散策略下行人疏散时间分布直方图

(a)总体模型;(b)LCM

的仅为 527 人,而 LCM 中,出口 C 的疏散人数增加至 743,分担了一部分出口 A 和出口 E 的疏散压力,出口 C 疏散能力得到充分利用。总体模型中,对于相对较近的出口 G 行人表现出明显偏好,疏散人数达到 742,而站厅同侧较远的出口 F 选择人数却相对较少,仅为 582,出口 F 未能得到有效使用。LCM 中则相反,出口 G 的选择人数为 465,有效缓解了因选择最短路径进行疏散所造成的出口拥塞、人群聚集,人群分流到路径相对较长的出口 F,有效避免了出口利用不均衡的局面。由此可知,疏散人员基于考虑决策者心理异质性的 LCM 选择逃生路径,出口利用更均衡,人群拥塞现象有效缓解,减小了由于出口处行人分布不均衡而造成的疏散不平衡影响,整体疏散效率得到提高。仅仅根据行人生理特征、社会属性和心理特性从总体上分析并不能很好地反映疏散者行为决策的差异,也不能很好地揭示独立个体对疏散出口对应路径的偏好程度,这在疏散情况尤为复杂的条件下更显弊端。然而 LCM 基于个体间心理异质性进行建模,能够提高行人寻找最优疏散路径的能力,并能较真实地反映紧急情况下人员的路径选择。

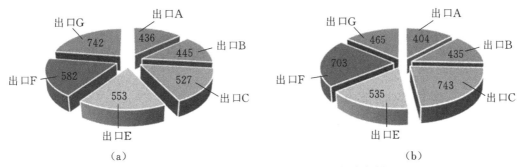

图 3-11　不同出口选择策略下各个出口疏散人数饼图

(a)总体模型；(b)LCM

（3）LCM 和总体模型分别与实际问卷结果对比

为验证考虑行人心理异质性的 LCM 在地铁应急疏散研究中的有效性和适用性,本研究将基于总体模型、LCM 进行决策的疏散路径决策结果同实际问卷调查结果进行对比分析,结果如表 3-10 所示。由表 3-10 可知,考虑心理异质性的 LCM 相较于未考虑心理异质性的总体模型,其路径选择更为多元,选择结果的分布情况更加贴合实际,表明 LCM 能够更加准确地预测决策者的路径选择行为;同时,LCM 的路径决策结果绝对误差相对更小,也更趋近问卷调查情景设置中的实际观测结果,因此 LCM 具有较高的预测准确率。

表 3-10　路径决策结果对比

路径决策	问卷调查	决策模型		绝对误差	
		总体模型	LCM	总体模型	LCM
路径 A	39.66%	56.70%	35.50%	0.18	0.04
路径 B	45.33%	40.20%	51.00%	0.06	0.05
路径 C	15.01%	3.10%	13.50%	0.12	0.02

通过上述分析可知,考虑行人心理异质性的 LCM 更符合现实中疏散人员的路径选择,能更好地揭示真实场景下行人的行为决策本质。

3.4　地铁应急疏散决策规则潜类别模型

本研究采用两种决策规则建立决策规则 LCM 对疏散人群进行研究:RUM 模型和 RRM 模型。其中,RRM 模型采用两种特殊形式:P-RRM 模型和 μRRM 模型。模型中最多包含 3 种形式的决策规则潜类别,将调查数据分配到 3 种决策规则潜类别下,每一种潜类别具有单独的偏好参数,在表现决策规则异质性的同时表现类别间的偏好异质性。RUM 假定决策者是完全理性的,即决策者掌握全部决策信息,在决策时选择效用最大的方案。长期以来,该理论在选择行为研究中占主导地位,基于 RUM 的假设推导出的多项 Logit 模型被广泛应用;P-RRM 模型可以表现最强烈的追求后悔最小化的行为,与 RUM 模型有很大的差异;μRRM 模型通过后悔尺度参数 μ 的变化表现后悔程度的变化,因而具有较高的灵活性,当 $\mu \to \infty$ 时,其更接近 RUM 模型,当 $\mu \to 0$ 时,其更接近 P-RRM 模型。在本研究中 μRRM 用于对决策规则进行补充,用于分析既不属于 RUM 也不属于 P-RRM 的人群。

3.4.1 决策规则潜类别模型概述

决策规则 LCM 是获取个体决策规则异质性的一种有效方法,假定决策者被分为多个潜类别,不同潜类别间具有不同的偏好参数。潜类别模型假设研究样本中包含 s 个代表不同决策规则的类别。每个类别中具有各自的参数向量 $\boldsymbol{\beta}_s$,决策者 n 选择方案 i 的概率等于该决策者属于类别 s 的概率乘在类别 s 中方案 i 被选择的概率。

$$P_n(i \mid \boldsymbol{\beta}_1,\cdots,\boldsymbol{\beta}_s) = \sum_{s=1}^{s} \pi_{ns} P_n(i \mid \boldsymbol{\beta}_s)$$

$$\sum_{s=1}^{s} \pi_{ns} = 1 \text{ 且 } 0 \leqslant \pi_s \leqslant 1 \forall s$$

(3-16)

类别隶属概率 π_{ns} 是一个关于解释变量 Z_n 的函数,$\boldsymbol{\eta}_s$ 是特定类别的参数向量,δ_s 是特定类别的常数项:

$$\pi_{ns} = \frac{e^{\delta_s = f(\boldsymbol{\eta}_s, Z_n)}}{\sum_{d=1}^{s} e^{\delta_d + f(\boldsymbol{\eta}_d, Z_n)}}$$

(3-17)

本研究采用的 LCM 将人群最多分为 RUM、P-RRM、μRRM 3 种类别,利用 PandasBiogeme 软件进行编程。该软件为基于 Python 语言的数据分析工具,通过该软件建立多种形式的决策规则 LCM,模型结构如图 3-12 所示。

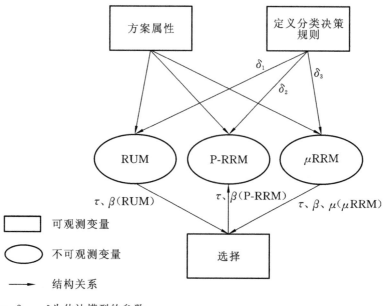

图 3-12 决策规则潜类别模型结构

3.4.2　模型结果分析

基于地铁应急疏散行为意向调查的数据,利用 PandasBiogeme 数据分析软件进行编程对数据进行分析,建立单一类别模型 RUM 模型、P-RRM 模型、μRRM 模型,以及 3 种 LCM,即仅包含 RUM 和 P-RRM 决策规则的 RUM&P-RRM 模型,包含 RUM、P-RRM 和 μRRM 3 种决策规则的 RUM&P-RRM&μRRM 模型,包含 3 种不同参数 μRRM 决策规则的 μRRM$_1$&μRRM$_2$&μRRM$_3$模型。得到单一类别模型和 LCM 的拟合结果,如表 3-11 所示:①根据 LL 值、AIC、BIC 和 ρ^2 4 种模型拟合指标可知,LCM 的拟合效果均明显优于单一类别模型,并且包含 RUM、P-RRM、μRRM 3 种决策规则的 LCM 具有最小的 AIC 和 BIC 以及最大的 LL 值和 ρ^2,说明考虑疏散人群的决策规则异质性时,该模型具有更好的拟合效果,表明疏散人群在地铁应急疏散过程中选择疏散路径时所采用的决策规则是不同的,即既有采用 RUM 决策规则的人群,也有采用 RRM 决策规则的人群。②RUM&P-RRM&μRRM 模型分类结果表明,占比 16.7% 的第一类人群更符合 RUM 决策规则,该类人群会根据自己的判断选择效用最大的路径进行疏散,因此将其称为 RUM 人群;有 83.3% 的人更符合 RRM 决策规则,其中占比 67.5% 的第二类人群符合 P-RRM 决策规则,根据其特性可知,符合 P-RRM决策规则的人群在选择时不会产生欣喜情绪,并且产生最强烈的避免后悔的倾向,表现出最强烈的追求后悔最小化的行为,因此将其称为 P-RRM 人群;第三类人群称为 μRRM 人群。③单一类别模型中,P-RRM 模型的拟合优度高于 RUM 模型和 μRRM 模型,说明在调查人群中,符合 P-RRM 决策规则的人较多,并且在 RUM&P-RRM&μRRM 中,P-RRM 人群占比 67.5%,P-RRM 人群占比最大,说明人群中大多数人更加符合 P-RRM 决策规则,P-RRM 人群表现出最强烈的追求后悔最小化的行为。此外,RUM&P-RRM 模型中的 P-RRM 人群占比 61.3%,近似于 RUM&P-RRM&μRRM 模型中的 P-RRM 人群占比 67.5%,RUM&P-RRM 模型中的 RUM 人群占比 38.7%,近似于 RUM&P-RRM&μRRM 模型中 RUM 人群与 μRRM 人群占比的总和,更加说明利用不同决策规则分类的正确性以及人群中存在的决策规则异质性。④由表 3-12 可知,在 RUM&P-RRM&μRRM 模型中,不同决策规则人群具有不同的偏好异质性。对于 RUM 人群,路径 C 的常数项 τ_{pathc} 显著且为负值,表明 RUM 人群不倾向于选择路径 C;照明条件对 RUM 人群的影响显著,表明该类人群更倾向于选择照明条件良好的路径;同样,疏散指引对该类人群有显著正影响,说明该类人群倾向于按照疏散指引进行疏散;拥挤程度对该类人群有显著负影响,说明该类人群不倾向于选择较拥挤的路径。而对于 P-RRM 人群,路径 A 和路径 C 的常数项 τ_{patha} 和 τ_{pathc} 显著且为正值,说明该类人群不倾向于选择路径 A 和路径 C,表现出 P-RRM 人群更倾向于选择折中方案的特点;照明条件对 P-RRM 人群的影响显著,说明 P-RRM 人群同样倾向于选择照明条件良好的路径;疏散指引对该类人群有显著正影响,说明该类人群倾向于按照疏散指引进行疏散;而拥挤程度对该类人群有显著负影响,说明该类人群不倾向于选择拥挤的路径。此外,疏散时间和路径长度对 P-RRM 人群有显著负影响,说明 P-RRM 人群不倾向于选择疏散时间或疏散距离较长的路径;μRRM 类别中无显著变量,说明 μRRM 人群的选择偏好不明显,该类人群可能会随机选择路径。由此可见,不同决策潜类别人群具有不同的选择偏好。

根据研究结果可知大多数人符合 RRM 决策规则,倾向于选择产生后悔最小的路径,在决策之前,疏散者不只在意路径的某一属性,而是全面考虑比较路径的各个属性,因此在实际制定疏散方案时,单纯优化某一路径属性,可能对疏散效率的提高没有显著意义,应当全面考虑各个因素,综合优化路径属性,制定合理的应急疏散策略。

表 3-11　模型拟合结果汇总及类别分配概率结果

拟合参数		RUM	P-RRM	μRRM	RUM&P-RRM	RUM&P-RRM&μRRM	μRRM$_1$&μRRM$_2$&μRRM$_3$
Choice		3285	3285	3285	3285	3285	3285
par		7	7	8	15	24	30
LL		−3346.39	−3333.65	−3413.79	−3258.30	−3212.13	−3246.59
AIC		6716.52	6613.10	6744.48	6546.59	6472.25	6545.18
BIC		6759.23	6650.57	6793.30	6621.64	6592.33	6703.83
ρ^2		0.077	0.090	0.077	0.116	0.134	0.131
δ_1		—	—	—	fixed	fixed	fixed
δ_2		—	—	—	0.459	1.4	0.401
δ_3		—	—	—	—	−0.053	0.645
类别概率	P_{RUM}	1	—	—	0.387	0.167	0.228
	$P_{P\text{-}RRM}$	—	1	—	0.613	0.675	0.339
	$P_{\mu RRM}$	—	—	1	—	0.158	0.433

注:"fixed"表示该参数在模型估计时被设置为参照。

表 3-12　各类别参数估计结果

属性	RUM&P-RRM&μRRM 模型		
	RUM	P-RRM	μRRM
τ_{patha}	−0.319	1.19**	11.7
	(−1.85)	(6.72)	(0.045)
τ_{pathc}	−1.42**	0.757**	−29.5
	(−6.86)	(−3.39)	(−0.057)
β_{light}	−0.904**	−0.834**	−16
	(−5.62)	(−7.27)	(−0.061)
β_{guide}	2.09**	0.6**	12.2
	(7.11)	(3.45)	(0.072)
β_{crowe}	−0.815**	−0.328**	−8.29
	(−5.05)	(−5.05)	(−0.064)

属性	RUM&P-RRM&μRRM 模型		
	RUM	P-RRM	μRRM
β_{time}	-0.0432	-0.602^{**}	2.7
	(-0.378)	(-7.14)	-1.64
β_{diste}	-0.257	-0.305^{**}	0.518
	(-1.61)	(-5.53)	-0.363
μ	—	—	0.413
			-0.243

注：括号内为 t 值；pathb(路径 B)作为参照项；** 代表 $P<0.01$。

3.4.3　决策规则潜类别模型检验

将单一类别模型的预测选择结果、LCM 的预测选择结果分别与实际选择结果进行对比，结果如图 3-13 和图 3-14 所示。由图 3-13 可知，单一类别模型的预测结果与实际选择结果相差较大，实际选择结果中路径 B 的选择比例最大，路径 C 的选择比例最小，但在单一类别模型中，RUM 和 P-RRM 模型中路径 C 的选择比例最高，μRRM 模型中路径 A 的选择比例最高。由图 3-14 可知，LCM 的选择结果更能够反映实际选择状况，其分布比例与实际选择结果较为接近，均为路径 B 的选择比例最高，其次是路径 A，选择路径 C 的比例最小，表明考虑决策规则异质性的 LCM 具有更好的解释能力，并且从图形的形状分布来看，RUM&P-RRM&μRRM 模型的预测选择结果的比例分布更接近实际情况。由表 3-13 可知，RUM、P-RRM 模型中各条路径的预测概率差值均在 10% 以上，μRRM 模型尽管对于路径 A 和路径 C 的预测概率差值小于 10%，但对于路径 B 的预测概率差值高于 10%；在潜类别模型中，RUM&P-RRM 模型对路径 A 的预测概率差值最小，小于 2%，但对于路径 B 和路径 C 的预测概率差值均大于 10%，RUM&P-RRM&μRRM 模型的各个路径的预测选择概率与实际选择概率相差均不超过 10%，据此可知 RUM&P-RRM&μRRM 模型相比于其他模型具有更好的预测效果。

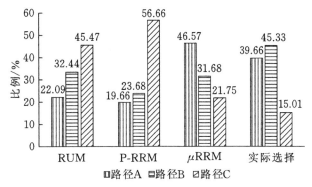

图 3-13　单一类别模型预测结果对比

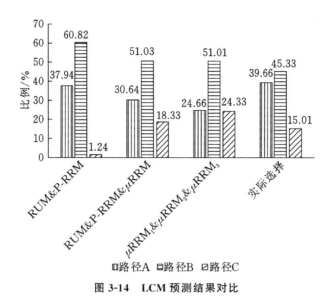

图 3-14　LCM 预测结果对比

表 3-13　各模型预测选择概率与实际选择概率的差值

路径	实际选择比例/%	各模型预测选择概率与实际选择概率之差的绝对值/%					
		RUM	P-RRM	μRRM	RUM& P-RRM	RUM& P-RRM& μRRM	μRRM$_1$ & μRRM$_2$ & μRRM$_3$
路径 A	39.66	17.57	20	6.81	1.72	9.02	15
路径 B	45.33	11.89	21.56	13.69	15.49	5.7	5.58
路径 C	15.01	30.52	35.65	6.61	13.77	3.32	9.32

3.5　本章小结

　　本章通过潜在剖面分析建立心理 LCM,分析了地铁应急疏散过程中不同心理潜类别人群的心理异质性对疏散行为的影响,根据潜在剖面分析,探索了地铁应急疏散人群的心理潜类别,结果表明可将疏散者分为 5 种心理潜类别,每类人群都有显著的选择行为特征,例如具有灵活决策特点的第 5 类人群在进行路径选择时不会偏执于选择最短路径,而不具有灵活决策特点的第 3 类人群恰恰相反;总结各类因素对人群的影响可以发现,组织疏散演习,保证地铁站有充足的光照,提供有效的疏散指引,都将对地铁应急疏散产生积极影响,并且根据不同人群的心理状态调整疏散策略将更有针对性,如通过疏散指引避免人群从众心理导致的路径拥挤等,通过将模型选择结果与实际选择结果进行对比、构建仿真模型对模型进行检验、对不同模型的预测准确率进行比较可以发现,考虑心理异质性的 LCM 相比于总体模型具有更好的解释能力,更高的预测精度。

第 4 章 行人地铁空间认知研究

地铁的运行环境是封闭的地下空间,同时地铁站内人员密集,曾多次因发生突发事件而造成严重的财产损失与大量的人员伤亡。如何在面对突发事件时,安全高效地在复杂地下交通环境中进行应急疏散成为公共安全领域刻不容缓的重要课题。根据 Sime 提出的人员响应避难逃生时间模型(occupant response shelter escape time model)可知,应急疏散主要分为疏散人员对突发事件的感知、响应以及疏散行动 3 个阶段,其中前两个阶段主要取决于疏散人员对所处环境的空间认知程度,疏散人员的空间认知程度不同,其所选的逃生方案也是不同的,这深刻影响应急疏散时的个人行为决策。因此,分析行人对地铁站的空间认知情况,有利于更真实深入地研究行人应急疏散的行为决策机理。

地铁应急疏散是个体进行的一系列复杂的心理决策过程,受诸多因素的影响,其中疏散人员的空间认知情况对应急疏散行为、疏散速度产生了显著的影响,且现有的一些应急疏散模型也已将疏散人员的空间认知引入行为决策体系中。然而,应急疏散研究中所考虑的人员空间认知并不能完全表达其真实情况,体现在两方面:一方面,多数学者在应急疏散研究中以是否明确建筑空间布局、是否熟悉楼梯出口位置、是否知道安全疏散路线等问题定性描述疏散人员的空间认知,或通过打分形式(1~5 分)简单表示疏散人员的空间认知;另一方面,部分学者仅通过在应急疏散模型中引入简单的环境熟悉度参数 $\lambda \in [0,1]$ 定量描述疏散人员的空间认知。然而,空间认知是人们理解、表达地理实体与空间关系的心理复杂过程,仅采用定性分析或以简单参数定量描述,不足以反映疏散人员的真实情况。

为了解决应急疏散研究中所引入的人员空间认知水平不完全符合真实情况的问题,本研究将运用结构方程模型与认知地图对行人的地铁空间认知进行分析,一方面,探究可能影响行人地铁空间认知的心理潜变量及其之间的内在联系;另一方面,通过分析行人对地铁站的空间认知地图扭曲情况,构建量化指标,量化分析行人地铁空间认知水平。本研究旨在为地铁站内设计提供依据,同时为地铁应急疏散行为决策研究提供新的视角。

本章首先通过文献总结空间认知的心理影响因素和空间认知水平的量化指标,针对所采用的研究方法,分别设计心理潜变量问卷、认知地图问卷以及个人属性问卷,然后采用实地调查的方式对上海市世纪大道地铁站的行人进行随机抽样,并对获取的研究数据进行初步统计分析;其次,基于心理潜变量问卷数据建立结构方程模型,通过测量方程分析心理潜变量与测量变量间的关系,通过结构方程分析各个心理潜变量间的关系,从而探究行人地铁空间认知的心理影响因素,此外,考虑到个人属性对各个心理潜变量的影响,基于心理潜变量问卷数据和个人属性问卷数据建立 MIMIC 模型,分析个人属性与各个心理潜变量间的关系;最后,运用标准差椭圆法分析行人对地铁站内各空间要素的认识扭曲差异,基于部分结果构建量化指标,探究样本总体对地铁站内各空间要素的认知水平差异,并得到样本个体的空间认知水平,运用二元 Logistic 模型分析样本的个人属性对空间认知水平的影响。

4.1 研究对象与问卷数据

国内外已有研究的文献综述及研究方法的总结,为本节选取可能影响行人地铁空间认知的因素和确定空间认知水平量化方法提供了参考。本节将主要介绍后续影响因素分析与认知水平量化研究所需要的数据的收集与初步统计过程,主要从以下 3 点展开:首先,对本节所选的研究对象地的基本情况进行简单介绍;其次,对问卷的设计和调查进行详细描述;最后,对所收集的问卷数据进行初步的整理与统计,判断其有效性以及样本对总体的代表性。

4.1.1 研究对象地概况

考虑一般人流量小的地铁站的空间体量较小,且空间内部较简单,行人对该类型地铁站的空间认知可能更容易,而人流量大的地铁站如换乘站的空间体量较大,且空间内部比较复杂,行人对其空间认知可能具有一定的难度,因此本研究选择位于上海商业繁华区的世纪大道地铁站。世纪大道站位于上海市浦东新区的世纪大道、张杨路和东方路的交叉路口,紧邻浦东的商业中心,附近有多个大型购物中心、家电卖场以及 IT 卖场,如世纪汇广场、华润时代广场、中融国际广场、苏宁电器、问南社、百脑汇等。同时,该站是 2 号线、4 号线、6 号线和 9 号线的换乘站,主要由 3 层(B1~B3)构成,其中 B1 层是站厅层,分为 A 区和 B 区,两区内均设有换乘通道、票务服务、自动售票机、客服中心、洗手间(收费区内)。该站布局如图 4-1 所示,B1 层是 A 区与 B 区的大厅,A 区与 B 区的 2 号线、4 号线、9 号线站厅,以及从位于中部的 6 号线分别往两方向延伸的侧式站台,其中,6 号线从车站中部穿过,将 B1 层站厅分为 A 区和 B 区两部分,两区互不连通,需要通过 2 号线或 4 号线站台到达另一区域;B2层是 2 号线、9 号线的站台,均为岛式站台,分别位于车站中部和车站西南,互相平行,结构近似于双岛式站台,但互不连通;B3 层是 4 号线站台,为岛式站台,位于车站东北。目前,正常使用的出入口有 8 个,分别是 1 号口,位于张杨路;2 号口,通往百联世纪;5 号口,通往世纪大都会商场;6 号口,位于世纪大道;7 号口,位于东方路、张杨路;8 号口,位于世纪大道;11 号口,通向世纪汇广场;12 号口,位于世纪大道、潍坊路。

目前,上海地铁世纪大道站是全国最大的 4 线 3 层地铁换乘站。考虑该站空间体量大且内部复杂,空间分布有一定的对称性,可以有效区分乘客的认知情况,同时站内每天客流量巨大,随机抽样可涉及各类人群,故本研究选择上海世纪大道地铁站作为认知地图调查对象地。

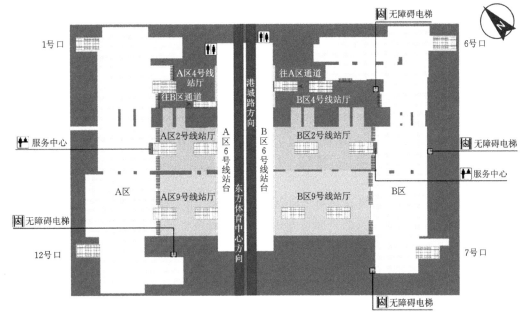

图 4-1　世纪大道地铁站

4.1.2　问卷设计与调查

为了量化行人地铁空间认知水平，并分析个人属性对行人地铁空间认知的影响程度，探究可能影响行人地铁空间认知的不可观测的心理因素，问卷内容包括 3 部分：个人属性、认知地图、心理潜变量。问卷详见附录 2。

（1）个人属性问卷设计

本研究考虑的个人属性主要包括被试者的性别、年龄、职业、受教育水平、家庭年收入以及到该站的频率，未设置有关姓名、联系方式、家庭地址等问题，原因是这些因素与本研究目标无关，且这些问题涉及被试者的个人隐私，如若设置会增大问卷调查的难度，不利于本次调查活动的开展。

1）年龄

为调查分析不同年龄段人群的空间认知情况，问卷中分别以 18 岁、25 岁、35 岁、50 岁、60 岁为界将被试者的年龄分成 6 个区间段。采用这样的划分方式主要是为了尽可能地细化年龄分段，便于进行空间认知影响因素分析。

2）职业

为调查分析不同职业人群的空间认知情况，问卷中将被试者的职业划分为 7 种，即事业单位人员、企业单位人员、公务员、个体、自由职业者、学生、其他。采用这样的划分方式主要是为了尽可能地全面覆盖各种职业。

3）受教育水平

考虑被试者的受教育水平与其对问题的理解、知识的记忆以及事物的认知等方面具有复杂的关系,为调查分析不同受教育水平人群的空间认知情况,问卷中将被试者的受教育水平划分为 4 种,即高中(中专)及以下、大专、本科、硕士及以上。这样划分既遵循了教育部常用的分类方法,按照由低到高的顺序排列,同时结合了上海市居民的实际情况。

4)家庭年收入

家庭年收入指所有家庭成员一年内得到的全部收入之和,用于反映该家庭的购买力水平。为调查分析家庭年收入不同的人群的空间认知情况,问卷中将被试者的家庭年收入划分为 4 段,即 0～8 万元、8 万～15 万元、15 万～25 万元、25 万元以上。这样划分主要依据的是上海市最低工资标准和人均收入情况。

5)到该站频率

到该站频率指被试者通常在一周之内到该站的频次,用于反映被试者是否经常到该站。考虑到该站频率可能影响行人的空间认知情况,故问卷中将被试者的到该站频率划分为 5 段,即第一次来、来过一两次、1～2d/周、3～4d/周、几乎每天来。

(2)认知地图问卷设计

认知地图是对被试者空间认知水平进行图形量化分析的有效方法。

根据不同的研究目的,认知地图的调查方法也不尽相同。对于把握喜好、评价的研究,主要运用语义差异(Semantic Differential,SD)法。对于把握人员空间认知水平及对所处环境熟悉程度的研究,主要采用:①自由描绘法,要求被试者在白纸上自由绘制规定调查范围内所知道的空间要素;②限定描画法,要求被试者在已标记主要空间要素(如地区边界线、干线道路)位置与形状的图中绘制其他要素;③圈域图示法,要求被试者在比例尺适宜的图中指出并绘制调查对象地的圈域或边界点;④空间要素图示法,要求被试者在详细地图中标记所知道的全部空间要素(或仅标记规定的空间要素)。经对比发现,自由描绘法能直观综合地表现被试者的空间意识,但易忽视微观空间要素,且受被试者图示能力的限制;限定描画法虽能减少绘图表现能力的影响,但能被量化的空间要素大大减少,不足以表现被试者认知能力的强弱;圈域图示法仅用于调查比较单纯的特定事物,且分析结论也较为简单;空间要素图示法基本不受被试者绘图能力的影响,且能正确把握被试者对空间要素的位置分布认知,得到记忆率、认知度、评价得分等形式的严密数据,易进行定量分析。

为降低被试者绘图能力的影响,同时获取直观性数据以便对行人地铁空间认知程度进行定量分析,故采用空间要素图示法调查行人对站内空间要素的认知情况。

根据林奇提出的城市意象五要素(节点、标志物、区域、道路、边界)理论,并考虑相较于城市尺度,地铁站的空间区域较小,且采用空间要素图示法调查,已事先提供该站边界及内部建筑结构分布。故在设计认知地图问卷时,对城市意象五要素理论进行修正,要求被试者绘制的空间要素包含但不限于:4 个出入口(E1～E4)、2 个服务台(R1、R2)、12 个扶楼梯(S1～S12)、12 个闸机(T1～T12)、2 个洗手间(W1、W2),各要素的实际位置如图 4-2 所示。

(3)心理潜变量问卷设计

本研究考虑引入方向感、空间感、识图能力、导向依赖、空间认知 5 个潜变量,并对各个

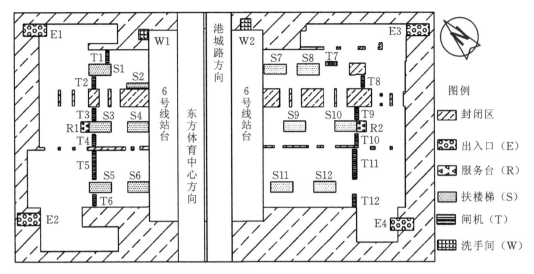

图 4-2　世纪大道地铁站地图

潜变量分别设计多个测量变量,运用 Likert 五点量表以自评分形式调查被试者对各测量变量问题的认同程度,各潜变量的测量变量如表 4-1 所示。

表 4-1　心理潜变量及其测量变量

潜变量	测量变量
方向感	DIR1:我擅长找路
	DIR2:我能分清东南西北
	DIR3:我不会在陌生的地方迷路
	DIR4:我不会走反方向
识图能力	MAP1:我能在地图中找到自己和目的地的位置
	MAP2:我能看懂地图中的空间关系
	MAP3:我经常通过地图找路
导向依赖	ID1:我找不到路时会问路人
	ID2:我依赖平面示意图、指示牌等导向标志的引导
	ID3:在车站内,我找不到路时会跟随人流行走
空间感	SPA1:我曾经的空间几何成绩很好
	SPA2:我能通过看物体的平面图想象出空间的样子
	SPA3:我擅长根据说明书拼装立体模型

续表4-1

潜变量	测量变量
空间认知	SC1:我认为本站的空间布局有规律 SC2:我认为本站通道通畅连贯 SC3:我认为本站的指示标志醒目 SC4:我认为本站的出入口易于识别和记忆

（4）问卷调查

采用随机抽样的问卷调查方式对世纪大道地铁站行人进行抽样调查，获取被试者的基本信息与空间认知数据。调查内容主要包括被试者的性别、年龄、职业、受教育水平、家庭年收入以及到该站频率等个人属性，表达被试者空间认知情况的认知地图，以及可能影响行人地铁空间认知的心理潜变量。

由于问卷中认知地图调查部分较费时，为降低答题时长对调查问卷质量的影响，同时考虑被试者节假日心情放松能更有效地配合，故选择国庆节假期在站内进行实地问卷调查，以提高被试者的配合性和调查数据的有效性。委托专业调查公司（北京晶众智慧交通科技股份有限公司）实施调查。调查过程中严格把控时间，避免小于正常答题时间，且不得催促或引导被试者填写问卷，确保被试者认真答题，问卷完成后立即回收。

4.1.3　问卷数据初步统计

共回收有效问卷1108份，调查内容均涉及被试者的个人属性与心理潜变量，其中有110份问卷中包含认知地图。

（1）个人属性调查结果统计

运用SPSS软件统计回收问卷中被试者的基本情况，包括性别、年龄、职业、受教育水平、家庭年收入和到该站频率，统计结果如表4-2所示。

表4-2　调查样本个人属性统计

个人属性	水平	认知地图样本（110 份） 频数	总样本（1108 份） 频数
性别	男	47	544
	女	63	564
年龄	<18 岁	15	124
	18～35 岁	46	507
	36～60 岁	38	381
	>60 岁	11	96

个人属性	水平	认知地图样本（110 份）	总样本（1108 份）
		频数	频数
职业	事业单位人员	10	111
	企业单位人员	19	232
	公务员	12	112
	学生	22	200
	自由职业者	13	140
	个体	25	177
	其他	9	136
受教育水平	高中(中专)及以下	24	244
	大专	20	224
	本科	47	452
	硕士及以上	19	188
家庭年收入	0～8 万元	7	93
	8 万～15 万元	41	373
	15 万～25 万元	32	377
	25 万元以上	30	265
到该站频率	第一次来	3	127
	来过一两次	10	289
	1～2d/周	38	273
	3～4d/周	38	272
	几乎每天来	21	147

由表 4-2 可知,样本个人属性的分布情况如下:

1) 性别分布

经计算,本次调查的总样本中男性占比 49.1%,女性占比 50.9%,接近 1:1;而认知地图调查比较费力费时,调查结果显示女性的配合度更高,因此认知地图调查样本中男性占比 42.7%,女性占比 57.3%。性别分布情况如图 4-3 所示。

2) 年龄分布

经计算,本次调查的总样本中 18～60 岁的人占比 80.1%,其中年龄为 18～35 岁的占比最多,达 45.7%,其次是 36～60 岁,占比 34.4%;而 18 岁以下的未成年人和 60 岁以上的老人共占比 19.9%。认知地图调查的样本中 18～60 岁的人占比 76.4%,而 18 岁以下的未成年人和 60 岁以上的老人共占比 23.6%。两项统计结果均表明该站的主要出行人群是年轻群体,因该站邻近世纪汇广场和浦东世纪大都会,该类商场购物娱乐群体中年轻人较多,符

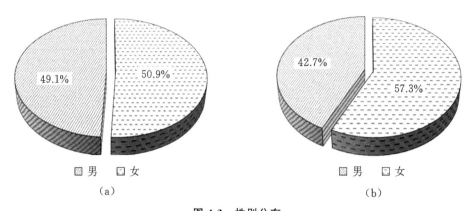

图 4-3　性别分布
（a）总体样本性别分布；（b）认知地图样本性别分布

合实际情况。年龄分布情况如图 4-4 所示。

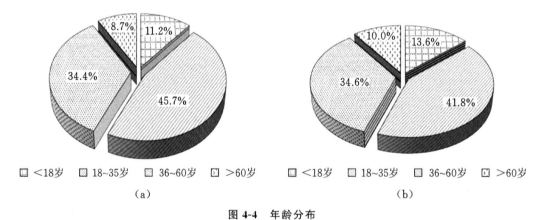

图 4-4　年龄分布
（a）总体样本年龄分布；（b）认知地图样本年龄分布

3）职业分布

经计算,本次调查样本所涉及的职业较为全面,总样本中企事业单位人员居多,共占比 30.9%,其次是学生和个体,分别占比 18.1% 和 16.0%;认知地图调查样本的统计结果中也存在这一规律,即企事业单位人员居多,共占比 26.4%,其次是个体和学生,分别占比 22.7% 和 20.0%。两项调查结果均呈现以企事业单位人员为主的职业分布规律,说明符合实际情况。职业分布情况如图 4-5 所示。

4）受教育水平分布

经计算,本次调查的总样本中受教育水平为本科及以上的人数占比 57.8%,受教育水平为大专的人数占比 20.2%,受教育水平为高中（中专）及以下的人数占比 22.0%;认知地图调查样本中受教育水平为本科及以上的人数占比 60.0%,受教育水平为大专的人数占比 18.2%,受教育水平为高中（中专）及以下的人数占比 21.8%。两项统计结果均表明被试者受教育水平普遍较高,符合上海市居民的实际情况。受教育水平分布情况如图 4-6 所示。

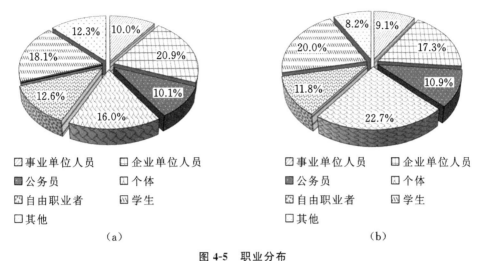

图 4-5　职业分布

(a)总体样本职业分布;(b)认知地图样本职业分布

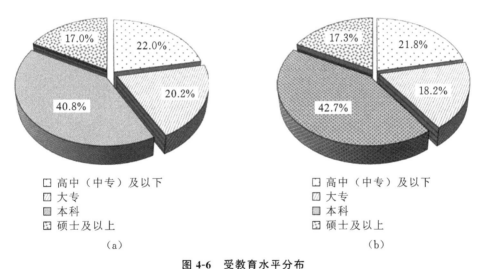

图 4-6　受教育水平分布

(a)总体样本受教育水平分布;(b)认知地图样本受教育水平分布

5) 家庭年收入分布

经计算,本次调查的总样本中家庭年收入在 8 万元以下的样本最少,占比仅 8.4%,主要集中于 8 万～25 万元,其中家庭年收入为 8 万～15 万元的占比 33.7%,家庭年收入为 15 万～25 万元的占比 34.0%,家庭年收入为 25 万元以上的样本稍少,占比 23.9%;认知地图调查样本中家庭年收入在 8 万元以下的样本最少,占比仅 6.4%,主要集中于 8 万～25 万元,其中家庭年收入为 8 万～15 万元的占比 37.3%,家庭年收入为 15 万～25 万元的占比 29.1%,家庭年收入在 25 万元以上的样本稍少,占比 27.3%。结果表明多数被试者的家庭年收入都大于 8 万元,符合上海市居民收入水平。家庭年收入分布情况如图 4-7 所示。

6) 到该站频率分布

经计算,本次调查的总样本中到该站频率为来过一两次、1～2d/周、3～4d/周的样本较

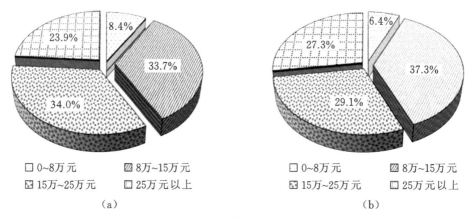

图 4-7　家庭年收入分布

(a)总体样本家庭年收入分布;(b)认知地图样本家庭年收入分布

多,分别占比 26.1%、24.6%、24.5%;而认知地图调查样本的到该站频率分布主要集中于1~2d/周、3~4d/周,均占比 34.5%。到该站频率分布情况如图 4-8 所示。

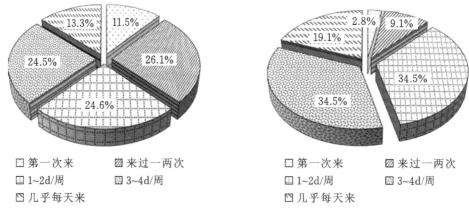

图 4-8　到该站频率分布

(a)总体样本到该站频率分布;(b)认知地图样本到该站频率分布

综上所述,本次调查样本具有一定的代表性。

(2) 认知地图调查结果统计

运用 Excel 统计 110 份认知地图中被试者对各空间要素的认知频次,统计结果如图 4-9 所示。图中横轴表示空间要素名称,纵轴表示认知频次。其中,4 个出入口(E1~E4)的认知频次相差不大,均大于 100;12 个闸机(T1~T12)中除 T5 和 T6 的认知频次大于 100 以外,其他均位于 95~100 之间;12 个扶楼梯(S1~S12)的认知频次相差较大,整体位于 65~95 之间;2 个服务台(R1,R2)的认知频次分别为 79 和 84;2 个洗手间(W1,W2)的认知频次分别为 65 和 64。

为进一步分析乘客对各类空间要素的认知频次差异,分别计算出入口、服务台、闸机、扶楼梯、洗手间 5 类要素的认知频次均值,结果如表 4-3 所示。其中,4 个出入口的认知频次均

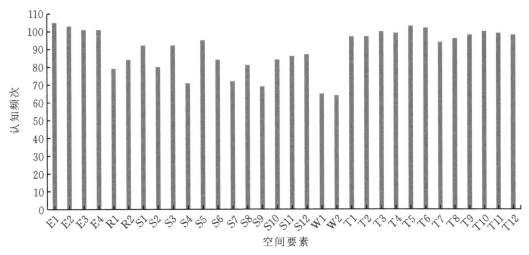

图 4-9　各空间要素的认知频次统计

值为 103，12 个闸机的认知频次均值为 99，两者较高；12 个扶楼梯的认知频次均值为 83，2 个服务台的认知频次均值为 82，两者次之；2 个洗手间的认知频次均值最低，为 64.5。

表 4-3　各类要素认知频次均值统计

要素类别	认知频次均值
出入口（E）	103.0
闸机（T）	99.0
扶楼梯（S）	83.0
服务台（R）	82.0
洗手间（W）	64.5

　　通过对各个要素认知频次和各类要素认知频次均值的结果进行比较可知，乘客对所有出入口、闸机的认知频次普遍较高，原因在于两者均为乘车必须经过的要素；对所有洗手间的认知频次普遍较低，原因在于洗手间主要为乘客提供服务，并非是行人乘车必须经过的要素；扶楼梯和服务台的认知频次均值虽较为接近，但各个扶楼梯的认知频次差异较大，表现为 S1 的认知频次高于 S2 的认知频次，S3 的认知频次高于 S4 的认知频次，S5 的认知频次高于 S6 的认知频次，S8 的认知频次高于 S7 的认知频次，S10 的认知频次高于 S9 的认知频次，S12 的认知频次高于 S11 的认知频次，原因在于编号分别为 S1、S3、S5、S8、S10、S12 的扶楼梯邻近闸机，乘客在通过闸机后更倾向于使用邻近的扶楼梯前往站台层。

4.2　行人地铁空间认知心理影响因素分析

　　4.1 节详细介绍了问卷设计、调查及数据的简单统计结果，确定问卷数据具有代表性。本节将基于心理潜变量的问卷数据进行地铁空间认知心理影响因素分析，运用结构方程模型探究影响行人地铁空间认知的心理潜变量及其之间的内在联系,运用 MIMIC 模型探究个人属性与潜变量之间的关系,主要从以下 4 点展开:首先,对问卷数据进行信度、效度检验,判断其是否满足建模的要求;其次,建立结构方程模型;再次,对模型进行拟合优度检验;最后,对模型参数估计结果进行解读。

4.2.1 问卷信度、效度检验

考虑调查问卷是通过总结已有研究理论并结合调查对象地的实际情况自行设计编制的,故在进行因子分析前需先通过问卷信度、效度检验,保证问卷数据的可靠性和有效性,以满足结构方程模型的建模要求。

(1)问卷信度分析

信度分析理论基础参考本书 2.1.5 节,通过 SPSS 统计软件对问卷进行信度检验,结果如表 4-4 所示。

表 4-4　问卷信度检验结果

潜变量	方向感	识图能力	导向依赖	空间感	空间认知
α 值	0.863	0.824	0.865	0.707	0.796

由表 4-4 可知,方向感、识图能力、导向依赖、空间感、空间认知的 Cronbach 信度系数 α 值均位于 0.7~0.9 之间,表明测量结果具有较高的内部一致性。

(2)问卷效度分析

效度分析理论基础参考本书 2.1.6 节,本研究主要采取反复讨论问卷的具体内容、删除类似的和相关性低的问题选项、修改有歧义和难以理解的语言词汇以及实施预调查等措施保证问卷的内容效度,通过因子分析检验问卷的结构效度。

通过 SPSS 统计软件对各潜变量进行了 KMO 统计量和巴特利特球形检验,结果如表 4-5 所示。

表 4-5　问卷效度检验结果

潜变量	方向感	识图能力	导向依赖	空间感	空间认知
KMO	0.828	0.720	0.732	0.665	0.794
巴特利特球形检验(Sig.)	0.000	0.000	0.000	0.000	0.000

由表 4-5 可知,方向感、识图能力、导向依赖、空间感、空间认知的 KMO 值均大于 0.6,且 Bartlett 球形检验的结果均在 $P=0.000$ 水平上显著,表明各潜变量对应的测量指标之间相关性较强,满足建模要求,适合进行因子分析。

4.2.2　结构方程模型建模

根据问卷信度和效度检验结果可知,所有变量的信度和效度均已满足要求,适合进行因子分析,故通过 2.2.1 节中介绍的潜变量模型,运用 AMOS 软件建立结构方程模型,探究影响行人地铁空间认知的心理潜变量及其之间的内在联系。

运用 AMOS 软件建立结构方程模型,路径图如图 4-10 所示。图中潜变量(5 个)用椭圆表示,分别是方向感、空间感、识图能力、导向依赖、空间认知;测量变量(17 个)用方框表示,分别测量方向感(DIR1~DIR4)、空间感(SPA1~SPA3)、识图能力(MAP1~MAP3)、导向依赖(ID1~ID3)、空间认知(SC1~SC4)5 个潜变量;测量误差(20 个)用圆圈表示,其中 e1~e17 分别表示 17 个测量指标的测量误差,e18~e20 分别表示识图能力、导向依赖、空间认知 3 个潜变量的测量误差;用单向箭头表示单向影响,即箭尾变量对箭头变量的作用程度;相关关系用双向弧形箭头表示,表明两变量相关。假定模型中每个潜变量均存在一个系数为 1 的测量指标,即潜变量的测量单位与该测量指标的单位相同。

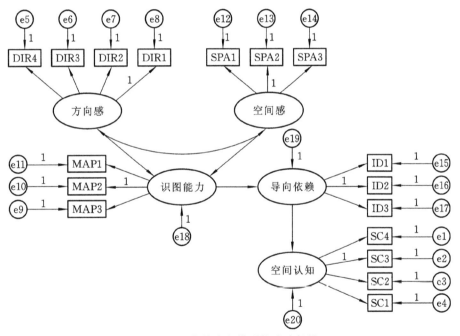

图 4-10　结构方程模型构建路径图

4.2.3　模型拟合优度检验

目前用于反映结构方程模型拟合好坏的统计量主要包括绝对拟合指数和相对拟合指数。常用的绝对拟合指数为卡方与自由度的比值(χ^2/df)、均方根残差(RMR)、均方根误差近似值(RMSEA);常用的相对拟合指数为拟合优度指数(GFI)、赋范拟合指数(Normed Fit Index,NFI)、增量拟合指数(Incremental Fit Index,IFI)和 Bentler 比较拟合指数(CFI)。各项拟合指数中,χ^2/df 用于判别模型是否被接受,通常该指标取值范围为 1~3,但考虑到卡方值受样本量的影响较大,故当样本量较大时取值范围可放宽至 1~5;其余指标综合判别模型的拟合优度,一般认为 RMR<0.05、RMSEA<0.1 表明模型拟合程度较好,RMSEA<0.05 表示非常好的拟合,RMSEA<0.01 表示非常出色的拟合,GFI、NFI、IFI 及 CFI 等超过 0.9 表明模型拟合效果较好。

通过多次对模型结构进行调整、修正得到显示最佳拟合效果的潜变量关系模型,各项拟合指标结果如表 4-6 所示。

表 4-6　模型拟合指标

χ^2/df	RMR	RMSEA	GFI	NFI	IFI	CFI
1.947	0.045	0.029	0.977	0.975	0.987	0.987

由表 4-6 可知,该模型的 χ^2/df 值为 1.947,位于[1,3]区间内,表明模型可以被接受;RMR 值为 0.045,小于 0.05,RMSEA 值为 0.029,小于 0.1,GFI、NFI、IFI 及 CFI 值均大于 0.9,表明模型拟合效果较好,具有较高的可信度。

4.2.4　潜变量模型参数估计结果

由结构方程模型中的测量模型得到各潜变量与其对应观测变量间的因果关系,表现为因子载荷系数,如表 4-7 所示。估计结果显示所有标准化因子载荷系数值均大于 0.5 且在 5% 水平上显著,表明所有难以直接观测的心理潜变量均可通过其对应的观测变量进行较高程度的反映。

表 4-7　潜变量与观测变量的因子载荷系数

潜变量	观测变量	因子载荷系数
方向感	DIR1	0.825
	DIR2	0.791
	DIR3	0.780
	DIR4	0.732
识图能力	MAP1	0.788
	MAP2	0.792
	MAP3	0.756
导向依赖	ID1	0.795
	ID2	0.891
	ID3	0.787
空间感	SPA1	0.635
	SPA2	0.812
	SPA3	0.545

潜变量	观测变量	因子载荷系数
空间认知	SC1	0.633
	SC2	0.719
	SC3	0.759
	SC4	0.701

根据结构方程模型中的结构模型得到各潜变量间的结构关系,表现为标准路径化系数,如图 4-11 所示。

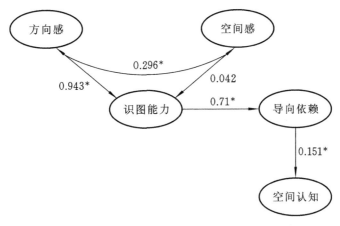

图 4-11 结构模型及标准化路径系数

注:图中 * 表示在 5% 水平下显著。

由图 4-11 可知,方向感较好的人群具有更强的识图能力,日常生活中更倾向于依赖指示标志、平面示意图的引导寻路,从而更清楚空间布局及指示标志等空间各要素的位置,表现出较高的空间认知程度。

根据建立的 MIMIC 模型得到个人属性与各潜变量之间的关系,表现为标准化路径系数,如表 4-8 所示。

表 4-8 个人属性与潜变量的标准化路径系数

潜变量	年龄	受教育水平	家庭年收入	到该站频率
方向感	−0.070*	0.049	−0.034	−0.017
识图能力	−0.095**	0.071*	−0.056	−0.021
空间感	0.008	−0.023	−0.072	0.002
导向依赖	0.026	0.031	−0.079*	0.016
空间感知	0.025	0.004	−0.035	0.069*

注:表中 * 表示在 5% 水平下显著,** 表示在 1% 水平下显著。

由表 4-8 可知,年龄较大的人群方向感和识图能力较差;受教育水平较高的人群识图能力较强;收入较高的人群导向依赖度更低,在生活中不太依赖导向标志寻路;到该站频率较高的人群空间感知程度较高。

4.3 行人地铁空间认知水平量化分析

4.2 节通过建立结构方程模型对潜变量问卷数据进行分析,探究了行人地铁空间认知的心理影响因素。本节将通过对认知地图问卷数据进行分析,量化行人地铁空间认知水平,主要从以下两部分展开:首先,运用标准差椭圆法进行空间认知扭曲分析;其次,基于空间认知扭曲分析结果构建能够量化样本总体对空间要素认知水平的指标,分析样本总体对空间要素的认知规律,并根据认知规律构建样本个体空间认知水平量化指标,将其引入二元 Logistic 模型,探究样本的个人属性与空间认知水平的关系。

4.3.1 空间认知扭曲分析

行人地铁空间认知扭曲分析主要从以下 3 点展开:首先,对空间认知扭曲分析方法进行介绍;其次,对运用标准差椭圆法进行空间认知扭曲分析的过程进行阐述;最后,对空间认知扭曲分析结果进行解读。

(1)空间认知扭曲分析方法

认知地图是空间认知的产物,是人们基于以往经验,在大脑中生成的一张包含环境意象构成要素、要素间的距离和方向等信息的地图,相较于地图学地图存在一定的扭曲情况,目前常用于空间认知扭曲分析的方法有二维回归法和标准差椭圆法。

1)二维回归法

二维回归法(Bidimensional Regression,BR)是通过计算空间中各点的估计位置坐标与真实位置坐标之间的回归关系,定量描述每份认知地图与真实地图之间的差异。该方法由 Tobler 于 1965 年引入地理文献中,并通过比较 14 世纪不列颠群岛 37 个点的实际经纬度与地图上位置(均转换为平面坐标)的相似程度说明,核心是将两组对应的二维数据(认知地图的点坐标和实际地图的点坐标)经过标准化、中心化以及旋转变换,达到最接近的可能匹配,从而把认知地图与实际地图相互对应起来,其一致性程度以二维回归系数 R 表示,如式(4-1)所示;也可用变形指数(Distortion Index,$DI = 1 - R^2$)描述认知地图与实际地图间的变形程度。

$$R = \sqrt{\frac{\sum [(A'-M_A)^2] + [(B'-M_B)^2]}{\sum [(A-M_A)^2] + [(B-M_B)^2]}} \qquad (4\text{-}1)$$

式中:M_A、M_B——均值;

(A,B)——认知地图中的点坐标;

(A',B')——预测坐标,即真实地图中的点坐标(X,Y)经 BR 回归变换后的坐标,求解原理如下。

BR 回归变换指通过欧几里得模型求解将原始坐标变换得到最小二乘解（最佳拟合）坐标的过程。欧几里得模型公式为式(4-2)：

$$\begin{pmatrix} A' \\ B' \end{pmatrix} = \begin{pmatrix} \alpha_1 \\ \alpha_2 \end{pmatrix} + \begin{pmatrix} \beta_1 & -\beta_2 \\ \beta_2 & \beta_1 \end{pmatrix} \cdot \begin{pmatrix} X \\ Y \end{pmatrix} \tag{4-2}$$

式中：α_1，α_2——反映相对于两者水平（左右）或垂直（上下）平移距离；

β_1，β_2——用于计算变换比例 φ 和旋转角度 θ。

对于欧几里得模型中参数的求解，Tobler 提出了一种方法矩阵，如式(4-3)所示：

$$\begin{bmatrix} N & 0 & \sum X & -\sum Y \\ 0 & N & \sum Y & \sum X \\ \sum X & \sum Y & \sum(X^2+Y^2) & 0 \\ -\sum Y & -\sum X & 0 & \sum(X^2+Y^2) \end{bmatrix} \begin{bmatrix} \alpha_1 \\ \alpha_2 \\ \beta_1 \\ \beta_2 \end{bmatrix} = \begin{bmatrix} \sum A \\ \sum B \\ \sum(AX+BY) \\ \sum(BX-AY) \end{bmatrix} \tag{4-3}$$

式中：(X,Y)——真实地图的点坐标；

(A,B)——被试者估计的点坐标；

N——点的数量。

由上述方法矩阵可得：

$$\beta_1 = \frac{\mathrm{cov}AX + \mathrm{cov}BY}{\mathrm{var}X + \mathrm{var}Y} \tag{4-4}$$

$$\beta_2 = \frac{\mathrm{cov}BX - \mathrm{cov}AY}{\mathrm{var}X + \mathrm{var}Y} \tag{4-5}$$

$$\alpha_1 = M_A - \beta_1 \cdot M_X + \beta_2 \cdot M_Y \tag{4-6}$$

$$\alpha_2 = M_B - \beta_2 \cdot M_X - \beta_1 \cdot M_Y \tag{4-7}$$

$$\varphi = \sqrt{\beta_1^2 + \beta_2^2} \tag{4-8}$$

$$\theta = \tan^{-1}\begin{pmatrix} \beta_1 \\ \beta_2 \end{pmatrix} \tag{4-9}$$

因此，点 (X,Y) 的预测坐标为：

$$A' = \alpha_1 + \beta_1(X) \quad \beta_2(Y) \tag{4-10}$$

$$B' = \alpha_2 + \beta_2(X) + \beta_1(Y) \tag{4-11}$$

2）标准差椭圆法

标准差椭圆（standard deviational ellipse）法通过绘制空间中各点认知位置的标准差椭圆，定量描述各点认知位置分布的离散情况，以及各点在认知地图中位置与真实地图中位置之间的偏差情况。该方法最初源自统计学中的二元分布（bivariate distribution），是以离散点的中心为旋转中心对 X 轴和 Y 轴进行旋转，直至所有离散采样点到两轴的距离平方和最小。

标准差椭圆法的度量指标主要包括标准距离差、椭圆面积、长短轴和离心率。标准距离差和椭圆面积均用于反映认知地图中各要素位置上的偏离程度，其中，标准距离差反映空间各点认知位置与实际位置的平均偏离距离，数值越大表示偏离距离越大；椭圆面积反映各要素认知位置分布的离散程度,数值越小表示各点的分布位置越接近被试者对该点的认知位置,离散程度越低。长短轴和离心率均用于反映认知地图中各要素分布的方向性,其中,长短轴方向表示被试者认知位置分布的离散方向,长轴方向表示最大离散方向,短轴方向表示最小离散方向,两者夹角表示方向偏差的强度;离心率是标准差椭圆的短轴长度与长轴长度的比值,数值位于 0~1 之间,越小表明方向性越强,越接近 1 表明椭圆形状越近似正圆。

标准差椭圆的平均中心坐标计算如式(4-12)、式(4-13)所示,X 轴、Y 轴的标准方差计算如式(4-14)、式(4-15)所示,旋转角度计算如式(4-16)所示。

$$\overline{x} = \frac{1}{n}\sum_{i=1}^{n} x_i \tag{4-12}$$

$$\overline{y} = \frac{1}{n}\sum_{i=1}^{n} y_i \tag{4-13}$$

$$\sigma_x = \sqrt{\frac{1}{n}\left[\sum_{i=1}^{n}(y_i-\overline{y})\sin\theta+(x_i-\overline{x})\cos\theta\right]^2} \tag{4-14}$$

$$\sigma_y = \sqrt{\frac{1}{n}\left[\sum_{i=1}^{n}(y_i-\overline{y})\cos\theta-(x_i-\overline{x})\sin\theta\right]^2} \tag{4-15}$$

$$\tan\theta =$$
$$\frac{\left[\sum\limits_{i=1}^{n}(x_i-\overline{x})^2-\sum\limits_{i=1}^{n}(y_i-\overline{y})^2\right]\pm\sqrt{\left[\sum\limits_{i=1}^{n}(x_i-\overline{x})^2-\sum\limits_{i=1}^{n}(y_i-\overline{y})^2\right]^2+4\left[\sum\limits_{i=1}^{n}(y_i-\overline{y})(x_i-\overline{x})\right]^2}}{2\sum\limits_{i=1}^{n}(y_i-\overline{y})(x_i-\overline{x})}$$
$$\tag{4-16}$$

式中:(x_i,y_i)——i 要素的认知坐标;

$(\overline{x},\overline{y})$——要素标准差椭圆的平均中心坐标;

n——要素总数;

σ_x——X 轴的标准方差;

σ_y——Y 轴的标准方差;

θ——旋转角度。

(2) 空间认知扭曲分析过程

为了确定被试者对认知地图中各空间要素的认知扭曲程度,以便后续的空间认知水平量化分析,同时考虑二维回归法主要用于探究认知地图内所有点汇总后的整体扭曲状况,标准差椭圆法主要用于探究认知地图中各点的具体扭曲状况,故选用标准差椭圆法进行认知地图扭曲的空间分析。

由于问卷调查所得的认知地图数据无法直接用于认知地图扭曲分析,首先,需对认知地图数据进行处理。因认知地图调查问卷中已给定世纪大道地铁站的边界(四边形),故运用 ArcGIS 软件的空间校正工具,选取该站的边界(四边形)的 4 个顶点为有效控制点,对被试者的认知地图进行缩放,将每份认知地图在地图学地图中进行投影变换,实现认知地图的地理信息配准及其与地图学地图的有效叠加。其次,添加各空间要素点的 shp.文件。将被试者认知地图中所有空间要素投影在叠加后的认知地图中。最后,进行各空间要素的标准差椭圆分析。运用 ArcGIS 软件的空间分析工具绘制叠加后的认知地图中各空间要素的一倍标准差椭圆,计算标准距离差、椭圆面积、离心率等各项指标,分析认知地图中各要素认知位置的偏离、离散程度和认知位置分布的主导方向,并在地图学地图上进行可视化处理。

（3）空间认知扭曲分析结果

通过 ArcGIS 软件的标准差椭圆进行空间认知扭曲分析,结果主要包括认知地图中各要素的认知位置偏离与离散程度,认知位置分布主导方向两方面。

1）认知位置偏离与离散程度分析结果

用于反映认知地图中各要素认知位置偏离与离散程度的指标有椭圆中心坐标、标准距离差和椭圆面积,结果如表 4-9 所示。

表 4-9　用于各要素认知位置偏离与离散程度分析的指标统计

空间要素		实际位置		椭圆中心		标准距离差/	椭圆面积/
		X 坐标	Y 坐标	X 坐标	Y 坐标	m	m²
出入口	E1	293.87	−306.24	323.37	−316.32	31.17	463.41
	E2	281.50	−594.29	310.00	−627.74	43.95	473.48
	E3	792.54	−326.66	758.02	−334.98	35.51	334.13
	E4	757.41	−615.78	730.63	−633.46	32.09	294.95
服务台	R1	376.37	−455.07	356.92	−460.01	20.06	1209.38
	R2	689.10	−468.02	706.55	−464.35	17.82	2264.08
扶楼梯	S1	398.60	−370.14	402.35	−371.07	3.86	456.51
	S2	454.59	−397.17	458.89	−381.75	16.00	562.95
	S3	395.73	−456.08	397.12	−457.27	1.83	387.57
	S4	453.42	−458.23	451.07	−457.69	2.41	479.42
	S5	391.79	−546.02	394.22	−537.54	8.83	773.19
	S6	449.73	−548.54	445.55	−543.13	6.83	779.55
	S7	569.21	−376.67	565.47	−383.76	8.02	972.49
	S8	619.99	−379.45	632.23	−382.45	12.61	476.24
	S9	593.86	−464.25	572.78	−463.84	21.09	1188.95
	S10	671.28	−467.19	647.77	−467.84	23.52	582.36
	S11	571.64	−553.84	566.01	−547.87	8.20	1269.38
	S12	634.53	−556.19	627.44	−546.62	11.91	976.83
洗手间	W1	466.53	−321.59	479.47	−363.73	44.08	4671.52
	W2	541.12	−307.65	543.40	−377.02	69.42	5609.91

续表4-9

空间要素		实际位置		椭圆中心		标准距离差/m	椭圆面积/m²
		X 坐标	Y 坐标	X 坐标	Y 坐标		
闸机	T1	411.99	−351.69	389.71	−353.82	22.38	358.68
	T2	389.91	−388.08	379.81	−387.75	10.11	319.63
	T3	387.81	−436.50	375.07	−441.15	13.56	264.44
	T4	385.42	−475.89	373.33	−472.38	12.58	469.67
	T5	384.12	−512.85	370.44	−514.10	13.73	461.64
	T6	381.74	−564.97	367.59	−555.48	17.04	503.22
	T7	652.08	−372.63	681.80	−369.48	29.89	890.13
	T8	698.89	−402.38	697.46	−403.14	1.62	418.89
	T9	687.61	−448.70	695.26	−454.70	9.72	194.42
	T10	685.72	−488.33	691.85	−484.68	7.13	220.43
	T11	680.09	−524.38	681.76	−525.52	2.02	253.61
	T12	678.21	−577.89	677.45	−566.77	11.15	342.55

由表 4-9 可知,行人对乘车非必须经过要素的认知位置离散程度较高,对乘车必须经过要素的认知位置离散程度较低。表 4-9 中椭圆面积指标结果显示,洗手间 W1(4671.52m²)、W2(5609.91m²)较大,出入口(均小于 500m²)和闸机(均小于 505m²)较小。由此可知,被试者对洗手间认知位置的离散程度较大,对出入口和闸机认知位置的离散程度较小。其原因在于乘客对洗手间的需求程度较低,且洗手间仅设置在 6 号线站台向北尽头处,存在乘客在认知地图调查中将其绘制于 6 号线站台向南尽头处的可能。

2) 认知位置分布主导方向分析结果

用于反映认知地图中各要素认知位置分布主导方向的指标为离心率,结果如表 4-10 所示。

表 4-10　用于各要素认知位置分布主导方向分析的指标统计

空间要素		长轴长度/m	短轴长度/m	离心率
出入口	E1	19.28	7.65	0.40
	E2	19.04	7.92	0.42
	E3	15.97	6.66	0.42
	E4	15.48	6.07	0.39
服务台	R1	24.12	15.96	0.66
	R2	27.85	11.17	0.40

空间要素		长轴长度/m	短轴长度/m	离心率
扶楼梯	S1	19.69	7.38	0.37
	S2	16.97	10.56	0.62
	S3	20.04	6.16	0.31
	S4	14.67	10.40	0.71
	S5	20.50	12.01	0.59
	S6	20.10	12.34	0.61
	S7	18.82	16.45	0.87
	S8	21.38	7.09	0.33
	S9	27.50	13.76	0.50
	S10	32.58	5.69	0.17
	S11	22.99	17.58	0.76
	S12	27.85	11.17	0.40
洗手间	W1	118.60	12.56	0.11
	W2	135.88	13.17	0.10
闸机	T1	21.12	5.41	0.26
	T2	16.65	6.11	0.37
	T3	18.05	4.67	0.26
	T4	18.61	8.04	0.43
	T5	17.09	8.60	0.50
	T6	17.32	9.25	0.53
	T7	31.75	8.93	0.28
	T8	14.35	9.29	0.65
	T9	12.17	5.08	0.42
	T10	12.76	5.50	0.43
	T11	11.81	6.83	0.58
	T12	12.58	8.67	0.69

　　由表 4-10 的离心率指标可知,在所有的空间要素中,洗手间 W1(0.11)、W2(0.10)较小,较接近 0,表明两者的认知位置分布具有明显的主导方向性。

　　为使要素认知位置分布方向更具有直观性,在地图学地图上将标准差椭圆进行可视化处理,如图 4-12 所示。

　　由图 4-12 可知,行人对部分要素的认知位置分布方向与其空间定位基准线的走向基本

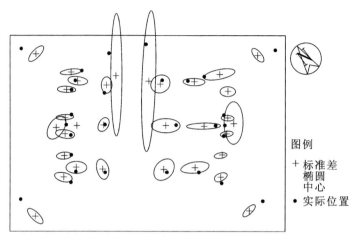

图 4-12　各要素的标准差椭圆

一致。空间定位基准线指乘客确定空间某要素位置时所依据的线,通常表现为道路。图 4-2 中洗手间 W1、W2 的分布近似于东北—西南方向,与其空间定位基准线 6 号线站台的走向基本一致。

4.3.2　空间认知水平量化分析

4.3.1 节运用标准差椭圆法对认知地图问卷数据进行空间认知扭曲分析,通过计算反映认知地图中各要素的认知位置偏离与离散程度和认知位置分布主导方向的各项指标,探究了行人对地铁站尺度的空间认知扭曲情况。本节将对地铁空间认知水平进行量化分析,探究行人地铁空间认知水平与其个人属性的关系,主要从以下两点展开:首先,构建样本总体空间认知水平量化指标,探究样本总体对地铁站内各空间要素的认知水平差异;其次,构建样本个体空间认知水平量化指标,并引入二元 Logistic 模型,分析样本的个人属性与空间认知水平的关系。

（1）样本总体空间认知水平量化分析

考虑能否标出该地铁站空间各要素以及所标注位置的准确程度均反映了样本总体对各空间要素的认知水平,本研究对样本总体的认知地图进行统计和扭曲分析,从要素有效认知频率（CF）和要素位置认知准确度（LI）两方面计算要素认知水平得分（T）,量化样本总体空间认知水平,进而对比分析样本总体对空间各要素的认知水平差异。

1）样本总体空间认知水平计算

本研究现阶段认为要素有效认知频率（CF）和要素位置认知准确度（LI）两项指标在同等程度上量化了样本总体对该地铁站空间要素的认知水平,故各赋予 1/2 权重,相加得到要素认知水平得分（T）,如式（4-17）所示,T 值越大,行人对该要素的认知水平越高。

$$T=0.5CF \times 0.5LI \tag{4-17}$$

CF 是行人对该地铁站各要素认知度的直观反映,其值越大,表明行人对该要素的认知度越高。各空间要素的 CF 主要基于 4.1 节中的各要素认知频次统计结果,通过计算各要素在乘客认知地图中被有效绘制的样本量与总样本量的比值得到。

LI 是行人对该地铁站各要素的认知偏差和分布情况的综合反映,主要包含认知位置与实际位置的偏差程度和认知位置分布的离散程度两方面,可通过被调查者对该要素的认知距离准确度(DI)和认知位置统一度(LU)两项指标进行度量,如式(4-18)所示。

$$LI = |DI| \times LU \tag{4-18}$$

DI 是样本总体对各要素的位置认知偏差的直观反映,通过要素标准差椭圆中心与其真实位置的距离测量,如式(4-19)、式(4-20)所示。

$$DI = 1 - Distance_c \tag{4-19}$$

$$Distance = \sqrt{(X_i - X_i^*)^2 + (Y_i - Y_i^*)^2} \tag{4-20}$$

式中:$Distance_c$——平均认知偏差,由 Distance 的 0-1 标准化处理得到;

$Distance$——要素 i 的平均认知位置与其真实位置的距离;

X_i,Y_i——要素 i 的平均认知位置(即标准差椭圆中心)坐标;

X_i^*,Y_i^*——要素 i 的真实位置坐标。

LU 是样本总体对各要素的位置认知分布离散程度的直观反映,通过要素标准差椭圆面积测量,如式(4-21)所示。

$$LU = 1 - \frac{|1-S|}{S} \tag{4-21}$$

式中:S——要素标准差椭圆面积。

2) 样本总体空间认知水平结果分析

首先,运用式(4-19)和式(4-21)计算得到样本总体对各要素的认知距离准确度(DI)和认知位置统一度(LU)两项指标,结果如图 4-13 所示。然后,通过统计和式(4-18)计算分别得到样本总体对各要素的有效认知频率(CF)和位置认知准确度(LI)两项指标,结果如图 4-14 所示。最后,运用式(4-17)计算得到要素认知水平得分(T),为便于比较,将得分换算为总分 100 分,结果如图 4-15 所示。图 4-13~图 4-15 中横轴分别表示 DI/LU 统计值、CF/LI 统计值、T 统计值,纵轴均表示各空间要素,即闸机(T1~T12)、洗手间(W1、W2)、扶楼梯(S1~S12)、服务台(R1、R2)、出入口(E1~E4)。

从图 4-13 可以看出:

① 就要素认知位置统一度(LU)而言,该地铁站洗手间的标准差椭圆面积较大,认知位置统一度较小,表明全体样本对该要素位置的认知离散程度较高,可能由于该地铁站洗手间仅分别设置在 A、B 区 6 号线站台向北尽头处,存在部分乘客方向迷失或记忆误差所致的位置认知错误,从而引起认知地图中洗手间绘制点较为分散,具有较大认知偏差。

② 就要素认知距离准确度(DI)而言,该地铁站洗手间、出入口的标准差椭圆中心与其实际位置的距离较大,认知距离准确度较小,表明全体样本对该要素位置的认知偏差程度较高,可能由于在设计问卷时为避免对被调查者的引导,该地铁站的认知调查底图仅绘制了外轮廓,致使多数乘客参考大致方向而未能正确标注出入口的位置,从而引起较大的偏差。

从图 4-14 可以看出:

① 就要素有效认知频率(CF)而言,出入口(均值 0.93)、闸机(均值 0.90)较高,扶楼梯

空间要素

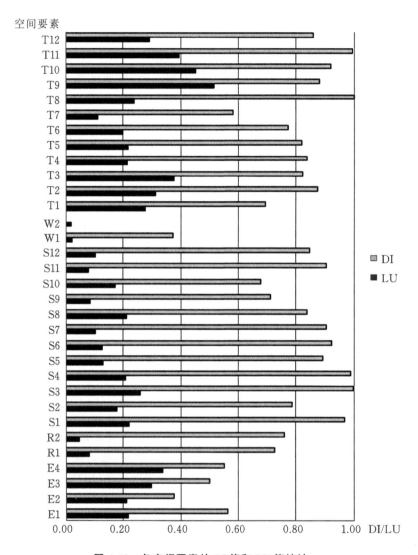

图 4-13　各空间要素的 DI 值和 LU 值统计

（均值 0.75）、服务台（均值 0.74）一般，洗手间（均值 0.59）较低。其原因在于该地铁站出入口、闸机是行人乘车必须经过的节点要素，故样本总体对其有效认知频率较高；而作为服务设施的洗手间并非乘客必须使用的要素，故样本总体对其有效认知频率较低。

②就要素位置认知准确度（LI）而言，闸机（均值 0.26）较高，扶楼梯（均值 0.14）、出入口（均值 0.13）一般，服务台（均值 0.05）、洗手间（均值 0.00）较低。其原因在于该地铁站闸机主要以墙柱为参考点分别设置于 2 号线、4 号线、9 号线分区入口处，且行人必须通过闸机后方可前往站台层乘车，故样本总体对其位置认知准确度较高；而出入口虽是行人必须经过的节点要素，但因在设计问卷时为避免对被调查者的引导，仅根据站厅层大致形状绘制了认知调查底图外轮廓，没有绘制更多参照点，多数行人仅在站厅层四角标注了大概位置而未能标注其精确位置，故样本总体对其位置认知准确度不高；服务台和洗手间并非乘客乘车必须使用

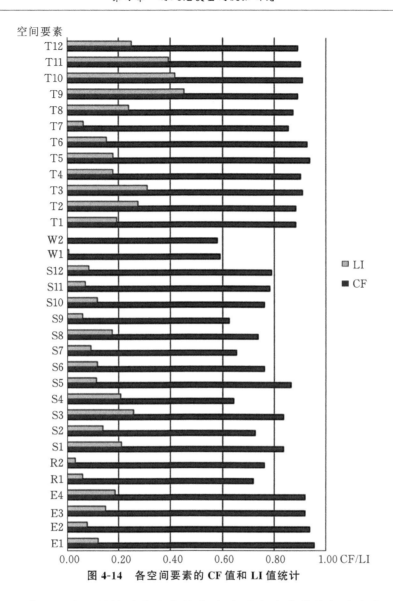

图 4-14　各空间要素的 CF 值和 LI 值统计

的要素,且洗手间仅设置在 6 号线站台向北尽头处,部分行人将其认知为向南尽头处,造成样本总体认知分布较分散,故样本总体对其位置认知准确度较低。

　　由图 4-15 可知,样本总体对空间各要素的认知水平具有显著差异,T9 得分最高,为67.19 分,W2 得分最低,为 29.09 分。闸机和出入口是总体认知水平较高的要素(除 T7 外均大于 50 分),原因在于两者均为所有行人乘车必须经过的路线节点;其次是扶楼梯(除 S7 和S9 外均大于 40 分);洗手间(小于或等于 30 分)和服务台(小于或等于 40 分)的总体认知水平较低,原因在于两者并非所有行人必须使用的服务设施。

(2) 样本个体空间认知水平量化分析

　　考虑到个体的异质性,本研究对样本个体的认知地图进行分析,根据样本总体空间认知分析结果给各类要素赋予不同权重,构建加权认知率(即样本个体的行人认知率加权值)指

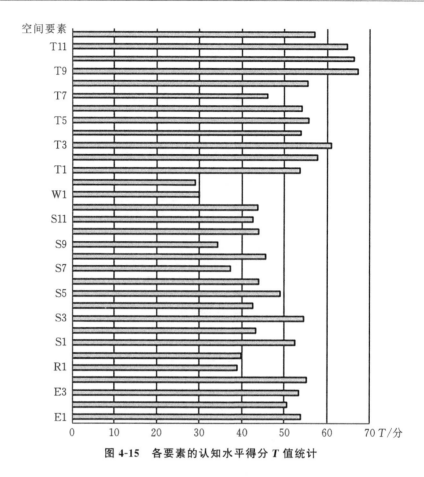

图 4-15　各要素的认知水平得分 T 值统计

标,计算样本个体空间认知水平,并通过与个人属性建立二元 Logistic 模型,分析个人属性与空间认知水平的关系,实现对行人地铁空间认知水平的量化分析。

1) 样本个体空间认知水平计算

行人认知率通常被定义为行人在其认知地图中绘制的要素数 X 与给定要素总数 N 的比值.比值越高,表明行人绘制的要素数越多,即认知地图越完整,空间认知水平越高,故行人认知率可用于反映认知地图完整程度,量化个体空间认知水平。根据样本总体空间认知分析结果可知,样本总体对各要素的认知水平不同,因此通过对各要素赋予不同权重,计算样本个体的加权认知率(即样本个体空间认知水平),使分析结果更贴合实际。对于行人不常使用的服务台、洗手间等服务类要素,样本总体的认知水平较低,较少被试者能有效绘制,若能有效绘制该类要素,表明个体空间认知水平更高,故对这两类要素各赋予 0.3 权重;对于行人必须经过的出入口、闸机等节点类要素,样本总体对其认知水平较高,大多数被试者都能有效绘制,故对这两类要素各赋予 0.1 权重;样本总体对扶楼梯的认知水平一般,赋予该要素 0.2 权重,则加权认知率计算如式(4-22)所示:

$$WR=0.1ER+0.3SCR+0.2SR+0.3TR+0.1GMR \qquad (4\text{-}22)$$

式中:WR 表示样本个体的加权认知率;ER、SCR、SR、TR、GMR 分别表示样本个体对出入口、服务台、扶楼梯、洗手间、闸机的认知率,计算为相应要素在样本个体认知地图中绘制数量与实际数量的比值。结合认知地图初步统计结果,运用式(4-22)计算的结果如图 4-16 所示。

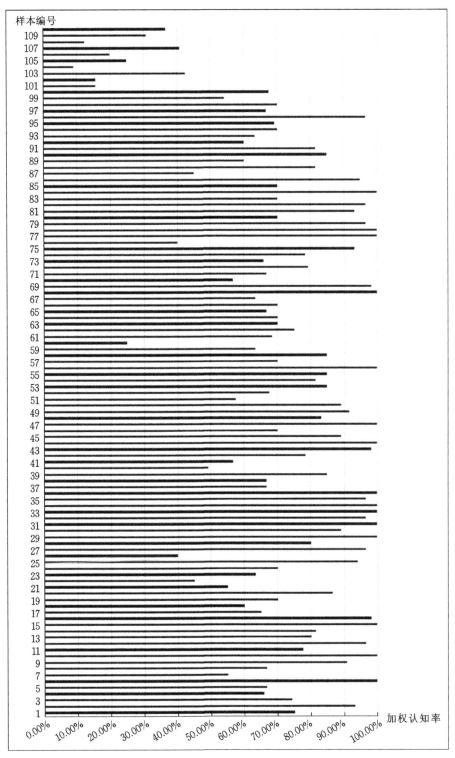

图 4-16　加权认知率

2）二元 Logistic 模型构建

本研究采用二元 Logistic 模型分析，其计算公式为式（4-23）：

$$\ln\left(\frac{P}{1-P}\right)=\alpha+\beta_i X_i \qquad (4-23)$$

推导得式（4-24）：

$$P(Y=1)=\frac{1}{1+e^{-(\alpha+\beta_i X_i)}} \qquad (4-24)$$

式中：α——回归方程截距；

$\quad\quad \beta_i$——回归系数；

$\quad\quad P$——预测事件 Y 发生的概率；

$\quad\quad X_i$——被试者的个人属性。

由于二元 Logistic 模型要求因变量 Y 为二分类变量，故将样本的加权认知率（WR）按从小到大排序，运用四分法进行分类。若将因变量 Y 标定为高认知水平，则赋值为 1；若标定为低认知水平，则赋值为 0。行人个人属性作为自变量主要包括性别、年龄、受教育水平、家庭年收入、到该站频率，其设置如表 4-11 所示。

表 4-11　Logistic 回归模型自变量设置

自变量	变量设置
性别	0：男；1：女
年龄	1：25 岁及以下；2：26～50 岁；3：50 岁以上
受教育水平	0：本科及以下；1：硕士及以上
家庭年收入	1：15 万元以下；2：15 万～25 万元；3：25 万元以上
到该站频率	1：第一次来、来过一两次；2：1～2d/周、3～4d/周；3：几乎每天来

3）样本个体空间认知水平的影响因素分析

在进行样本个体空间认知水平影响因素分析前，需进行模型系数和拟合程度检验。模型系数混合检验（Omnibus Test of Model Coefficients）用于判别纳入变量的模型是否有统计意义，一般小于 0.05 表示有统计意义；霍斯默-莱梅肖检验（Hosmer-Lemeshow Test）用于判别模型的整体拟合效果，一般远远大于 0.05 表示已充分提取该样本数据，且模型拟合效果好。

模型系数和拟合程度检验及样本个体空间认知水平影响因素分析结果如表 4-12 所示。

表 4-12　模型系数和拟合程度检验与影响因素分析结果

模型系数混合检验	霍斯默-莱梅肖检验	影响因素分析		
		影响因素	OR 值	显著性
			15 万元以下	0.266	0.013
0.01	0.969	家庭年收入	15 万元～25 万元	0.178	0.007
			25 万元以上	1.000	

模型系数 混合检验	霍斯默-莱 梅肖检验	影响因素分析			
			影响因素	OR 值	显著性
0.01	0.969	到该站频率	第一次来、来过一两次	0.139	0.039
			1～2d/周、3～4d/周	0.328	0.049
			几乎每天来	1.000	

由表 4-12 可知,该模型的模型系数混合检验显著性水平为 0.01,小于 0.05,霍斯默-莱梅肖检验显著性水平为 0.969,远大于 0.05,表明该模型有统计意义且拟合效果较好。通过影响因素分析发现样本个体空间认知水平的显著影响因子为家庭年收入与到该站频率,二者均在 5% 水平上显著,其影响程度为:相较于家庭年收入 25 万元以上的人群,家庭年收入 15 万元以下和 15 万～25 万元人群的空间认知水平更低,分别是 25 万元以上人群认知率的 26.6% 和 17.8%,该结果与许洁等在《北京城市空间认知的影响因素分析》中的研究结果一致,原因可能在于乘客收入越高,对空间信息接收能力越强,空间认知水平越高;相较于几乎每天来的人群,其他两种到该站频率人群的空间认知水平更低,分别是几乎每天来的人群认知率的 13.9% 和 32.8%,原因可能在于行人到该站频率越高,对环境越熟悉,空间认知水平越高。

4.4　本章小结

考虑行人空间认知对地铁应急疏散行为有重要影响,本研究一方面运用结构方程模型探究影响行人地铁空间认知的心理因素,另一方面运用标准差椭圆法进行认知地图扭曲分析,并基于分析结果构建指标,量化行人地铁空间认知水平,主要得到以下结论。

（1）行人地铁空间认知心理影响因素分析结论

① 根据结构方程模型中潜变量之间的标准化路径系数可知:行人的方向感对其识图能力有显著正影响,即方向感越强,识图能力也越强;行人的识图能力对其信息依赖程度有显著正影响,即识图能力越强的人群,在寻路时越倾向于依赖标志、平面图及路人的引导;行人的信息依赖程度对其空间认知有显著正影响,即信息依赖程度越高,其能在外界的帮助下快速获取更多的空间信息,空间认知能力越强。

② 根据 MIMIC 模型中个人属性与各潜变量之间的标准化路径系数可知:行人的年龄对其方向感和识图能力有显著负影响,即年龄越大,方向感和识图能力越差,因此建议在地铁站地面设置"导向指南针"图案,以便人们能够找到方向;行人的受教育水平对其识图能力有显著正影响,即受教育水平越高,识图能力越强;行人的家庭年收入对其信息依赖有显著负影响,即家庭年收入越高,信息依赖程度越低;到该站频率对其空间认知有显著正影响,即到该站频率越高,空间认知能力越强。

（2）行人地铁空间认知水平量化分析结论

① 根据认知地图扭曲分析所得的标准差椭圆面积与离心率指标，并结合可视化处理后的标准差椭圆图可知：行人对乘车必须经过要素（出入口和闸机）的认知位置离散程度较低，对乘车非必须经过要素（洗手间）的认知位置离散程度较高；行人对部分要素的认知位置分布方向与其空间定位基准线（即确定空间该要素位置时所依据的线，通常为道路）走向基本一致。

② 根据地铁空间认知水平量化分析结果可知：样本总体对乘车必须经过要素（出入口和闸机）的空间认知水平较高，对乘车非必须经过要素（洗手间）的空间认知水平较低；家庭年收入与到该站频率对样本个体的空间认知水平有显著正影响，具体表现为相较于家庭年收入 25 万元以上的人群，家庭年收入 15 万元以下和 15 万～25 万元人群的空间认知水平更低；相较于几乎每天来的人群，其他两种到该站频率人群的空间认知水平更低。

第 5 章 考虑空间认知的地铁应急疏散选择行为研究

在紧急事件发生需要应急疏散时,地下环境的特殊性通常会给人们带来较大的心理压力,在这种情况下,人们容易迷路,方向感不准确,有特殊情况发生时,容易出现高度紧张、害怕恐惧等不良情绪,这会造成人们的行为更加混乱,不易控制,严重的情况下人们不能快速找到安全出口,生命极易受到威胁。良好的空间认知水平可以帮助人们快速确定自己所处的位置,并明确辨别方向。空间认知可以量化反映人对环境的熟悉程度,将其引入行为决策理论能够更真实地反映行人应急疏散的行为决策机理。

交通行为决策模型按照其前提假设主要分为基于完全理性和基于有限理性(非完全理性)两大类。在完全理性模型中应用最为广泛的是离散选择模型,其隐含假设决策者为完全理性。近年来,离散选择模型在应急疏散中的应用日益增加。由于期望效用理论存在一些严重缺陷,例如难以解释 Allais 悖论、Ellsberg 悖论等现象,所以众多学者开始假设决策者是有限理性的,各自提出新的风险决策理论,其中使用广泛的有前景理论和后悔理论。

本研究针对地铁应急疏散问题,在行为决策理论框架下,基于问卷调查数据,分别建立考虑空间认知水平的、基于不同应急疏散决策规则的混合 Logit 模型、前景理论模型和后悔理论模型,并对比分析决策规则的异质性,同时建立混合决策模型,对行人的疏散选择行为进行分析。

本章首先分别对随机效用理论、前景理论和后悔理论等行为决策理论及其发展历程进行介绍,通过对比分析,选定研究所用模型为基于随机效用理论的混合 Logit 模型、基于动态异质性参照点的前景理论模型以及广义随机后悔最小化模型;其次,本研究通过确定影响决策者选择行为的因素进行调查问卷设计,问卷内容主要包括决策者的个人属性、情景方案选择及前景理论价值函数参数标定问题;最后,在考虑空间认知水平的基础上,分别建立混合 Logit 模型、基于动态异质性参照点的前景理论模型以及广义随机后悔最小化模型,其中前景理论建模同时建立基于静态同质性参照点及动态异质性参照点的模型,并比较各模型的估计结果,进而建立混合决策模型。

5.1 前 景 理 论

本研究建模涉及的行为决策理论包括基于完全理性假设的期望效用理论及基于有限理性假设的前景理论和后悔理论,由于期望效用理论和后悔理论的相关内容已经在第 3 章中介绍,故本节只介绍前景理论的相关内容。

由于期望效用理论不能合理解释一些现象,如 Allais 悖论和 Ellsberg 悖论,不能对个体选择行为提供足够合理的描述,故许多学者致力于研究不确定性条件下风险决策的修正,1979 年 Kahneman 和 Tversky 提出了前景理论。前景理论主要思想包括:对于获得,人们偏好风险规避;对于损失,人们偏好风险追求;获得和损失是以参照点为标准的。该理论从决策者决策时的心理角度出发,研究人们在面临风险及不确定环境时的行为决策,认为决策者在决策中看重的不是最终财富,而是相对于参照点的收益和损失,最终选择满意的决策。

(1)参照点

参照点即决策者对备选方案的心理预期,作为划分收益和损失的标准。参照点的设置是一种心理活动,决策者不同或决策环境不同,参照点也会发生变化,因此参照点的设置与个人主观偏好有关。

在 OPT 和 CPT 中,参照点为静态参照点,即参照点为确定的。以往的研究大多采用静态参照点、同质参照点,结果与实际有较大偏差,因为同质参照点没有考虑决策者个体之间的差异,静态参照点是不能根据实际情况变化的固定值。为了更清楚地解释偏好发生改变的现象,2008 年 Schmidt 在 OPT 和 CPT 的基础上提出了 PT3,将前景理论中的参照点扩展为动态参照点,即参照点是不确定的,是会随情况的变化而改变的。通过分析,本研究选择具有动态异质性参照点的 PT 模型。

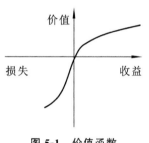

图 5-1 价值函数

(2)价值函数

价值函数表示的是相对于参照点的变化量,即收益和损失。价值函数呈"S"形,如图 5-1 所示,在收益时是上凸的,在损失时是下凹的,且损失部分的形状比收益部分更陡峭。框架效应表明人们往往根据相对于某个参照点的收益和损失而不是最终状态来评价前景。Kahneman 和 Tversky 在 1992 年提出的价值函数表达式如式(5-1)所示:

$$v(x)=\begin{cases} x^{\alpha}, & x\geqslant 0 \\ -\lambda(-x)^{\beta}, & x<0 \end{cases} \tag{5-1}$$

式中:x 表示价值的得失,$x\geqslant 0$ 表示得到,$x<0$ 表示损失;α 和 β 表示风险态度系数,$0<\alpha<1$,$0<\beta<1$;λ 是损失规避系数,若 $\lambda>1$,则表明决策者对损失更敏感。其中参数值 $\alpha=\beta=0.88$,$\lambda=2.25$ 最为常用。

(3)决策权重函数

决策权重是决策者对某件事发生的概率 p 做出的主观判断,它不是概率,而是一个权重,可以看作决策者的心理概率。Kahneman 和 Tversky 给出的决策权重函数形式如式(5-2)所示,式中参数值为 $\gamma=0.69$,$\delta=0.61$。

$$\pi(p)=\begin{cases} \dfrac{p^{\gamma}}{[p^{\gamma}+(1-p)^{\gamma}]^{\frac{1}{\gamma}}}, & x\geqslant 0 \\ \dfrac{p^{\delta}}{[p^{\delta}+(1-p)^{\delta}]^{\frac{1}{\delta}}}, & x<0 \end{cases} \tag{5-2}$$

决策权重函数反映出人们通常会高估低概率事件,低估中高概率事件,其形状如图 5-2 所示。

行人行为决策是一个复杂的决策过程,该过程包含多种影响因素,对于风险环境下的决策者,例如地铁环境的通道宽度、人流密度、行进速度等因素都会影响其决策。在传统的前景理论模型中,很难将这些因素都包括到一个简单的幂函数形式的价值函数当中,在应用前景理论建模时,应考虑如何将环境因素纳入前景理论模型体系。此外,决策者自身的年龄、性别、受教育水平、生理和心理状态对行为决策同样有重要影响,考虑到决策者的异质性,前景理论中的价值函数、决策权重函数、参数体系及参照点的设置都需要慎重处理。

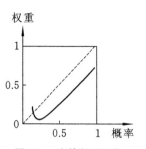

图 5-2　决策权重函数

5.2　地铁出口选择行为调查数据

(1) 影响因素分析

针对地铁应急疏散问题,众多学者对不同影响因素进行研究,对于地铁出口属性,本研究选取了能见度、疏散引导、排队时间和到出口的距离。

由于地铁位于地下,缺少自然采光,突发事件经常会造成站内正常照明被切断,导致应急照明程度有限,站内昏暗,影响人们的视线。发生火灾和爆炸等事故时,由于地下车站相对封闭、排烟困难,烟气扩散速度快,会严重降低能见度。能见度降低,人们容易迷失方向,造成恐慌,增加疏散难度。Haghani 的研究表明到出口的距离、人员密度、能见度、从众行为对地铁人员疏散的影响显著。

疏散引导通常包括现场工作人员的现场指导、疏散标志、广播指挥。在疏散的紧急情况下,车站内可能会比较拥挤,极易发生踩踏等事故,地铁工作人员的现场指导和广播指挥可以帮助乘客缓解恐慌心理、减少不适应性行为以及选择合理的疏散路径和出口,分散客流量,避免大量乘客选择相同的方向;醒目的疏散标志可以协助乘客快速找到出口。除此之外,疏散引导可以避免乘客出现徘徊、滞留现象,便于乘客及时调整速度和路线。没有合理的疏散引导,部分乘客根据自己的经验和判断,盲目疏散甚至引导和指挥他人,可能增加疏散难度,降低疏散效率。孔维伟等的研究表明疏散标志和广播系统的正常运行能够帮助乘客在疏散时做出正确的判断。

疏散总时间包括行人行走时间和在疏散设施处的等待时间,疏散时行人流量较大,楼梯、闸机等设施的服务能力有限,容易出现拥堵,人们疏散时要排队,消耗时间,而排队时间反映了人流密度。王世玲以郑州地铁某站为原型,结合问卷调查进行分析,在其模型中通过分析人员运动距离、人员拥堵排队平均时间等研究疏散过程中的影响因素,提高疏散效率。

疏散过程中,人们会本能地选择离自己最近的出口,若疏散距离长,人们在疏散过程中不能快速找到出口会加剧混乱,但是在疏散过程中,到出口的距离短不一定会减少疏散时间,在没有其他因素的影响下,到出口的距离越短越好。Lovreglio 等在研究中表明出口距离会显著影响疏散过程中的出口选择。

（2）问卷设计

通过对现有研究的分析与总结，影响决策者地铁应急疏散选择行为的因素主要包括：①决策者的个人社会经济属性，如性别、年龄、职业、受教育水平、家庭年收入等；②决策者的出行属性，如到该地铁站的目的、到该地铁站的频率以及是否参加过应急知识安全教育培训等；③备选方案属性，如能见度、疏散引导、排队时间、到出口的距离等。

本研究分别建立 ML 模型、PT 模型和 G-RRM 模型，选择的出口有 A 和 B 两类，A 类到出口的距离比 B 类短。PT 模型在建模过程中涉及概率问题，因此本研究需进行两次情景设计。第一次情景设计针对 ML 模型和 G-RRM 模型，选择能见度、疏散引导、排队时间、到出口的距离等 4 个因素下的三水平，采用正交试验法，剔除不合理情景，最终得到 7 个有效情景。第二次情景设计针对 PT 模型，在能见度、疏散引导、排队时间、到出口的距离等 4 个方案属性的基础上考虑预测排队时间准确性，采用正交试验法，筛选后得到 13 个有效情景。

由于本研究建立基于动态异质性参照点的前景理论模型和 G-RRM 模型，两个模型中均需要获得 4 个方案属性的权重，即决策者对 4 个方案属性的重视程度，所以本研究采用层次分析法，对 4 个方案属性设置 6 个问题以构造对比判断矩阵。

本研究的问卷与第 4 章的问卷同时设计同时调查，即问卷中共包括 4 部分内容：第一部分为心理潜变量调查；第二部分主要包含决策者的个人属性、出行属性以及对方案属性重视程度的判断；第三部分为认知地图；第四部分为应急疏散行为选择，包括情景选择部分以及为前景理论价值函数参数标定设置的问题，情景选择部分共设有 20 个情景。第 4 章的空间认知分析中使用了本问卷的心理潜变量调查、个人属性、认知地图等 3 个部分的相关数据，本章使用除认知地图和心理潜变量调查之外的各项调查数据，包括决策者的个人属性、出行属性以及对方案属性重视程度的判断和应急疏散行为选择的相关调查数据。问卷详见附录 2。

问卷中设置的问题较多，因此分 3 套问卷进行调查，只有一套问卷中设有认知地图的调查，其余两套问卷中没有认知地图调查；将情景选择部分的 20 个选择情景分为 3 份，每份中的两类情景个数尽可能均分到 3 套问卷中，其余部分相同；3 套问卷具有同等效力。方案属性水平设置如表 5-1 所示。

表 5-1　方案属性水平设置

出口	能见度	疏散引导	排队时间/min	到出口的距离/m	预测排队时间准确性
A 类	高	有/无	<1	150	70%
	一般		1~3	200	80%
	低		3~6	300	90%
B 类	高	有/无	<1	350	70%
	一般		1~3	400	80%
	低		3~6	500	90%

（3）调查方法

问卷调查方法根据问卷内容分为 RP 调查和 SP 调查。RP 调查针对已经真实发生或存在的事情，了解被调查者的选择结果，其可靠性比较高，但获得的数据量较少。SP 调查是被调查者在假设的条件下表现出的主观选择偏好，可以获得尚未发生以及无法直接观测的数据。

考虑到现场调查可以向被调查者解释问卷内容，以帮助被调查者正确理解调查的问题，使问卷收集到的数据更加真实可靠，本研究以 RP 调查和 SP 调查相结合的方法进行现场调查。

（4）数据采集

本次调查在上海市进行，选取了人流量较大的世纪大道地铁站。调查共得到 1108 份问卷，其中 ML 模型和 PT 模型估计需要长型数据，因此 ML 样本总数为 5196，PT 样本总数为 9628，PT 价值函数参数标定样本总数为 1108；G-RRM 模型需要宽型数据，样本总数为 2598，问卷数和样本数如表 5-2 所示。本研究所采用数据的个人社会经济属性与第 4 章的分析一致，此处不再赘述。

表 5-2　问卷数及样本数统计

问卷	份数	ML 情景数	ML 样本数	PT 情景数	PT 样本数	G-RRM 情景数	G-RRM 样本数
问卷 1	352	2	1408	4	2816	2	704
问卷 2	374	2	1496	4	2992	2	748
问卷 3	382	3	2292	5	3820	3	1146
总计	1108	7	5196	13	9628	7	2598

5.3　地铁应急疏散选择行为建模

5.3.1　空间认知水平分类

本研究的空间认知水平分类，采用第 4 章中地铁空间认知水平分析的结果，即 4.3.2 节空间认知水平量化分析的结果，空间认知水平可以得到 9 个概率值，如表 5-3 所示。

表 5-3　空间认知水平概率值

家庭年收入	到该站的频率	空间认知概率
15 万元以下	第一次来、来过一两次	8.91%
	1～4d/周	18.77%
	几乎每天来	41.35%

续表5-3

家庭年收入	到该站的频率	空间认知概率
15万~25万元	第一次来、来过一两次	6.13%
	1~4d/周	13.38%
	几乎每天来	32.02%
25万元以上	第一次来、来过一两次	26.85%
	1~4d/周	46.45%
	几乎每天来	72.58%

根据三分位法,将空间认知概率重新分类,共分为3个水平,其中概率值大于66.66%的认为空间认知水平高,概率值在33.33%~66.66%之间的认为空间认知水平一般,概率值小于33.33%的认为空间认知水平低。因此空间认知水平分为高、一般、低3个水平,将其作为个人属性整合到问卷数据中。

5.3.2　基于ML模型的地铁应急疏散选择行为建模

离散选择模型以随机效用理论为基础,决策者追求效用最大化,典型的离散选择模型有BL模型和MNL模型,但这两种模型存在无法显示个体偏好变化、选项间成比例替代特性,以及无法处理面板数据等缺点。为克服离散选择模型的缺点,研究者们发展出广义极值模型,该模型可转化为一系列的离散选择模型,如NL模型和ML模型,但NL模型只能克服选项间成比例替代特性的缺点,无法克服其余的缺点,而ML模型可以克服MNL模型的三大局限,使用更加灵活,因此本研究选用ML模型。

（1）ML模型

ML模型假定决策者倾向于选择效用最大的方案,效用函数分为两部分,一部分是固定项V_{ni},另一部分是随机项ε_{ni},决策者n选择备选方案i的效用如式(5-3)、式(5-4)所示:

$$U_{ni} = V_{ni} + \varepsilon_{ni} \tag{5-3}$$

$$V_{ni} = \beta_n \boldsymbol{X}_{ni} \tag{5-4}$$

式中:n——决策者;

$\quad i$——选择集中的一个备选方案;

$\quad \boldsymbol{X}_{ni}$——决策者$n$和方案$i$的属性向量。

决策者n选择备选方案i的概率如式(5-5)所示:

$$P_{ni} = \int \frac{\exp(\beta^{\mathrm{T}} \boldsymbol{X}_{ni})}{\sum \exp(\beta^{\mathrm{T}} \boldsymbol{X}_{ni})} f(\beta \mid \theta) \, \mathrm{d}\beta \tag{5-5}$$

式中:$f(\beta \mid \theta)$——某种分布的概率密度函数;

$\quad \beta^{\mathrm{T}}$——属性向量的随机系数。

常用的分布形式有正态分布、对数正态分布、三角分布、均匀分布和S_B分布。

（2）模型构建

本研究主要包括自身属性和方案属性两类影响因素,其中性别、年龄、职业、受教育水平、家庭年收入、到该站的目的、到该站的频率、是否参加过安全教育培训以及空间认知水平为自身属性,方案属性包括能见度、疏散引导、排队时间和到出口的距离。自身属性,如性别等,不能用实际性别进行回归,应转换为虚拟变量进行回归,家庭年收入可以取平均值;方案属性,如排队时间可以用其平均值进行回归。本研究中的具体变量定义见表5-4。

表5-4　各变量定义

影响因素类别	影响因素	变量取值	变量名
自身属性	性别	1:男性;0:女性	Gender
	年龄	1:<18岁;0:其他	Age1
		1:18~35岁;0:其他	Age2
		1:36~60岁;0:其他	Age3
		1:>60岁;0:其他	Age4
	职业	1:企事业单位人员、公务员;0:其他	Occ1
		1:学生;0:其他	Occ2
		1:个体、自由职业者;0:其他	Occ3
	受教育水平	1:高中(中专)及以下、大专;0:其他	Edu1
		1:本科、硕士及以上;0:其他	Edu2
	家庭年收入	4:0~8万元;11.5:8万~15万元; 20:15万~25万元;25:25万元及以上	Inc1
	到该站的目的	1:通勤、上/下学;0:其他	Intent1
		1:购物餐饮娱乐;0:其他	Intent2
		1:换乘;0:其他	Intent3
	到该站的频率	1:第一次来、来过一两次;0:其他	Fre1
		1:1~2d/周,3~4d/周;0:其他	Fre2
		1:几乎每天来;0:其他	Fre3
	是否参加过 安全教育培训	1:是;0:否	Train
	空间认知水平	1:高;2:一般;3:低	Scl
方案属性	能见度	1:高;2:一般;3:低	Vis
	疏散引导	1:有;0:无	Guide
	排队时间	1:<1min;2:1~3min;4.5:3~6min	Quetime
	到出口的距离	2:200m;2.5:250m;3:300m;3.5:350m;4:400m;5:500m	Distance

（3）模型参数估计结果

假设空间认知水平、能见度和排队时间 3 个与出口选择有关的变量的系数为随机系数，选用 Stata 软件进行参数估计，以 B 类出口为参照项，估计结果见表 5-5。

表 5-5　ML 模型参数估计结果

变量	回归系数	标准误差	Z 值	P 值	回归系数 95% 的置信区间	
均值						
Gender	0.0609	0.1704	0.36	0.721	−0.273	0.3949
Age1	0.1801	0.3764	0.48	0.632	−0.5577	0.9178
Age2	0.202	0.313	0.65	0.519	−0.4115	0.8155
Age3	0.0106	0.3179	0.03	0.973	−0.6124	0.6337
Edu2	0.0945	0.2014	0.47	0.639	−0.3002	0.4892
Intent1	−0.141	0.247	−0.57	0.568	−0.6252	0.3431
Intent2	0.3737	0.1898	1.97	0.049**	0.0017	0.7457
Fre2	0.388	0.1854	2.09	0.036**	0.0246	0.7514
Fre3	0.2798	0.2819	0.99	0.321	−0.2727	0.8322
Train	−0.1513	0.1717	−0.88	0.378	−0.4878	0.1852
Guide	−1.938	0.3445	−5.63	0.000***	−2.6132	−1.2629
Distance	0.0027	0.0032	0.84	0.399	−0.0036	0.0091
Scl	0.2018	0.1197	1.69	0.092*	−0.0328	0.4364
Vis	−1.4486	0.2222	−6.52	0.000***	−1.8841	−1.0132
Quetime	−1.1135	0.1704	−6.53	0.000***	−1.4474	−0.7795
标准差						
Scl	0.3749	0.0975	3.85	0.000***	0.1838	0.566
Vis	0.8517	0.2817	−3.02	0.002***	−1.4039	−0.2996
Quetime	1.3861	0.2044	6.78	0.000***	0.9855	1.7867

样本数＝5196

LR chi2(3)＝117.69

Prob＞chi2＝0.0000

Log likelihood＝−1327.7701

表 5-5 中并没有包含职业、家庭年收入这两个变量，因为当考虑职业和家庭年收入这两个因素进行参数回归时，这两个因素及其各个水平的影响都不显著，所以在做模型估计时不考虑职业和家庭年收入。剩余变量 Gender、Age、Edu、Intent、Fre、Train、Scl、Vis、Guide、

Quetime 和 Distance 用来进行模型参数回归,其中变量 Scl、Vis 和 Quetime 的系数设为随机系数,服从正态分布,变量 Gender、Age、Edu、Intent、Fre、Train、Guide 和 Distance 的系数设为常数。

　　由表 5-5 知,到该站的目的是购物餐饮娱乐、到该站的频率是 1~4d/周、疏散引导、空间认知水平、能见度和排队时间对方案的选择影响显著,决策者对空间认知水平、能见度和排队时间存在个体选择偏好的差异,即个体的异质性。到该站的目的是购物餐饮娱乐、到该站的频率是 1~4d/周和空间认知水平的总体均值系数为正数,疏散引导、能见度和排队时间的均值系数为负数,这与实际情况相符。即决策者到该站的目的是购物餐饮娱乐,到该站的频率为 1~4d/周,随着空间认知水平的降低,决策者会更倾向于选择 A 类出口。与到该站的目的为换乘、其他的决策者相比,目的为通勤、上/下学的决策者到该站的频率更高,目的为购物餐饮娱乐的决策者到该站的频率较低,越会倾向于选择路径短的出口;随着能见度的降低以及疏散引导从有到无、排队时间的增加,决策者亦会倾向于选择 A 类出口。根据计算结果,随着空间认知水平降低,70.48% 的个体选择 A 类出口的概率增大;随着能见度的降低,95.55% 的个体选择 A 类出口的概率增大;随着排队时间的增加,78.91% 的个体选择 A 类出口的概率减小。

5.3.3　基于前景理论的地铁应急疏散选择行为建模

(1) 参照点设置

　　参照点是经过一系列复杂的心理变化形成的,在不同的环境中,同一个个体的参照点可能会不同,面对相同的环境,不同的个体也可能会设置不同的参照点。现在运用前景理论的研究中大多设置静态同质性参照点,认为所有决策者在不同的决策环境中设置的参照点相同,不考虑决策者自身的差异,而动态异质性参照点的特点与此相反。本研究在设置动态参照点的基础上,考虑决策者的个体差异性,建立基于动态异质性参照点的前景理论模型,同时建立基于静态同质性参照点的前景理论模型与之进行对比。

　　本研究设置动态异质性参照点,即考虑决策者的个人属性,依照传统出行路径选择中参照点的设置方法,如式(5-6)所示:

$$T_{i,\text{desired}} = (1 + \beta/n) \sum_{i=1}^{n} T_{i,\text{free}} \tag{5-6}$$

式中:$T_{i,\text{free}}$ 表示自由流时间。本研究以某一备选方案为参照组,以每个个体该备选方案的属性分别代替自由流时间 $T_{i,\text{free}}$。在本研究中,备选方案属性有 4 个,分别为能见度、疏散引导、排队时间和到出口的距离,以 4 个方案属性分别代替自由流时间 $T_{i,\text{free}}$,则对于每一个个体,每一个方案属性都会有一个参照点。用决策者 n 的个人属性参数代替路径参数 β,表达式如式(5-7)所示:

$$\beta_n = \beta_{n1} x_{n1} + \cdots + \beta_{ni} x_{ni} + \cdots + \beta_{nI} x_{nI} = \sum_{i=1}^{I} \beta_{ni} x_{ni} \tag{5-7}$$

式中:x_{ni} 表示决策者 n 的第 i 个个人属性的取值;β_{ni} 表示对应的个人属性的系数,该系数由

Logit 回归得到。

在本研究中,个人属性参数设置为 0-1 变量,均在同一尺度,因此不需进行标准化处理。经过上式计算,将 β_n 代入式(5-8)~式(5-11)中计算得到每一个个体、每一个方案属性的参照点,即分别得到各决策者各方案属性的动态异质性参照点,式(5-8)~式(5-11)如下所示:

$$V_{i,\text{desired}} = (1 + \beta_n/n) \sum_{i=1}^{n} C_{i,\text{vis}} \tag{5-8}$$

$$G_{i,\text{desired}} = (1 + \beta_n/n) \sum_{i=1}^{n} C_{i,\text{guide}} \tag{5-9}$$

$$Q_{i,\text{desired}} = (1 + \beta_n/n) \sum_{i=1}^{n} C_{i,\text{quetime}} \tag{5-10}$$

$$D_{i,\text{desired}} = (1 + \beta_n/n) \sum_{i=1}^{n} C_{i,\text{distance}} \tag{5-11}$$

其中,$C_{i,\text{vis}}$、$C_{i,\text{guide}}$、$C_{i,\text{quetime}}$ 和 $C_{i,\text{distance}}$ 分别表示参照组中能见度、疏散引导、排队时间和到出口的距离的数值,同质参照点即 $\beta_n = 0$,不考虑决策者的个人属性。

(2) 价值函数参数估计

由于时间、地点和研究的问题不同,决策者对收益和损失的态度可能会不同,不同的领域,标准不同,部分学者对风险态度系数进行标定。本研究针对地铁应急疏散出口选择问题进行建模分析,重新标定风险态度系数以寻求更适合地铁应急疏散决策环境的参数值。

设计问卷时参考 Xu 的方法,设计了两组不同的情景,一组表示收益,一组表示损失,用来标定前景理论中的价值函数参数 λ、α 和 β。问卷中以排队时间为属性变量,分别对两类出口进行描述,两组情景中各包含 4 个选择肢。

情景 1:假设决策者某次乘坐地铁出行的地铁站有 A 和 B 两个出口,决策者当前位置至 A、B 出口的距离相同,且 A、B 出口的环境条件相同。现由于地铁站加强管理,A、B 出口的排队时间可能会减少,用 $(t_1, p\%; t_2, q\%)$ 表示出口的排队时间减少 t_1 分钟的可能性为 $p\%$,减少 t_2 分钟的可能性为 $q\%$,4 个选择肢设置如表 5-6 所示。

表 5-6 情景 1 的选择肢设置

梯度	出口 A 排队时间减少	出口 B 排队时间减少
1	(2,20%;1,0)	(1,40%)
2	(2,20%;1,10%)	(1,50%)
3	(2,20%;1,20%)	(1,60%)
4	(2,20%;1,40%)	(1,80%)

情景 2:假设决策者某次乘坐地铁出行的地铁站有 A 和 B 两个出口,决策者当前位置至 A、B 出口的距离相同,且 A、B 出口的环境条件相同。现由于地铁站疏于管理,A、B 出口的排队时间可能会增加,用 $(t_1, p\%; t_2, q\%)$ 表示出口的排队时间增加 t_1 分钟的可能性为 $p\%$,增加 t_2 分钟的可能性为 $q\%$,4 个选择肢设置如表 5-7 所示。

表 5-7　情景 2 的选择肢设置

梯度	出口 A	出口 B
	排队时间增加	排队时间增加
1	(2,20%;1,0)	(1,40%)
2	(2,20%;1,10%)	(1,50%)
3	(2,20%;1,30%)	(1,70%)
4	(2,20%;1,50%)	(1,90%)

最终得到的问卷调查结果如表 5-8、表 5-9 所示。

表 5-8　情景 1 的出口选择结果

收益	出口 A			出口 B		
	情景设置	人数	比例	情景设置	人数	比例
1	(2,20%;1,0)	532	48.01%	(1,40%)	576	51.99%
2	(2,20%;1,10%)	530	47.83%	(1,50%)	578	52.17%
3	(2,20%;1,20%)	540	48.74%	(1,60%)	568	51.26%
4	(2,20%;1,40%)	539	48.65%	(1,80%)	569	51.35%

表 5-9　情景 2 的出口选择结果

损失	出口 A			出口 B		
	情景设置	人数	比例	情景设置	人数	比例
1	(2,20%;1,0)	586	52.89%	(1,40%)	522	47.11%
2	(2,20%;1,10%)	576	51.99%	(1,50%)	532	48.01%
3	(2,20%;1,30%)	559	50.45%	(1,70%)	549	49.55%
4	(2,20%;1,50%)	565	50.99%	(1,90%)	543	49.01%

本研究运用最小二乘法对价值函数中的未知参数进行标定,其主要思想是使前景理论中出口预测选择概率和通过问卷调查获得的出口实际选择概率之间的残差平方最小化,找到最优拟合函数。两个情景中的累积均方误差如式(5-12)、式(5-13)所示:

$$f(\alpha,\gamma) = \sum_{i=1}^{I} [A_i\% - P(A_i > B_i)]^2 \tag{5-12}$$

$$f(\lambda,\beta,\delta) = \sum_{i=1}^{I} [A_i\% - P(A_i > B_i)]^2 \tag{5-13}$$

式中:α 为风险态度系数,体现在收益情况下的风险规避程度;γ 为风险收益态度系数;λ 为损失规避系数;β 体现损失情况下决策者的风险追求程度;δ 为风险损失态度系数;$P(A_i > B_i)$ 表示预测选择概率,根据 Logit 模型计算公式得到,然后用前景值代替 Logit 模型概率计算公式中的效用值,如式(5-14)、式(5-15)所示:

$$P(A_i > B_i) = \frac{1}{1 + \exp[U(B_i) - U(A_i)]} \tag{5-14}$$

$$U(A_i) = \sum_{i=1}^{n} V_i^{+} \pi^{+}(P_i) + \sum_{i=1}^{n} V_i^{-} \pi^{-}(P_i) \tag{5-15}$$

决策权重函数中存在参数 γ 和 δ，本研究采用 Kahneman 和 Tversky 得到的估计值，令 $\gamma = 0.69$，$\delta = 0.61$，根据前人的经验对价值函数中的参数进行标定，运用 LINGO 软件，最终得到 $\alpha = 0.28$，$\beta = 0.35$，$\lambda = 1.36$。根据本研究标定结果与 Kahneman、Tversky 标定结果（$\alpha = 0.88$，$\beta = 0.88$，$\lambda = 2.25$），运用 Sketchpad 绘图软件进行绘图，如图 5-3 所示，标定结果近似呈"S"形，符合 Kahneman 和 Tversky 假设的价值函数形状。

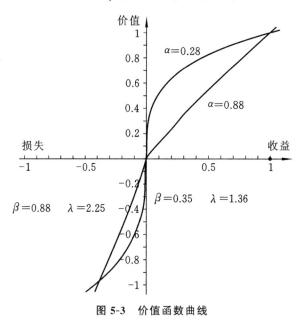

图 5-3 价值函数曲线

（3）模型构建

在问卷设计中，根据层次分析法，即认为所有被调查者都是专家，对 4 个方案属性设置 6 个问题，构造对比判断矩阵，以获得每一位被调查者中能见度、疏散引导、排队时间和到出口的距离的权重值。运用 YAAHP 软件计算每一个被调查者中 4 个方案属性的权重。由价值函数和决策权重函数，根据参照点的设置方法，计算得到单因素的前景值，表达式为式（5-16）～式（5-19）：

$$\mathrm{EV}_{\text{vis}} = v_{\text{vis}}(x)\pi_{\text{vis}}(p) \tag{5-16}$$

$$\mathrm{EV}_{\text{guide}} = v_{\text{guide}}(x)\pi_{\text{guide}}(p) \tag{5-17}$$

$$\mathrm{EV}_{\text{quetime}} = v_{\text{quetime}}(x)\pi_{\text{quetime}}(p) \tag{5-18}$$

$$\mathrm{EV}_{\text{distance}} = v_{\text{distance}}(x)\pi_{\text{distance}}(p) \tag{5-19}$$

式中：$v_{\text{vis}}(x)$、$v_{\text{guide}}(x)$、$v_{\text{quetime}}(x)$ 和 $v_{\text{distance}}(x)$ 分别为能见度、疏散引导、排队时间和到出口的距离的价值函数，$\pi_{\text{vis}}(p)$、$\pi_{\text{guide}}(p)$、$\pi_{\text{quetime}}(p)$ 和 $\pi_{\text{distance}}(p)$ 分别为能见度、疏散引导、排队时间和到出口的距离的决策权重函数。再根据方案属性权重，计算出各备选方案的综合前

景值,表达式如式(5-20)所示:

$$EV = w_{vis}EV_{vis} + w_{guide}EV_{guide} + w_{quetime}EV_{quetime} + w_{distance}EV_{distance} \qquad (5-20)$$

式中:w_{vis}、w_{guide}、$w_{quetime}$ 和 $w_{distance}$ 分别表示能见度、疏散引导、排队时间和到出口的距离的权重。

(4) 动态异质性参照点和静态同质性参照点模型对比

本研究考虑决策者的异质性,在参照点设置中考虑个人属性的影响,分别建立动态异质性参照点和静态同质性参照点的前景理论出口选择模型,从不同情景和不同类别决策者两方面,比较两种模型预测出口选择比例与实际出口选择比例,来说明两类模型的表现优劣。

1) 不同情景预测结果对比

本研究以调查问卷中的所有决策者为样本,根据调查问卷划分 13 个情景,得到动态异质性参照点模型和静态同质性参照点模型的预测选择比例,如表 5-10 所示。

表 5-10　各情景实际选择比例和预测选择比例

情景编号	实际选择比例		静态同质性参照点模型预测选择比例		动态异质性参照点模型预测选择比例	
	A	B	A	B	A	B
1	55.8%	45.2%	76.7%	23.3%	44.9%	55.1%
2	39.8%	60.2%	71.6%	28.4%	35.7%	64.3%
3	24.4%	75.6%	36.6%	63.4%	41.2%	58.8%
4	61.4%	38.6%	100%	0	50.0%	50.0%
5	4.5%	95.5%	20.1%	79.9%	14.3%	85.7%
6	85.6%	14.4%	93.9%	6.1%	49.5%	50.5%
7	59.6%	40.4%	73.0%	27.0%	49.5%	50.5%
8	34.5%	65.5%	58.0%	42.0%	42.1%	57.9%
9	29.3%	70.7%	35.1%	64.9%	35.1%	64.9%
10	28.5%	71.5%	27.7%	72.3%	30.6%	69.4%
11	10.5%	89.5%	36.4%	63.6%	40.8%	59.2%
12	83.0%	17.0%	98.2%	1.8%	50.0%	50.0%
13	66.5%	33.5%	76.4%	23.6%	44.8%	55.2%

本研究采用累积绝对误差平均值的方法进行对比,如式(5-21)所示:

$$R = \frac{1}{n}\sum_{i=1}^{n}|c_i - c_{pi}| \qquad (5-21)$$

式中:c_i 表示某出口的实际选择比例;c_{pi} 表示某出口的预测选择比例。本研究中设置 A、B 两类出口,在这里选择 A 类出口进行误差的计算。比较两类模型的预测选择比例与实际选择比例的偏差,具体结果如表 5-11 所示。

表 5-11　A 类出口各情景不同参照点选择概率预测能力比较

情景编号	静态同质性参照点模型绝对误差	动态异质性参照点模型绝对误差
1	0.209	0.109
2	0.318	0.041
3	0.122	0.168
4	0.386	0.114
5	0.156	0.098
6	0.083	0.361
7	0.134	0.101
8	0.235	0.076
9	0.058	0.058
10	0.008	0.021
11	0.259	0.303
12	0.152	0.33
13	0.099	0.217
R	$R_1 = 0.171$	$R_2 = 0.154$

经过计算,在不同情景下,静态同质性参照点模型的累积绝对误差平均值 $R_1 = 0.171$,动态异质性参照点模型的累积绝对误差平均值 $R_2 = 0.154$,$R_2 < R_1$,说明动态异质性参照点模型的预测选择比例比静态同质性参照点模型的预测选择比例更接近实际选择比例情况,动态异质性参照点模型表现更优。

2）不同类别决策者预测结果对比

在运用 Logit 模型回归得到个人属性参数值时,到该站的频率设置了 5 个水平,以“第一次来”为参照,有 3 个水平影响显著,且是否参加过安全教育培训影响显著,因此以到该站的频率和是否参加过安全教育培训为依据将决策者划分为 10 类,具体分类如表 5-12 所示。分别计算每一类决策者中动态异质性参照点模型和静态同质性参照点模型的预测选择比例与实际选择比例,结果如表 5-13 所示。

表 5-12　决策者类别划分（一）

到该站的频率	是否参加过安全教育培训	决策者类别
第一次来	是	第一类
	否	第二类
来过一两次	是	第三类
	否	第四类
1~2d/周	是	第五类
	否	第六类

到该站的频率	是否参加过安全教育培训	决策者类别
3~4d/周	是	第七类
	否	第八类
几乎每天来	是	第九类
	否	第十类

表 5-13　不同类别决策者实际选择比例和预测选择比例(一)

决策者类别	实际选择比例		静态同质性参照点模型预测选择比例		动态异质性参照点模型预测选择比例	
	A	B	A	B	A	B
第一类	49.0%	51.0%	30.5%	69.5%	40.5%	59.5%
第二类	38.2%	61.8%	29.9%	70.1%	40.2%	59.8%
第三类	46.3%	53.7%	30.0%	70.0%	41.0%	59.0%
第四类	43.4%	56.6%	30.2%	69.8%	39.4%	60.6%
第五类	47.4%	52.6%	32.1%	67.9%	42.6%	57.4%
第六类	41.1%	58.9%	28.4%	71.6%	37.5%	62.5%
第七类	48.5%	51.5%	31.0%	69.0%	41.5%	58.5%
第八类	43.0%	57.0%	31.9%	68.1%	42.7%	57.3%
第九类	41.5%	58.5%	33.6%	66.4%	40.4%	59.6%
第十类	46.2%	53.8%	31.3%	68.7%	39.2%	60.8%

采用累积绝对误差平均值的方法,选择 A 类出口进行对比,结果见表 5-14。

表 5-14　A 类出口各类决策者不同参照点选择概率预测能力比较(一)

决策者类别	静态同质性参照点模型绝对误差	动态异质性参照点模型绝对误差
第一类	0.185	0.085
第二类	0.083	0.020
第三类	0.163	0.053
第四类	0.132	0.040
第五类	0.153	0.048
第六类	0.127	0.036
第七类	0.175	0.070

续表5-14

决策者类别	静态同质性参照点 模型绝对误差	动态异质性参照点 模型绝对误差
第八类	0.111	0.003
第九类	0.079	0.011
第十类	0.149	0.070
R	$R_3 = 0.136$	$R_4 = 0.044$

不同类别的决策者,静态同质性参照点模型的累积绝对误差平均值 $R_3 = 0.136$,动态异质性参照点模型的累积绝对误差平均值 $R_4 = 0.044$,R_4 远小于 R_3,说明动态异质性参照点模型的预测出口选择概率与问卷调查中的实际出口选择概率更加接近,比静态同质性参照点模型更能准确地描述决策者的行为。从 10 类决策者的选择比例可以看出,每类决策者中选择 B 类出口的人数比选择 A 类出口的人数多,这说明在应急疏散的情况下,决策者不会盲目地选择到出口距离短的出口,能见度、疏散引导和排队时间等都会影响决策者的选择。

5.3.4 基于后悔理论的地铁应急疏散选择行为建模

G-RRM 模型本身不涉及决策者的个人属性,因此引入空间认知水平对该模型没有影响,本节仅考虑能见度、疏散引导、排队时间和到出口的距离 4 个方案属性,基于后悔理论研究地铁应急疏散出口选择行为,G-RRM 模型中的变量水平设置与上述相同。本研究选用 Biogeme 软件对 G-RRM 模型进行参数估计,结果见表 5-15。

表 5-15　G-RRM 模型参数估计结果

变量	回归系数	标准误差	t 检验	P 值	稳健性标准差	稳健性 t 检验	稳健性 P 值
B-EV	−0.248	0.0183	−13.59	0.00***	0.0187	−13.28	0.00
B-EG	−0.464	0.0353	−13.17	0.00***	0.0357	−13.01	0.00
B-QT	−0.317	0.0164	−19.27	0.00***	0.0163	−19.39	0.00
B-ED	−0.184	0.0266	−6.94	0.00***	0.0267	−6.89	0.00

Likelihood ratio test:859.298

Rho-square:0.239

Adjusted rho-square:0.236

注:*** 表示变量在 99% 置信水平下显著。

表 5-15 中,B-EV、B-EG、B-QT 和 B-ED 分别表示能见度、疏散引导、排队时间和到出口的距离 4 个方案属性的权重,其中回归系数列表示其具体的权重值。从模型估计结果来看,B-EV、B-EG、B-QT 和 B-ED 的估计值在 99% 的置信水平下显著,随着能见度的降低、疏散

引导从有到无、排队时间的增加以及到出口距离的增加,决策者越倾向于选择路径较短的 A 类出口。由表 5-15 可以看出,B-EG 参数估计绝对值最大,说明决策者更看重疏散引导这一方案属性,因为在应急疏散情况下,行人容易产生恐慌等不良情绪,影响行人作出决策,疏散引导可以帮助行人进行疏散,提高疏散效率;B-ED 参数估计绝对值最小,说明与其他方案属性相比,决策者不看重到出口的距离。另外,G-RRM 模型的 R^2 值和调整后的 R^2 值分别为 0.239 和 0.236,一般认为 R^2 值在 0.2～0.4 之间时模型拟合效果较好,因此该模型具有较好的拟合效果。

5.3.5　不同决策规则模型对比

本研究基于行为决策理论框架,分别建立随机效用理论、前景理论和后悔理论下的出口选择模型,将决策者进行分类,计算相同情景中每一类决策者的预测选择概率,以及每一类别下模型的预测选择比例与实际选择比例的相对误差,根据相对误差的大小确定每一类决策者采取的决策规则。具体表达式如式(5-22)所示。相对误差值最小的模型即决策者所采取的决策规则。

$$R = \frac{1}{c_i} \left| c_i - c_{pi} \right| \tag{5-22}$$

式中:c_i 为某出口的实际选择比例;c_{pi} 为某出口的预测选择比例。在本研究中共设置两类出口,即 A 类出口和 B 类出口,在这里选择 A 类出口计算相对误差平均值。

本研究选择在 ML 模型中影响显著的个人属性进行类别划分,以到该站的目的中的 3 个水平和到该站的频率中的 3 个水平进行划分,划分结果如表 5-16 所示。

表 5-16　决策者类别划分(二)

个人属性		决策者类别
到该站的目的	到该站的频率	
通勤、上/下学	第一次来、来过一两次	第一类
	1～4d/周	第二类
	几乎每天来	第三类
购物餐饮娱乐	第一次来、来过　两次	第四类
	1～4d/周	第五类
	几乎每天来	第六类
换乘和其他	第一次来、来过一两次	第七类
	1～4d/周	第八类
	几乎每天来	第九类

在不同类别决策者的前提下,将 ML 模型、PT 模型和 G-RRM 模型的预测出口选择概率与实际出口选择概率进行对比,结果见表 5-17。不同类别决策者的相对误差平均值结果如表 5-18 所示。

表 5-17 不同类别决策者实际选择比例和预测选择比例(二)

决策者类别	ML 模型		PT 模型		G-RRM 模型	
	实际选择比例	预测选择比例	实际选择比例	预测选择比例	实际选择比例	预测选择比例
第一类	54.1%	53.1%	46.7%	39.7%	54.1%	50.0%
第二类	54.0%	56.4%	46.4%	40.7%	54.0%	42.1%
第三类	64.8%	58.0%	47.0%	39.7%	64.8%	56.8%
第四类	63.1%	70.4%	43.5%	41.0%	63.1%	56.9%
第五类	67.4%	73.1%	46.9%	42.5%	67.4%	55.7%
第六类	50.9%	65.7%	39.7%	40.0%	50.9%	44.4%
第七类	66.3%	70.9%	45.3%	39.7%	66.3%	69.1%
第八类	64.5%	74.0%	43.5%	40.2%	64.5%	62.5%
第九类	64.3%	64.3%	44.9%	39.8%	64.3%	58.7%

表 5-18 A 类出口各类决策者不同参照点选择概率预测能力比较(二)

决策者类别	ML 模型误差	PT 模型误差	G-RRM 模型误差	决策规则
第一类	0.018	0.150	0.076	效用最大
第二类	0.044	0.123	0.220	效用最大
第三类	0.105	0.155	0.123	效用最大
第四类	0.116	0.057	0.098	前景最大
第五类	0.085	0.094	0.174	效用最大
第六类	0.291	0.008	0.128	前景最大
第七类	0.069	0.124	0.042	后悔最小
第八类	0.147	0.076	0.031	后悔最小
第九类	0.000	0.114	0.087	效用最大

从表 5-18 的统计结果可以看出,不同类别的决策者在相同的决策情景中进行决策时所采取的决策规则也存在明显的差别。到该站的目的为通勤、上/下学的决策者遵循的决策规则是效用最大规则;到该站的目的为购物餐饮娱乐且到该站的频率为第一次来、来过一两次或者几乎每天来的决策者遵循的决策规则是前景最大规则,到该站的目的为购物餐饮娱乐且到该站的频率为 1～4d/周的决策者遵循效用最大规则;到该站的目的为换乘和其他且并非几乎每天来的决策者依据后悔最小的决策规则,而几乎每天来的决策者遵循效用最大规则。

5.4 地铁应急疏散混合决策模型

5.4.1 混合决策建模

由式(3-4)和式(3-8)可分别计算出 ML 模型和 G-RRM 模型的预测选择概率,假设赋予两个模型一定的比重,建立混合决策模型,进而计算出口的预测选择概率,若该预测选择概率接近实际选择概率,则所建混合决策模型成立,否则不成立。

令 ML 模型在混合决策模型中所占比重为 x,G-RRM 模型在混合决策模型中所占比重为 y,得到混合决策模型计算公式,如式(5-23)所示:

$$P_{mi} = x \cdot P_{ui} + y \cdot P_{ri} = x \cdot \int \frac{\exp(U_i)}{\sum\limits_{j=1,\cdots,J} \exp(U_j)} f(\beta/\theta)\, \mathrm{d}\beta + y \cdot \frac{\exp(R_i)}{\sum\limits_{j=1,\cdots,J} \exp(R_j)}$$

$$(5\text{-}23)$$

式中,P_{mi}、P_{ui}、P_{ri} 分别表示混合决策模型、效用最大化模型、后悔最小化模型的预测选择概率;U_i、U_j 分别表示选择方案 i、j 的效用;R_i、R_j 分别表示选择方案 i、j 的后悔值;$x+y=1$,$0.1 \leqslant x \leqslant 0.9$,$0.1 \leqslant y \leqslant 0.9$。分别取 x 和 y 的值,逐一推算 ML 模型和 G-RRM 模型的比重,计算混合决策模型的出口预测选择概率,当混合决策模型预测选择概率接近实际选择概率时,可以确定 x 和 y 的值。在本研究中根据到该站的频率的 5 个水平,即第一次来、来过一两次、1～2d/周、3～4d/周以及几乎每天来,将决策者分为 5 类,首先计算这 5 类决策者的实际选择比例以及 ML 模型和 G-RRM 模型的预测选择比例,在这里选择 A 类出口进行计算,如表 5-19 所示,然后进行逐一推算,逐一推算的过程如表 5-20～表 5-28 所示。

表 5-19 不同类别决策者各模型实际选择比例和预测选择比例

类别	实际选择比例	ML 模型预测选择比例	ML 模型绝对误差	G-RRM 模型预测选择比例	G-RRM 模型绝对误差
第一类	62.9%	66.7%	0.038	60.2%	0.027
第二类	64.3%	69.9%	0.056	63.4%	0.009
第三类	64.0%	69.9%	0.059	56.3%	0.077
第四类	64.0%	70.3%	0.063	57.2%	0.068
第五类	60.2%	59.6%	0.006	53.7%	0.065

表 5-20 $x=0.1$,$y=0.9$ 时模型预测选择概率与实际选择概率对比

类别	实际选择概率	混合决策模型预测选择概率	绝对误差
第一类	62.9%	60.9%	0.020
第二类	64.3%	64.1%	0.002

续表5-20

类别	实际选择概率	混合决策模型预测选择概率	绝对误差
第三类	64.0%	57.7%	0.063
第四类	64.0%	58.5%	0.055
第五类	60.2%	54.3%	0.059
平均误差			0.040

表 5-21　$x=0.2, y=0.8$ 时模型预测选择概率与实际选择概率对比

类别	实际选择概率	混合决策模型预测选择概率	绝对误差
第一类	62.9%	61.5%	0.014
第二类	64.3%	64.7%	0.004
第三类	64.0%	59.0%	0.050
第四类	64.0%	59.8%	0.042
第五类	60.2%	54.9%	0.053
平均误差			0.033

表 5-22　$x=0.3, y=0.7$ 时模型预测选择概率与实际选择概率对比

类别	实际选择概率	混合决策模型预测选择概率	绝对误差
第一类	62.9%	62.3%	0.006
第二类	64.3%	65.4%	0.011
第三类	64.0%	60.4%	0.036
第四类	64.0%	61.1%	0.029
第五类	60.2%	55.5%	0.047
平均误差			0.026

表 5-23　$x=0.4, y=0.6$ 时模型预测选择概率与实际选择概率对比

类别	实际选择概率	混合决策模型预测选择概率	绝对误差
第一类	62.9%	62.8%	0.001
第二类	64.3%	66.0%	0.017
第三类	64.0%	61.7%	0.023
第四类	64.0%	62.4%	0.016
第五类	60.2%	56.1%	0.041
平均误差			0.020

表 5-24　$x=0.5, y=0.5$ 时模型预测选择概率与实际选择概率对比

类别	实际选择概率	混合决策模型预测选择概率	绝对误差
第一类	62.9%	63.5%	0.006
第二类	64.3%	66.7%	0.024
第三类	64.0%	63.1%	0.009
第四类	64.0%	63.8%	0.002
第五类	60.2%	56.7%	0.035
平均误差			0.015

表 5-25　$x=0.6, y=0.4$ 时模型预测选择概率与实际选择概率对比

类别	实际选择概率	混合决策模型预测选择概率	绝对误差
第一类	62.9%	64.1%	0.012
第二类	64.3%	67.3%	0.030
第三类	64.0%	64.5%	0.005
第四类	64.0%	65.1%	0.011
第五类	60.2%	57.2%	0.030
平均误差			0.018

表 5-26　$x=0.7, y=0.3$ 时模型预测选择概率与实际选择概率对比

类别	实际选择概率	混合决策模型预测选择概率	绝对误差
第一类	62.9%	64.8%	0.019
第二类	64.3%	68.0%	0.037
第三类	64.0%	65.8%	0.018
第四类	64.0%	66.4%	0.024
第五类	60.2%	58.3%	0.019
平均误差			0.023

表 5-27　$x=0.8, y=0.2$ 时模型预测选择概率与实际选择概率对比

类别	实际选择概率	混合决策模型预测选择概率	绝对误差
第一类	62.9%	65.4%	0.025
第二类	64.3%	68.6%	0.043
第三类	64.0%	67.2%	0.032
第四类	64.0%	67.7%	0.037
第五类	60.2%	58.4%	0.018
平均误差			0.031

表 5-28　$x=0.9, y=0.1$ 时模型预测选择概率与实际选择概率对比

类别	实际选择概率	混合决策模型预测选择概率	绝对误差
第一类	62.9%	66.1%	0.032
第二类	64.3%	69.3%	0.050
第三类	64.0%	68.5%	0.045
第四类	64.0%	69.0%	0.050
第五类	60.2%	59.0%	0.012
平均误差			0.038

根据上述推算结果可以发现,当 $x=0.5, y=0.5$ 时,平均误差最小,即混合决策模型预测选择概率更接近实际选择概率,模型的拟合度更高。因此最终 ML 模型和 G-RRM 模型的比重取值各为 0.5。在不同混合比重下,混合决策模型预测的 A 类出口选择概率与实际选择概率之间的平均误差如图 5-4 所示。

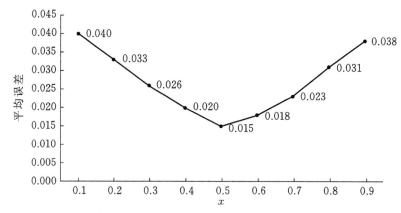

图 5-4　不同比重下混合决策模型预测选择概率与实际选择概率之间的平均误差变化图

如图 5-4 所示,随着 x 的增大,平均误差值逐渐减小,当 $x=0.5, y=0.5$ 时,混合决策模型预测选择概率与实际选择概率最接近,当 x 取值大于 0.5 时,随着 x 的增大,混合决策模型预测选择概率与实际选择概率之间的平均误差逐渐增大。因此最终得到混合决策模型预测出口选择概率的公式(5-24):

$$P_{mi}=0.5\times P_{ui}+0.5\times P_{ri}=0.5\times\int\frac{\exp(U_i)}{\sum\limits_{j=1,\cdots,J}\exp(U_j)}f(\beta/\theta)\,\mathrm{d}\beta+0.5\times\frac{\exp(R_i)}{\sum\limits_{j=1,\cdots,J}\exp(R_j)}$$

(5-24)

5.4.2　模型验证

为对混合决策模型预测出口选择概率公式进行验证,重新将决策者按照受教育水平分为 4 类,得到不同受教育水平决策者各模型实际选择比例和预测选择比例,如表 5-29 所示。

表 5-29　不同受教育水平决策者各模型实际选择比例和预测选择比例

决策者受教育水平	实际选择比例	ML 模型预测选择比例	G-RRM 模型预测选择比例	混合决策模型预测选择概率
高中(中专)及以下	63.9%	70.7%	61.1%	65.9%
大专	64.3%	69.4%	59.8%	64.6%
本科	63.6%	68.6%	57.0%	62.8%
硕士及以上	61.7%	67.9%	57.2%	62.3%

　　将表 5-29 中不同受教育水平决策者各模型实际选择比例和预测选择比例制作成折线图,如图 5-5 所示。从图中可以看出,重新将决策者分类后,与 ML 模型和 G-RRM 模型相比,混合决策模型计算选择概率仍与实际选择概率接近,因此,本研究的混合决策出口选择模型计算出口选择概率是可行的。

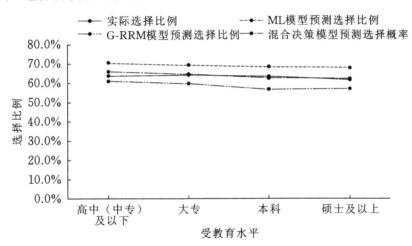

图 5-5　不同受教育水平决策者各模型实际选择比例和预测选择比例对比

5.5　本章小结

　　本研究针对地铁应急疏散问题,基于随机效用理论、前景理论和后悔理论,引入空间认知水平,分别建立 ML 模型、动态异质性参照点 PT 模型和 G-RRM 模型,并对 3 种模型进行对比分析。同时,为提高模型预测概率的准确度,本研究基于 ML 模型和 G-RRM 模型,建立了混合决策出口选择模型。主要得到以下结论:

　　(1)基于 RUT 的出口选择 ML 模型估计结果表明,个人属性变量中的到该站的目的、到该站的频率和空间认知水平对方案的选择影响显著,方案属性变量中的能见度、疏散引导和排队时间对方案的选择影响显著。方案属性变量中到出口的距离对方案的选择影响不显著,说明决策者并非总是选择路径距离短的出口。决策者对空间认知水平、能见度和排队时间具有个体异质性。

（2）基于动态异质性参照点和静态同质性参照点分别建模进行对比分析，结果表明基于动态异质性参照点的 PT 模型表现更好，其预测选择概率与基于静态同质性参照点的 PT 模型相比更接近实际选择概率，能更好地描述决策者的出口选择行为。现实情况下，人们的心理预期会随着形势的变化而不断调整，个体之间也会存在差异，因此，设立动态异质性参照点会提高模型的预测准确度。

（3）本研究基于 RT 建立的出口选择 G-RRM 模型只涉及属性权重参数，因此，空间认知水平的引入对模型没有影响。参数估计结果说明，能见度、疏散引导、排队时间和到出口的距离的属性感知参数对模型影响显著，模型拟合度较高。

（4）本研究从不同类别决策者在相同情景中这一角度出发，分别计算每类决策者的预测选择概率，与实际选择概率进行比较，相对误差小的模型即该类决策者决策时依据的决策规则。

（5）本研究为提高模型的预测精度和准确度，基于 ML 模型和 G-RRM 模型，建立了混合决策出口选择模型，对比 ML 模型、G-RRM 模型和混合决策出口选择模型预测选择概率和实际选择概率之间的误差，结果表明混合决策出口选择模型预测选择概率更接近实际选择概率。

本研究对地铁应急疏散条件下决策者的出口选择问题进行了理论研究和实例分析，基于本研究内容以及结果，考虑空间认知的选择行为模型在未来的应用中可以从以下几个方面入手：

（1）本研究基于动态异质性参照点建立了 PT 模型，该模型中参照点以同一情景中某一备选方案为参照组，其动态性体现在随着情景的变化而变化。然而，动态异质性参照点的形式是多种多样的，其他形式的动态异质性参照点需进一步探索。

（2）本研究基于后悔理论建立 G-RRM 模型，该模型只涉及方案属性，与个人属性没有关系，但在某种程度上个人属性会对决策者的决策行为产生影响，未来的研究中可以把个人属性的影响考虑到模型中，探讨分析个人属性如何影响决策行为以及能否提高模型的准确度。

（3）因 PT 模型涉及概率问题，与 ML 模型和 G-RRM 模型无法共用相同的问卷，本研究基于 ML 模型和 G-RRM 模型建立了混合决策出口选择模型，在未来的研究中，如何基于 RUT、PT 和 RT 建立混合决策选择行为模型值得进一步探索。

第6章 基于不同行为决策规则的
地铁应急疏散仿真研究

出口选择是行人在充分认知疏散环境后进行的决策和规划,是行人行为决策的外在表现形式。首先,已有的出口选择行为研究,或从仿真模型层面,基于元胞自动机模型、社会力模型或基于 Agent 的模型等行人仿真模型,假设行人选择时空最短或最优路径,并通过开发 SimWalk、STEPS、Pathfinder 和 AnyLogic 等仿真平台,模拟人群的行为特性;或从行为决策层面,纳入路径长度、拥挤程度等环境因素,性别、年龄、受教育水平等社会经济属性,建立 MNL 模型、NL 模型或 ML 模型等离散选择模型,研究个体的选择行为。然而,以上模型大多仅描述人群的应急反应的外在表现,关于行人行为决策内在机理的认识仍然不够深入,忽略了心理因素,尤其是表征环境熟悉程度的个体空间认知水平对行人出口决策的影响,而这可能导致模型的设定错误以及参数的估计偏差。其次,仿真模型出口决策规则普遍采用在行人完全理性及掌握完全信息假设下的最短路径规则,或是基于随机效用最大化理论的离散选择模型规则,而现实中,行人在突发事件下难以获得完全的信息,也无法做出完全理性的决策,且在风险和不确定性情况下,人的行为通常反映出如参照依据、损失规避以及判断扭曲等心理特征,而这一特点并未在现有仿真研究中予以反映。最后,疏散仿真群体的同质性假设与现实不符,绝大多数仿真模型假设组成疏散群体的个体是同质的,即疏散个体在生理、心理和决策机制上没有差别,而现实中疏散个体间明显存在异质性。异质性在一定程度上体现个体偏好,忽略主体的异质性,将直接影响预测结果的推断与解释。

本章首先通过对问卷调查数据中的个人属性和选择意向进行分析,从效用、前景、后悔不同心理视角出发,基于社会力模型和多智能体仿真技术,考虑空间认知水平以及个体间异质性影响构建疏散仿真模型,研究地铁车站突发事件下行人出口选择行为。其次,采用 AnyLogic 作为仿真平台,运用面向对象的二次开发技术,参照现实典型的城市地铁空间对疏散环境进行初步设置,标定环境参数,基于上述疏散仿真模型对行人个体单独建模,定义个体的基本属性和决策规则,再根据现实情况中行人行为的逻辑先后顺序,完善疏散过程全链条机制,从而实现人群的疏散行为仿真功能。通过描绘个体间以及个体与环境间的交互作用,对比真实场景中不同行为决策模型作用下人群疏散效率差异,进而提出优化策略和相应建议。最后,在疏散决策行为解释方面,以疏散效率、拥挤程度、出口利用率等仿真结果评价指标为衡量标准进行比较分析,以期仿真疏散过程中的决策接近现实中人群的决策本质,继而确定何种行为决策规则对于多出口条件下的疏散决策行为描述更为准确。

本章使用的问卷数据是第 4 章和第 5 章的同一问卷调查的数据,基于随机效用最大化、损失规避、随机后悔最小化等不同行为决策规则,使用第 5 章中构建的 6 类行为决策模型仿真,包括:不考虑个体空间认知水平的原始 ML 模型和考虑个体空间认知水平的改进 ML 模型、不考虑决策者异质性的 C-RRM 模型和考虑决策者异质性的 G-RRM 模型、不考虑参照点异质性的同质 PT 模型和考虑参照点异质性的异质 PT 模型。

6.1 疏散仿真模型构建

研究疏散人群的行为决策机理,对制定有效的疏散策略以引导和组织行人疏散,优化行人设施以最大限度降低事故概率有重要意义。鉴于实际疏散数据的缺乏,许多由疏散人员和环境之间的相互作用而产生的现象和规律需要通过采集行人行为特性数据、探索行人运动规律、建立行人仿真模型来获得,需要通过仿真平台研究行人的心理和行为对疏散效率的影响。因此,本研究通过深化对系统内在规律、外部联系以及相互作用的了解,选取合适的仿真软件,基于行为决策规则构建疏散仿真模型模拟突发事件下行人的出口选择;然后介绍疏散仿真环境以及相关仿真结果评价指标,为后续对疏散策略进行评价以及对疏散效率进行评估奠定基础。

6.1.1 疏散仿真软件选取

仿真软件是研究行人行为的有效工具,它以采集行人行为特性数据建立行人仿真模型为基础,通过仿真能够直观且真实地描述行人行为以及运动特征,有对建筑物的应急疏散能力进行评估的功能。仿真软件不仅仅能够帮助研究者经济、有效且无风险地模拟已经发生或未发生的事件,同时,还可以对疏散过程中人群宏观特性、个体微观特性以及行人的心理特征、行为特征及其形成机理进行分析,从而推断出与现实有关的运行特征或行为结果,寻求优化或解决方案。

常用的疏散仿真软件有 AnyLogic、Legion、VisWalk、STEPS、EXODUS 和 Nomad 等,它们的技术性能对比如表 6-1 所示。

表 6-1 常用疏散仿真软件技术性能对比

软件名	基础模型	输入参数	输出参数	能否二次开发	能否混合仿真
AnyLogic	社会力模型	创建环境对象进而设置属性;创建行为流程并且设置对象属性	输出行人数目、疏散时间、平均人员密度等,同时可以通过二次开发输出相应数据	具有开放式的体系结构,支持二次开发	能与轨道库、行人库或者交通库结合,实现混合仿真
Legion	元胞自动机模型	建筑空间布局、行人流量、步行速度、行人活动空间	数据、图表、人群密度、疏散时间、步行速度、排队长度、设施利用率	不支持二次开发	能够实现人车混合仿真

软件名	基础模型	输入参数	输出参数	能否二次开发	能否混合仿真
VisWalk	社会力模型	创建环境对象设置属性,设置行人起止点表,可以定义其他行人参数	行走时间、疏散时间、排队长度、步行速度、空间利用率、输出区域拥挤程度	可以进行二次开发,不如AnyLogic灵活	能和VISSIM结合,实现人车混合仿真
STEPS	元胞自动机模型	行人数目、行人尺寸、步行速度、拥挤程度、建筑环境空间布局	出口使用情况、空间利用情况、疏散人数、局部区域密度、交互式二维和三维可视化图形和动画	不支持二次开发	否
EXODUS	元胞自动机模型	建筑环境空间布局、个体状况、疏散参数、影响因素	人群分布、人流密度图形、人员分布情况、平均疏散时间、疏散人员变化情况	不支持二次开发	否
Nomad	社会力模型	仿真区域、活动区域、事件背景、行人数目和运动参数	行人流量、速度、密度,规划内容文件	不支持二次开发	否

由表 6-1 可知,每种仿真软件有各自的特点,而 AnyLogic 无论是在模型构建、参数定义、编程语言,还是在二次开发上兼具出色表现。同时,AnyLogic 的可视化建模过程显著简化了行人仿真模型的开发工作,因此本研究基于 AnyLogic 软件构建以上海市世纪大道地铁站为场景的疏散仿真模型,运用面向对象的二次开发技术,模拟突发事件下地铁站人群疏散以及行人的出口选择。

6.1.2　行人仿真模型构建

疏散仿真模型基于行人仿真模型及其相应出口决策机制,以及物理环境模型构成。鉴于 AnyLogic 仿真软件以社会力模型为基础构建行人仿真模型,因此首先简单介绍社会力模型的基本原理。

社会力模型明确了驱动力源于行人自身的主观行动,充分考虑了个体间的相互作用、障碍物对行人的影响,其动力学方程见式(6-1):

$$m_\alpha \frac{\mathrm{d}\overrightarrow{v_\alpha}}{\mathrm{d}t} = \overrightarrow{f_\alpha^\circ} + \sum_{\beta \neq \alpha} \overrightarrow{f_{\alpha\beta}} + \sum_B \overrightarrow{f_{\alpha B}} + \overrightarrow{\xi_\alpha}(t) \tag{6-1}$$

式中:m_α——行人 α 的质量;

$\overrightarrow{f_\alpha^\circ}$——行人 α 的自驱动力;

$\vec{f}_{\alpha\beta}$——个体间的相互作用力；

$\vec{f}_{\alpha B}$——行人与障碍物之间的作用力；

$\vec{\xi}_{\alpha}(t)$——由于外界或自身行为不确定性而产生的扰动项。

行人 α 在 t 时刻的自驱动力见式(6-2)：

$$\vec{f}_{\alpha}^{\circ}=m_{\alpha}\frac{v_{\alpha}^{\circ}(t)\vec{e}_{\alpha}^{\circ}(t)-\vec{v}_{\alpha}(t)}{\tau_{\alpha}} \tag{6-2}$$

式中：$v_{\alpha}^{\circ}(t)$——行人 α 的期望速度；

$\vec{v}_{\alpha}(t)=\dfrac{\mathrm{d}\vec{r}_{\alpha}(t)}{\mathrm{d}t}$——行人 α 的实际速度；

$\vec{e}_{\alpha}^{\circ}(t)=\dfrac{\vec{r}_{\alpha}^{k}-\vec{r}_{\alpha}(t)}{\|\vec{r}_{\alpha}^{k}-\vec{r}_{\alpha}(t)\|}$——行人 α 的期望速度方向；

τ_{α}——行人 α 的反应时间；

$\vec{r}_{\alpha}^{k}$——行人 α 的期望目的地；

$\vec{r}_{\alpha}(t)$——行人 α 的当前位置。

行人间相互作用力包括社会心理力 $\vec{f}_{\alpha\beta}^{\mathrm{soc}}$ 和物理力 $\vec{f}_{\alpha\beta}^{\mathrm{ph}}$，见式(6-3)～式(6-7)：

$$\vec{f}_{\alpha\beta}=\vec{f}_{\alpha\beta}^{\mathrm{soc}}+\vec{f}_{\alpha\beta}^{\mathrm{ph}} \tag{6-3}$$

$$\vec{f}_{\alpha\beta}^{\mathrm{soc}}=A_{\alpha\beta}\exp\left[\frac{(r_{\alpha\beta}-d_{\alpha\beta})}{B_{\alpha\beta}}\right]\vec{n}_{\alpha\beta}\cdot\omega(\vec{e}_{\alpha},\lambda_{\alpha}) \tag{6-4}$$

$$\vec{f}_{\alpha\beta}^{\mathrm{ph}}=kg(r_{\alpha\beta}-d_{\alpha\beta})\vec{n}_{\alpha\beta}+\kappa g(r_{\alpha\beta}-d_{\alpha\beta})\Delta v_{\beta\alpha}^{t}\vec{t}_{\alpha\beta} \tag{6-5}$$

$$g(x)=\begin{cases}x,x>0\\0,其他\end{cases} \tag{6-6}$$

$$\Delta v_{\beta\alpha}^{t}=[v_{\alpha}(t)-v_{\beta}(t)]\cdot\vec{t}_{\alpha\beta} \tag{6-7}$$

式中：$A_{\alpha\beta}$——行人间作用强度；

$B_{\alpha\beta}$——行人间作用力范围；

$r_{\alpha\beta}$——行人半径之和；

$d_{\alpha\beta}$——行人间距离；

$\vec{n}_{\alpha\beta}$——行人 β 指向行人 α 的单位向量；

$\vec{t}_{\alpha\beta}$——垂直于 $\vec{n}_{\alpha\beta}$ 的行人切向量；

k,κ——弹性系数和摩擦系数；

$\Delta v_{\beta\alpha}^{t}$——切线方向速率差。

考虑到后面行人对行人 α 的影响较前面行人对行人 α 的影响微弱，引入方向权重 $\omega(\vec{e}_{\alpha},\lambda_{\alpha})$，见式(6-8)、式(6-9)(行人 α 和 β 速度夹角为 $\varphi_{\alpha\beta}$)。

$$\omega(\vec{e}_{\alpha},\lambda_{\alpha})=\lambda_{\alpha}+(1-\lambda_{\alpha})\frac{1+\cos(\varphi_{\alpha\beta})}{2} \tag{6-8}$$

$$\cos(\varphi_{\alpha\beta})=-\vec{n}_{\alpha\beta}\vec{e}_{\alpha}(t) \tag{6-9}$$

式中：λ_{α}——各向异性系数，$0\leqslant\lambda_{\alpha}\leqslant1$；

$\vec{e}_{\alpha}(t)$——行人 α 在 t 时刻的速度方向。

行人与障碍物之间的作用力类似行人间的作用力,见式(6-10)、式(6-11):

$$\vec{f}_{aB} = \{A_{aB}\exp[(r_{aB}-d_{aB})/B_{aB}] + kg(r_{aB}-d_{aB})\}\vec{n_{aB}} - \kappa g(r_{aB}-d_{aB})\Delta v_{aB}^{t}\vec{t_{aB}}$$

(6-10)

$$\Delta v_{aB}^{t} = v_a(t) \cdot \vec{t_{aB}}$$

(6-11)

式中:A_{aB},B_{aB}——分别为行人与障碍物间的作用力强度和作用力范围;

r_{aB},d_{aB}——分别为行人与障碍物半径之和以及行人与障碍物间距离;

Δv_{aB}^{t}——切线方向速率差;

$\vec{n_{aB}}$——与障碍物垂直且指向行人 α 的单位向量;

$\vec{t_{aB}}$——平行于障碍物方向的单位向量。

基于文献,本研究社会力模型参数取值如表 6-2 所示。

表 6-2　社会力模型参数

参数	数值	参数	数值
m_a	65kg	k	$1.2\times10^5\,\mathrm{kg \cdot s^{-2}}$
v_a^o	$1.5\mathrm{m \cdot s^{-1}}$	κ	$2.4\times10^5\,\mathrm{kg \cdot m^{-1} \cdot s^{-1}}$
A_a	2000N	τ_a	0.5s
B_a	0.08m	ζ_a	$[0,0.5v_a^o \cdot \tau_a^{-1}]$

6.1.3　出口选择决策机制的引入

疏散仿真模型出口选择决策机制基于随机效用理论、累积前景理论以及随机后悔理论建立。所建行为决策模型基于前述 3 类行为决策理论,综合考虑个体属性(包括个体空间认知水平)、个体间异质性,最后引入疏散仿真模型探究行人个体社会经济属性、个体异质性以及行为决策规则对个体决策行为以及人群疏散效率的影响。疏散仿真模型出口选择决策机制详见图 6-1。

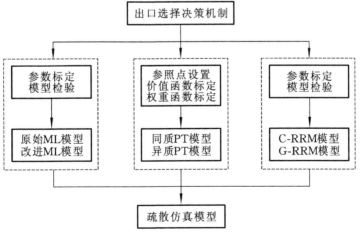

图 6-1　疏散仿真模型出口选择决策机制

原始 ML 模型,行人出口选择基于随机效用理论,假设个体根据个人社会经济属性(即不包含个体空间认知水平)和疏散出口属性选择效用最大方案;改进 ML 模型,除了考虑个人社会经济属性和疏散出口属性以外,还考虑个体空间认知水平对出口选择决策的影响。同质 PT 模型,认为所有决策者对备选方案的心理预期相同,不考虑决策者的偏好差异;异质 PT 模型,考虑决策者参照点异质性以及决策者面临疏散环境的差异进行建模,继而作出出口选择决策。C-RRM 模型,决策过程考虑未选方案对所选方案的影响,属性后悔权重恒定不变,不考虑个体间的差异;G-RRM 模型,通过问卷调查数据获得属性后悔权重估值,后悔函数表达强化了模型对决策者后悔心理的描述能力。基于以上 6 类出口选择决策模型,构建描述疏散过程中个体出口选择决策的疏散仿真模型,继而研究行人个体社会经济属性、个体间异质性以及不同行为决策规则对疏散效率等疏散仿真结果评价指标的影响。

6.1.4 疏散仿真模型搭建

本研究通过实地踏勘结合站内平面及立体示意图,掌握地铁站平面及立体设计,以此建立疏散仿真模型,如图 6-2 所示。世纪大道站位于上海市浦东新区,是上海地铁 2 号线、4 号

（a）

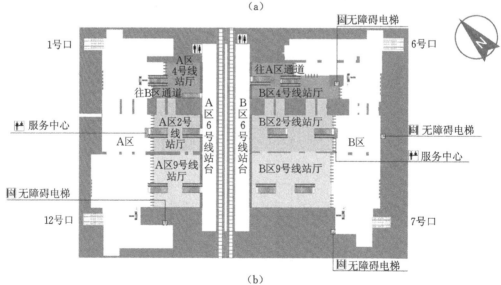

（b）

图 6-2 地铁站疏散仿真模型示意图
（a）三维空间示意图；（b）站厅层平面示意图；（c）站台层平面示意图

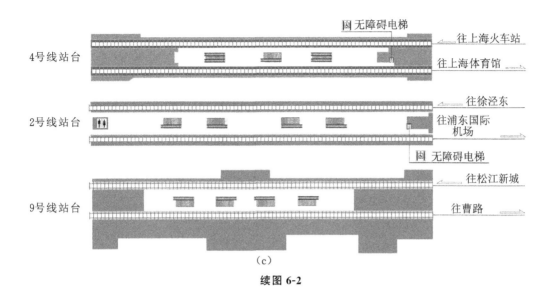

（c）

续图 6-2

线、6 号线以及 9 号线的换乘车站，呈"丰"字形结构布局，它是一座四线三层换乘车站。站厅层位于地下一层，主要包括 A 区大厅、B 区大厅、6 号线侧式站台、相关服务设施（购票、安检、闸机等）以及出口信息（表 6-3）。站台位于地下二、三层，地下二层为 2 号线、9 号线岛式站台，两线站台互相平行，两端分别布设 2 组共 4 组楼梯扶梯组，每组由 1m 宽的上下行自动扶梯和 2m 宽的步行楼梯组成。地下三层为 4 号线岛式站台，两端及中间分别布设 1 组共 3 组楼梯扶梯组，每组由 1m 宽的上下行自动扶梯和 2m 宽的步行楼梯组成。

表 6-3　世纪大道站出口信息

出口	方位	所在区域	位置信息
1	西北	A 区	张杨路
6	东北	B 区	福山路
7	东南	B 区	世纪大道
12	西南	A 区	东方路

　　根据站点规划和现场调研，按照方向、目标地点等环境属性依次描绘站点公共区域对应的行人流线。此外，设置和标记行人在行人流线中可能访问的设施、通行区域，以此绘制疏散环境的墙体、服务点、队列等，站厅层部分服务点如图 6-3 所示。具体绘制步骤如下：

　　（1）绘制墙体边界。利用站内平面及立体示意图，绘制行人活动区域以及禁止访问区域。

　　（2）绘制目标地点。设置行人初始位置、目标位置以及离开位置，展示行人进入站内、疏散开始直到疏散结束整个过程的完整路径。

　　（3）绘制访问服务点。行人在站点区域接受服务的地点，包括自动购票区域、安检区域、检票闸机以及服务中心等。

（4）绘制活动区域。代表整个正常运行或者疏散过程环境的细化，如站台候车区域、楼梯行走区域、疏散目标出口区域等。

（5）绘制人流统计。统计通过某一截面或者某一区域的行人流量，以此完成后续数据统计以及相应分析。

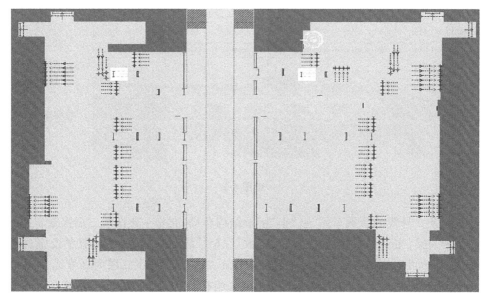

图 6-3　站厅层部分服务点示意图

6.1.5　仿真结果评价指标

本研究从两个层面分析地铁应急疏散过程中行人空间认知水平、个体间异质性对行人决策行为的影响。其一，深入挖掘影响系统疏散时间以及出口选择演化过程的性别、年龄、空间认知水平等个人基本特性，从效用、前景、后悔不同心理视角出发，研究地铁车站突发事件下行人的出口选择，加深对行人出口选择行为内在机理的认识；其二，基于行为决策理论构建考虑个人社会经济属性和出口属性的 ML 模型、RRM 模型以及 PT 模型，分别将其引入 AnyLogic 仿真平台中，基于多智能体仿真技术对个体单独建模，对比分析同一行为决策规则不同模型形式，以及不同行为决策规则之间的疏散效率差异。通过仿真运行，计算各出口的选择概率，统计相关疏散仿真结果评价指标（表 6-4）。每次仿真运行时间约 10min，为了降低随机误差以及仿真初始状态的影响，每项统计指标分别取 10 次运行指标的平均值。

表 6-4　疏散仿真结果评价指标说明

变量	名称	定义
c	出口拥挤程度	单位面积内的行人数量，人/m^2
n	安全疏散人数	总人数减去站内未疏散人数

变量	名称	定义
f_{exit}	出口选择频数	疏散群体各个出口选择情况
f_{route}	路径选择频数	疏散群体各类路径选择情况
t	个体疏散时间	站内每个个体离开所需要的疏散时间，s
T	总体疏散时间	站内所有行人离开所需要的总体时间，s

　　地铁车站应急疏散仿真逻辑以及流程使用行为模块的方式定义和描述，即根据现实情况中行人行为的逻辑先后顺序依次连接行为模块，进而通过编程逐个设置相应行为模块对象属性，包括目标闸机选择、扶梯步梯选择、排队队列选择，以此完善疏散过程全链条机制，如图 6-4 所示。

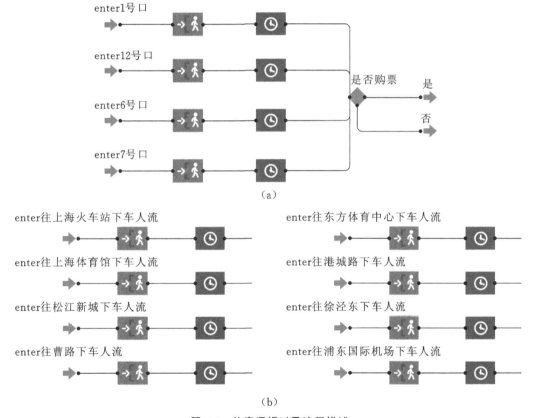

（a）

（b）

图 6-4　仿真逻辑以及流程描述

（a）站厅进站人流流程描述；（b）站台下车人流流程描述；（c）各线站台候车流程描述；（d）站厅站台疏散流程描述

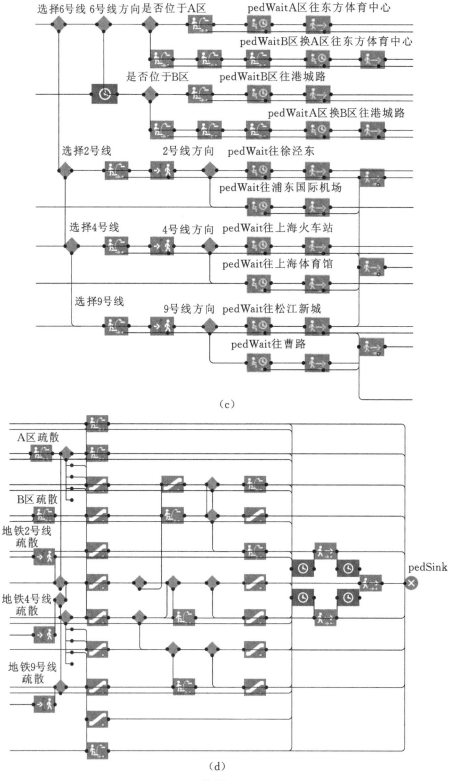

（c）

（d）

续图6-4

在行人仿真模型和疏散仿真模型搭建完成之后,调试、校核模型继而进行仿真,细致展现疏散过程中行人行走、避让以及排队过程,直观反映站内人流随时间变化疏散过程。此外,运用面向对象的二次开发技术输出能够全面反映站点疏散演化过程、区域人群分布、出口利用情况以及各个出口行人密度等实时数据,以备后续分析。

6.2　仿真结果及分析

为加深对决策者出口选择行为内在机理的认识,基于随机效用最大化、损失规避、随机后悔最小化等不同行为决策规则构建不考虑个体空间认知水平的原始 ML 模型和考虑个体空间认知水平的改进 ML 模型、不考虑决策者异质性的 C-RRM 模型和考虑决策者异质性的 G-RRM 模型、不考虑参照点异质性的同质 PT 模型和考虑参照点异质性的异质 PT 模型,将其作为出口选择决策机制引入疏散仿真模型,以期揭示决策者空间认知水平等行人基本特性、个体间异质性以及不同决策规则对行人出口选择决策以及疏散效率的影响。

6.2.1　行人基本特性对疏散仿真结果的影响

行人行为决策是一个复杂的决策过程,该过程包含多种影响因素,风险环境下的决策者,受到出口距离、拥挤程度等环境因素,个体的年龄、性别、受教育水平等社会经济属性,以及难以直接观测的认知水平、心理性格等不同行人基本特性的影响。因此,本节基于表 6-5 改进 ML 模型参数估计结果构建出口选择模型,基于仿真模型剖析行人基本特性对疏散时间以及行为决策的影响,以加深对行人出口选择行为内在机理的认识。

表 6-5　改进 ML 模型参数估计结果

变量		似然比检验	
		Coef.	P
均值	SEX1	0.108	0.472
	AGE1	0.081	0.802
	AGE2	0.117	0.658
	AGE3	0.006	0.983
	EDU2	0.116	0.504
	INT1	-0.126	0.555
	INT2	0.324	0.049^{**}
	FRE2	0.296	0.078^{*}
	FRE3	0.060	0.840
	EXP	-0.154	0.308

续表6-5

变量		似然比检验	
		Coef.	P
均值	VIS	-1.319	0.000^{***}
	GUID	-1.687	0.000^{***}
	TIME	-0.989	0.000^{***}
	DIST	0.006	0.147
	LSC2	0.698	0.033^{**}
	LSC3	0.486	0.097^{*}
标准差	VIS	-0.674	0.010^{**}
	GUID	-0.097	0.689
	TIME	1.237	0.000^{***}
	DIST	0.011	0.043^{**}

注:* 表示显著性水平为 0.1,** 表示显著性水平为 0.05,*** 表示显著性水平为 0.01。

（1）性别对行人行为决策以及疏散效率的影响

不同性别疏散者在突发事件下的行为决策以及疏散效率如图 6-5 所示。由图可以看出,男性更加倾向于选择较短路径进行疏散,比例为 69.9%,女性选择较短路径的比例为 68.3%,性别属性对决策者路径决策并未产生显著影响。改进 ML 模型预测较短路径选择比例与实际问卷调查结果相差不大,表明改进 ML 模型针对性别属性行为决策的预测性能较好,平均误差为5.7%。在疏散效率上,女性平均疏散时间相对更短。

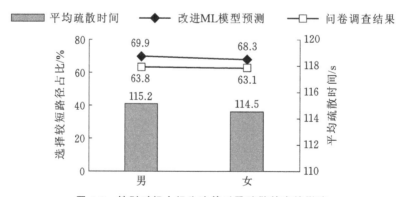

图 6-5　性别对行人行为决策以及疏散效率的影响

（2）年龄对行人行为决策以及疏散效率的影响

不同年龄疏散者在突发事件下的行为决策以及疏散效率如图 6-6 所示。从图中可以看到,在各个年龄段中,18～35 岁人员较短路径选择偏好明显,平均疏散时间较短,疏散效率更高。36 岁及以上人员选择较短路径的比例相对更低,平均疏散时间较长,疏散效率更低。改进 ML 模型预测较短路径选择比例与实际问卷调查结果近似,其中,51 岁及以上人员预测结果最为贴近,体现了较好的预测性能,整体平均误差仅为 0.3%,因此,改进 ML 模型针对年龄属性行为决策的预测性能整体较好。

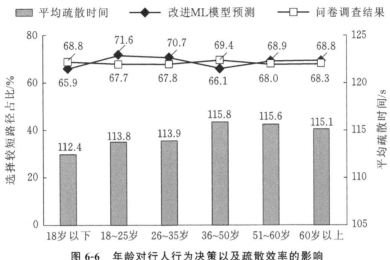

图 6-6　年龄对行人行为决策以及疏散效率的影响

（3）职业对行人行为决策以及疏散效率的影响

不同职业疏散者在突发事件下的行为决策以及疏散效率如图 6-7 所示。从图中可以看出,公务员相比从事其他职业的人员较短路径选择比例较低,存在理性选择较长路径规避风险的倾向,使出口拥塞可能性降低,平均疏散时间较短,极大地促进了疏散效率的提高。其他职业人群较短路径选择比例最高,平均疏散时间最长,其路径决策结果相比实际问卷调查结果也存在较大误差,因此改进 ML 模型对于其他职业人员行为决策预测性能较弱。而平均误差为1.0%,模型整体预测结果符合实际问卷决策情况。

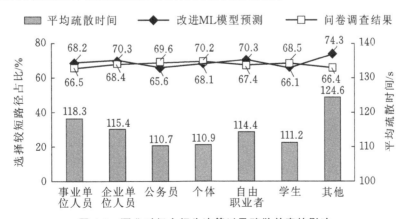

图 6-7　职业对行人行为决策以及疏散效率的影响

（4）受教育水平对行人行为决策以及疏散效率的影响

不同受教育水平疏散者在突发事件下的行为决策以及疏散效率如图 6-8 所示。由图可知，本科、硕士及以上受教育水平人员，疏散效率明显更高。可以推测，突发事件下受教育水平越高的人群越能够冷静分析，理性选择疏散路径，不会轻易冲动盲从。改进 ML 模型预测结果相比实际问卷调查结果并无明显差距，平均误差仅为 0.7%。因此，改进 ML 模型针对受教育水平属性对于行为决策预测性能具有更强的解释力，预测结果更加真实可靠。

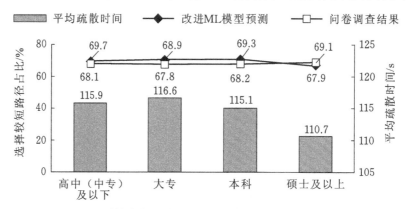

图 6-8　受教育水平对行人行为决策以及疏散效率的影响

（5）家庭年收入对行人行为决策以及疏散效率的影响

不同家庭年收入疏散者在突发事件下的行为决策以及疏散效率如图 6-9 所示。由图可知，家庭年收入介于 8 万～15 万元之间的疏散人员平均疏散时间较长，其次是 0～8 万元收入群体，而家庭年收入在 15 万元以上的疏散人员，疏散效率更高。各类收入群体路径决策结果没有明显差距。模型预测结果同实际问卷调查结果相差不大，预测平均误差为 1.1%。因此，改进 ML 模型针对家庭年收入属性预测结果能够近似代表实际场景中人群的行为决策。

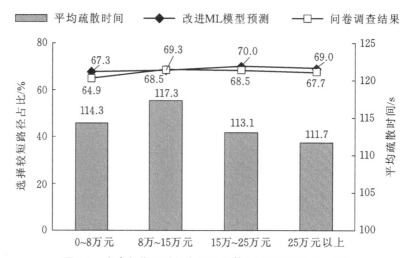

图 6-9　家庭年收入对行人行为决策以及疏散效率的影响

（6）到该站的目的对行人行为决策以及疏散效率的影响

不同目的疏散者在突发事件下的行为决策以及疏散效率如图 6-10 所示。由图可以看出，以上/下学为出行目的的疏散者，较短路径选择偏好较低，仅占比 35.7%，他们更加偏好较长路径，平均疏散时间最短。其次是以通勤和购物餐饮娱乐为目的的人员，来往此站较为频繁，因此基于对环境的熟悉程度合理选择路径，能够有效提高整体疏散效率。改进 ML 模型针对到该站的目的人员路径决策预测结果较好，平均误差为 6.9%，整体趋近实际问卷调查结果。其中，对于以上/下学为目的的人员行为决策预测性能较差，决策结果相差 39.8 个百分点，可能因为学生决策更为灵活，或是由于学生样本相对较少（仅为 196 个）。

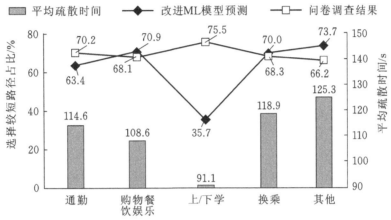

图 6-10　到该站的目的对行人行为决策以及疏散效率的影响

（7）到该站频率对行人行为决策以及疏散效率的影响

不同到该站频率人员在突发事件下的行为决策以及疏散效率如图 6-11 所示。由图可知，到该站频率越高，熟悉程度越高，疏散效率明显更高。其中，几乎每天来的人群，选择较短路径的比例最低，他们更加倾向于选择较长路径，这也直接缓解了多数人选择最近出口所导致的人群聚集拥塞、阻碍疏散现象，该类人群平均疏散时间最短，在疏散效率上具有明显优势。改进 ML 模型预测结果与实际问卷调查结果近似，平均误差仅为 0.6%，没有显著差别，整体预测性能较好。

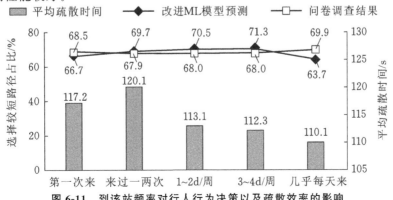

图 6-11　到该站频率对行人行为决策以及疏散效率的影响

（8）安全教育培训经历对行人行为决策以及疏散效率的影响

不同安全教育培训经历疏散者在突发事件下的行为决策以及疏散效率如图6-12所示。由图可知,没有安全教育培训经历的人比有过安全教育培训经历的人更加倾向于选择较短路径进行疏散,说明有过安全教育培训经历的人群知道规避较短路径拥堵风险而选择较长路径,疏散能够更快进行。没有安全教育培训经历人群平均疏散时间较长,该类人群更易慌乱,从而影响疏散顺利推进。改进 ML 模型预测结果相较实际问卷调查结果没有显著差别,平均误差为 1.8%,预测结果符合实际。

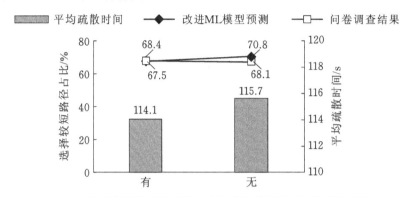

图 6-12　安全教育培训经历对行人行为决策以及疏散效率的影响

（9）空间认知水平对行人行为决策以及疏散效率的影响

不同空间认知水平疏散者在突发事件下的行为决策以及疏散效率如图 6-13 所示。由图可知,空间认知水平较高的人群选择较短路径的比例,相比空间认知水平较低、空间认知水平一般人群更低,平均疏散时间同样更短。可以推测,空间认知水平越高,全局观较强,不易冲动,能理性择路,决策者更加偏好较长路径进行疏散,疏散效率较高。改进 ML 模型针对空间认知水平较低、空间认知水平一般人群路径决策预测结果更加贴近实际问卷调查结果,但是针对空间认知水平较高人群路径决策预测结果存在一定误差,不过平均误差为 3.2%,整体预测性能较好。

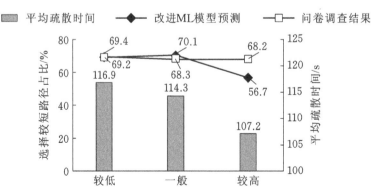

图 6-13　空间认知水平对行人行为决策以及疏散效率的影响

综上所述,不同年龄、性别、家庭年收入、空间认知水平的疏散人群,路径选择偏好存在差异。通过疏散仿真模型模拟结果可以发现,不同个体属性因素对人群疏散效率有不同程度的影响,各个属性水平的影响也有显著不同。改进 ML 模型针对不同个体属性路径决策进行预测,平均误差仅为 2.4%,整体预测结果与实际问卷调查结果较为贴近,表明综合考虑个体社会经济属性、疏散环境属性和空间认知水平所构建的出口选择决策机制符合现实,引入疏散仿真模型进行疏散模拟,模型对个体行为决策有较高预测性能,行为决策内在机理的刻画更加充分。

6.2.2　空间认知水平对疏散仿真结果的影响

为了探讨行人空间认知水平这一因素对疏散效率的影响,选取所列变量分别构建不考虑个体空间认知水平的原始 ML 模型以及考虑个体空间认知水平的改进 ML 模型,对比分析不同模型运行下的疏散效率差异。在模型参数估计阶段,为了较为全面地研究各种因素对出口决策的影响,将路径类型划分为较短路径和较长路径两类,并以较长路径为效用参照项进行回归分析,原始 ML 模型以及改进 ML 模型参数估计结果如表 6-6 所示。

表 6-6　模型参数估计结果

变量		似然比检验			
		原始 ML 模型		改进 ML 模型	
		Coef.	P	Coef.	P
均值	SEX1	0.143	0.328	0.108	0.472
	AGE1	0.356	0.225	0.081	0.802
	AGE2	0.355	0.125	0.117	0.658
	AGE3	0.257	0.270	0.006	0.983
	EDU2	0.157	0.355	0.116	0.504
	INT1	−0.121	0.561	−0.126	0.555
	INT2	0.379	0.018**	0.324	0.049**
	FRE2	0.395	0.013**	0.296	0.078*
	FRE3	0.150	0.511	0.060	0.840
	EXP	−0.114	0.436	−0.154	0.308
	VIS	−1.285	0.000***	−1.319	0.000***
	GUID	−1.54	0.000***	−1.687	0.000***
	TIME	−0.933	0.000***	−0.989	0.000***
	DIST	−0.004	0.096*	0.006	0.147
	LSC2	—	—	0.698	0.033**
	LSC3	—	—	0.486	0.097*

续表6-6

变量		似然比检验			
		原始 ML 模型		改进 ML 模型	
		Coef.	P	Coef.	P
标准差	VIS	-0.604	0.019^{**}	-0.674	0.010^{**}
	GUID	-0.088	0.713	-0.097	0.689
	TIME	1.184	0.000^{***}	1.237	0.000^{***}
	DIST	0.009	0.103	0.0107	0.043^{**}

注：* 表示显著性水平为 0.1，** 表示显著性水平为 0.05，*** 表示显著性水平为 0.01。

　　根据以上模型参数估计结果分别编译基于原始 ML 模型和改进 ML 模型的出口选择策略，运行仿真平台对比模型疏散前期（0～120s）、中期（120～240s）、后期（240～360s）的演化过程，如图 6-14 所示。从出口选择角度对比可知，疏散前期基于原始 ML 模型进行决策，多数行人会试图选择出口 7/12，出口 1/6 易被人群忽视，各个出口疏散人数相差较大。反观改进 ML 模型，部分行人会放弃选择出口 7/12，而选择相对较远的出口 1/6，人群分布更趋均衡。疏散中期原始 ML 模型的弊端显现，出口 7/12 呈现拥塞现象，而改进 ML 模型出口利用率更高，有效避免了出口利用不均衡现象。疏散后期根据原始 ML 模型进行出口选择，出口 7/12 聚集人群仍未清空，相比之下，改进 ML 模型并未出现拥塞现象，行人能够快速通过出口，疏散效率较高。

　　图 6-15 直观反映了不同出口选择策略下各出口疏散人数。总体来看，基于原始 ML 模型进行决策，选择 A 区大厅出口 1/12 的疏散人数分别为 1115、1457，局部区域两个出口疏散人数分别占比 43.4%、56.6%，相差 13.2%；选择 B 区大厅出口 6/7 的疏散人数分别为 1155、1469，局部区域两个出口疏散人数分别占比 44.0%、56.0%，相差 12.0%。基于改进 ML 模型进行决策，A 区大厅出口 1/12 的疏散人数分别为 1268、1271，局部区域两个出口疏散人数分别占比 49.9%、50.1%，相差 0.2%；选择 B 区大厅出口 6/7 的疏散人数分别为 1334、1323，局部区域两个出口疏散人数分别占比 50.2%、49.8%，相差 0.4%。总体上看，原始 ML 模型出口选择人数占比平均相差 12.6%，而改进 ML 模型仅仅平均相差 0.3%，基于改进 ML 模型进行疏散，出口利用更趋均衡，人群拥塞程度得到有效降低，减小了出口处行人分布不均衡造成的疏散不平衡影响，整体疏散效率得到提高。

　　图 6-16 展示了不同出口选择策略下安全疏散人数随时间变化的曲线。从疏散时间角度可知，基于原始 ML 模型选择出口的总体疏散时间为 380s，基于改进 ML 模型选择出口的总体疏散时间为 354s，相比之下节省 26s 的逃生时间。在疏散前期，原始 ML 模型疏散曲线位于改进 ML 模型疏散曲线下方，表示该阶段各个时刻原始 ML 模型疏散人数均多于改进 ML 模型。但是随着疏散进行，在疏散中后期，相同时刻改进 ML 模型疏散人数均领先于原始 ML 模型。换言之，原始 ML 模型前期因选择最短路径所赋予的优势，疏散效率有一定提升，但中后期因其出口拥塞而致疏散效率明显下降。

　　地铁站内不同出口选择策略下行人疏散时间分布如图 6-17 所示。基于改进 ML 模型进行出口选择，人群平均疏散时间为 114.84s，相比原始 ML 模型 123.56s 缩短 8.72s，凸显个体疏散优势；同时，基于改进 ML 模型进行决策的标准差为 60.83，相比原始 ML 模型 75.09

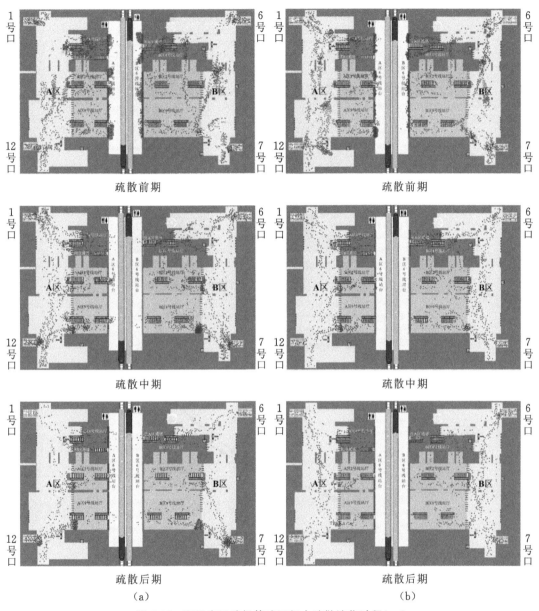

图 6-14 不同出口选择策略下行人疏散演化过程(一)
(a)原始 ML 模型;(b)改进 ML 模型

更小,个体疏散时间更加接近均值。由此可见,综合考虑影响行人行为决策的心理因素,充分描述行人环境熟悉程度的空间认知水平,人群平均疏散时间明显缩短,疏散过程更加有序。

此外,从路径选择角度,本研究统计了不同出口选择策略下行人疏散路径选择情况,如图 6-18 所示。基于原始 ML 模型进行决策,较短路径选择比例为 66.8%,表现出明显偏好,较长路径选择比例为 33.2%;鉴于改进 ML 模型考虑了个体空间认知水平,较短路径选择比例提升至 69.1%,较长路径选择比例下降至 30.9%,与问卷调查较长路径选择比例的误差仅为 0.9%,更加趋近于问卷调查情景设置中的真实观测值,这说明改进 ML 模型相比原始 ML

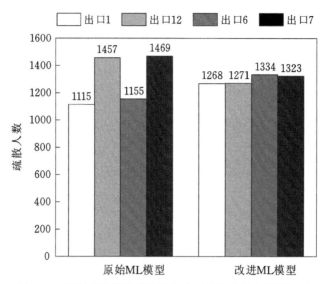

图 6-15　不同出口选择策略下各出口疏散人数条形图(一)

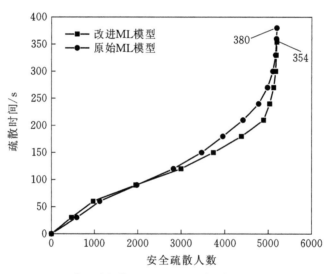

图 6-16　不同出口选择策略下安全疏散人数随时间变化曲线(一)

模型对路径选择有更好的预测性能,预测结果更加真实可靠。事实也证明,忽略空间认知水平等心理、认知因素仅考虑个体社会经济属性以及出口属性的选择策略并不总是最优的选择,行人盲目择路,将使出口拥堵的可能性显著提升,出口疏散能力未能得到充分利用。

图 6-19 显示了随着疏散时间的推移出口拥挤程度的变化趋势。采用原始 ML 模型时,各个出口拥挤程度相比之下始终保持在较高水平,最高达到 3.74 人/m²,出口拥挤程度峰值差异较大,清空人群历时 360~380s。相比之下,改进 ML 模型 4 个出口疏散能力的利用更加均衡,拥挤程度峰值保持在 3.00 人/m² 上下,出口拥挤程度峰值相对接近,清空人群历时 340~350s。由此可知,如若各个出口在时间及空间上被充分利用,将缩短整体疏散时间,提高整体疏散效率。因此,采用考虑个体空间认知水平的改进 ML 模型,由于合理的出口决策,人群分布更趋均衡,疏散出口处的聚集人群更快清空,减少了由拥挤导致的疏散时间延误

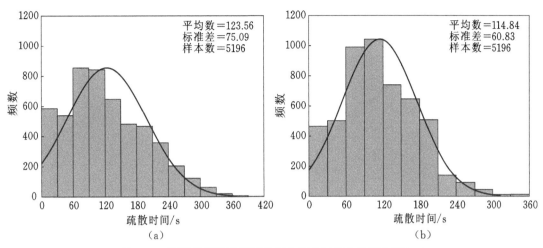

(a) (b)

图 6-17 不同出口选择策略下行人疏散时间分布直方图(一)

(a)原始 ML 模型行人疏散时间分布直方图;(b)改进 ML 模型行人疏散时间分布直方图

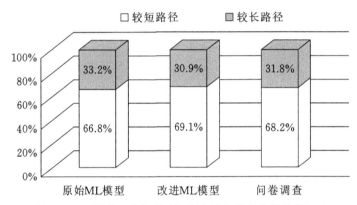

图 6-18 不同出口选择策略下行人疏散路径选择比例(一)

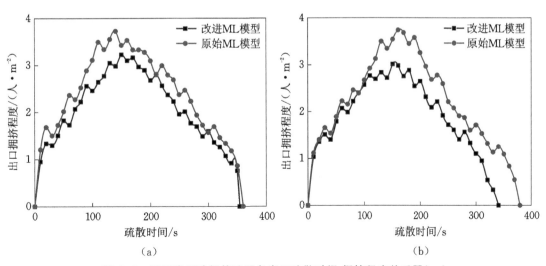

(a) (b)

图 6-19 不同出口选择策略下各出口疏散时间-拥挤程度关系图(一)

(a)出口 1;(b)出口 12;(c)出口 6;(d)出口 7

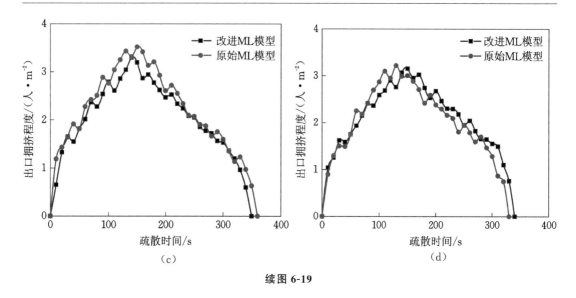

续图 6-19

现象,提高了行人寻找最优出口疏散的能力。

由上述分析可知,考虑个体空间认知水平的改进 ML 模型对行人选择行为的描述更贴近现实,预测平均误差仅为 0.7%。更多的行人选择疏散能力较大或条件较好的出口,人群得到有效分流,疏散者在空间上的分布更趋均衡,能够有效平衡站内的出口使用和路径选择,缓解出口处的拥塞情况,相较传统模型疏散时间减少 26s,总体疏散效率有所提升。

6.2.3　决策者异质性对疏散仿真结果的影响

为了验证决策者异质性对疏散决策以及疏散效率的影响,选取变量,基于随机后悔最小化理论分别构建后悔权重 $\gamma_k = 1$ 的 C-RRM 模型,以及 $\gamma_k \in (0,1)$(不同个体属性变量 k 有不同的属性后悔权重,以此反映个体间异质性)的 G-RRM 模型,对比分析不同模型运行下的疏散效率差异,探讨决策者对各个出口不同属性变量的偏好异质性影响。同样,模型参数估计仍以较长路径为效用参照项进行回归分析,C-RRM 模型与 G-RRM 模型参数估计结果分别如表 6-7、表 6-8 所示。

表 6-7　C-RRM 模型参数估计结果

变量	回归系数	标准误差	t 检验	p 值	稳健性标准差	稳健性 t 检验	稳健性 p 值
B-DIST	-0.388	0.028	-13.84	0.000^{***}	0.029	-13.54	0.000
B-GUID	-0.740	0.056	-13.25	0.000^{***}	0.057	-13.10	0.000
B-TIME	-0.493	0.025	-20.07	0.000^{***}	0.024	-20.26	0.000
B-VIS	-0.299	0.043	-7.03	0.000^{***}	0.043	-6.98	0.000

Likelihood ratio test:858.008

Rho-square:0.238

Adjusted rho-square:0.236

注:*** 表示显著性水平为 0.01。

表 6-8　G-RRM 模型参数估计结果

变量	回归系数	标准误差	t 检验	p 值	稳健性标准差	稳健性 t 检验	稳健性 p 值
B-DIST	−0.248	0.018	−13.59	0.000***	0.019	−13.28	0.000
B-GUID	−0.464	0.035	−13.17	0.000***	0.036	−13.01	0.000
B-TIME	−0.317	0.016	−19.27	0.000***	0.016	−19.39	0.000
B-VIS	−0.184	0.027	−6.94	0.000***	0.027	−6.89	0.000

Likelihood ratio test：859.298

Rho-square：0.239

Adjusted rho-square：0.236

注：*** 表示显著性水平为 0.01。

根据以上模型参数估计结果分别编译基于 C-RRM 模型与 G-RRM 模型的出口选择策略,运行仿真平台对比模型疏散前期、中期、后期的演化过程,如图 6-20 所示。从出口选择角度对比可知,疏散前期基于 C-RRM 模型进行决策,行人会试图选择方便快捷、易于发现的 7/12 号出口,受到站厅通道遮挡的 1/6 号出口易被忽视,各个出口疏散人数相差较大。反观 G-RRM 模型,部分行人并不倾向于选择 7/12 号出口,而偏好于附近的 1/6 号出口,人群分布更趋均衡。疏散中期 C-RRM 模型的缺陷凸显,7/12 号出口人群聚集,无法及时清空。然而,G-RRM 模型因其出口利用率更高,有效避免了出口利用不均衡而造成的人群拥堵。疏散后期基于 C-RRM 模型和 G-RRM 模型进行出口选择,两种策略并未呈现明显差异,疏散过程有序进行。

不同出口选择策略下各出口疏散人数如图 6-21 所示。总体来看,基于 C-RRM 模型进行决策,选择 1/12 号出口的人数分别为 1170、1354,分别占总体疏散人数的 22.5%、26.1%,相差 3.6%;选择 6/7 号出口的人数分别为 1223、1449,分别占总体疏散人数的 23.5%、27.9%,相差 4.4%。基于 G-RRM 模型进行决策,选择 1/12 号出口的人数分别为 1232、1365,分别占总体疏散人数的 23.7%、26.3%,相差 2.6%;选择 6/7 号出口的人数分别为 1266、1333,分别占总体疏散人数的 24.4%、25.6%,相差 1.2%。由此可知,G-RRM 模型出口利用更趋均衡,出口拥塞、人群聚集现象得到有效缓解,避免了出现出口利用不均、人群分布局部密集的不利局面。

图 6-22 直观反映了不同出口选择策略下安全疏散人数随时间变化的曲线。从疏散时间角度可知,根据 C-RRM 模型选择出口的总体疏散时间为 396s,根据 G-RRM 模型选择出口的总体疏散时间为 379s,两种策略疏散时间相差 17s。在疏散前期,G-RRM 模型疏散曲线位于 C-RRM 模型疏散曲线下方,表示该疏散阶段各个时刻 G-RRM 模型疏散人数均多于 C-RRM 模型,即相同时间点 C-RRM 模型相比 G-RRM 模型疏散人数更少。疏散中期,相同时刻两种策略疏散效率相差不大。随着疏散进行,疏散后期 G-RRM 模型疏散效率再次优于 C-RRM 模型,单位时间疏散人数更多。

地铁站内不同出口选择策略下行人疏散时间分布如图 6-23 所示。基于 C-RRM 模型进行决策,出口产生拥挤排队现象,人群平均疏散时间为 125.51s,G-RRM 模型人群平均疏散时间为 122.21s,较 C-RRM 模型缩短 3.3s,独立个体疏散效率具备优势;同时,基于 G-RRM

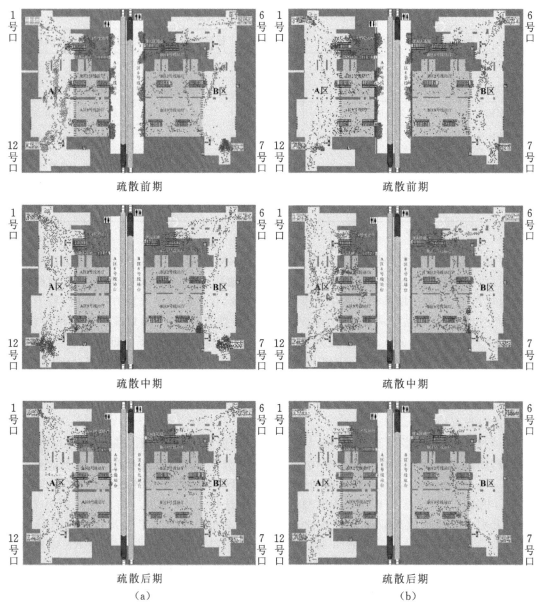

图 6-20 不同出口选择策略下行人疏散演化过程（二）
（a）C-RRM 模型；（b）G-RRM 模型

模型进行决策的标准差为 70.49，相比 C-RRM 模型的 73.75 稍小，个体疏散时间没有巨大差异。由此可见，综合考虑决策者异质性，刻画行人对出口属性选择偏好，人群能够快速疏散。

此外，从路径选择角度，本研究统计了不同出口选择策略下行人疏散路径选择情况，如图 6-24 所示。鉴于 C-RRM 模型并未考虑个体对选择方案属性的偏好差异，较短路径选择比例为 58.5%，较长路径选择比例为 41.5%，相较 G-RRM 模型较短路径与较长路径选择比例为 60.4%、39.6%，其与问卷调查情景设置中的真实观测值绝对误差更大，这说明 G-RRM模型相比 C-RRM 模型决策结果更加贴合实际，误差为 7.8%，能够更为准确地预测

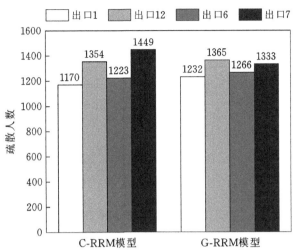

图 6-21　不同出口选择策略下各出口疏散人数条形图(二)

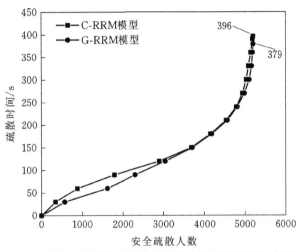

图 6-22　不同出口选择策略下安全疏散人数随时间变化曲线(二)

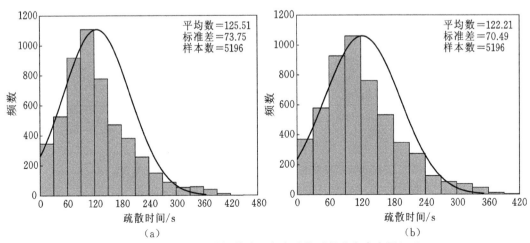

（a）　　　　　　　　　　　　　（b）

图 6-23　不同出口选择策略下行人疏散时间分布直方图(二)

（a）C-RRM 模型行人疏散时间分布直方图；（b）G-RRM 模型行人疏散时间分布直方图

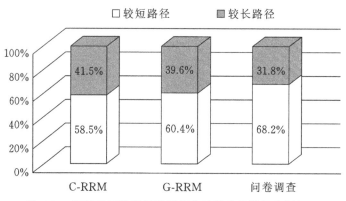

图 6-24　不同出口选择策略下行人疏散路径选择比例(二)

个体的路径选择行为。事实也证明,忽略决策者异质性所采用的选择策略并不总是最优的选择,这将使个体对出口属性的判断并无二致,造成出口堵塞或是出口疏散能力不能得到充分利用。

图 6-25 显示了随着疏散时间的推移出口拥挤程度的变化趋势。采用 C-RRM 模型时,疏散前期,各个出口拥挤程度始终保持在较高水平,最高达到 3.70 人/m²,出口附近人员密度过大,清空人群历时 370～390s。相比之下,G-RRM 模型 4 个出口疏散能力的利用更加均衡,拥挤程度峰值保持在 3.20 人/m² 上下,清空人群历时 360～370s,各个出口疏散能力得到充分利用,整体疏散时间缩短,疏散效率提高。因此,采用考虑决策者异质性的 G-RRM 模型,由于合理的出口决策,人群分布更趋均衡,疏散出口处的聚集人群更快清空,减少了由拥挤导致的疏散时间延误与疏散混乱现象。

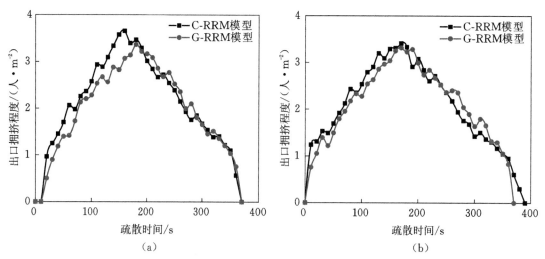

图 6-25　不同出口选择策略下各出口疏散时间-拥挤程度关系图(二)

(a)出口 1;(b)出口 12;(c)出口 6;(d)出口 7

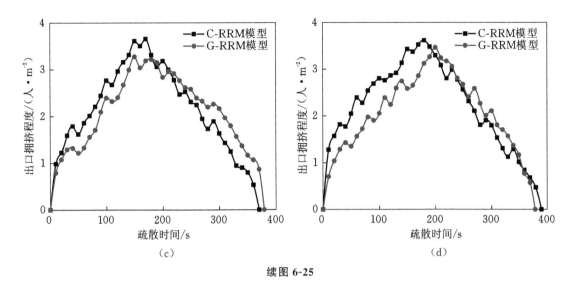

续图 6-25

由上述分析可知,不考虑决策者异质性的 C-RRM 模型并不能很好地反映疏散者行为决策的差异,也不能很好地揭示独立个体对疏散出口对应路径的偏好程度,这在疏散情况尤为复杂的条件下更显弊端。而考虑决策者异质性的 G-RRM 模型在行为预测方面的性能有所提高,预测平均误差为 7.8%,能够体现决策者对选择方案属性的偏好差异,能够更好地解释疏散人员的实际选择行为,疏散时间相较不考虑决策者异质性的 C-RRM 模型缩短 17s。

6.2.4　参照点异质性对疏散仿真结果的影响

为研究地铁应急疏散中决策者基于有限理性假设下前景理论的决策行为,考虑参照点异质性,以及所面临的决策环境差异,建立同质参照点和异质参照点的前景理论模型研究对疏散效率的影响。分别基于累积前景理论构建不考虑参照点异质性的同质 PT 模型以及考虑参照点异质性的异质 PT 模型,对比分析不同模型运行下的疏散效率差异。

疏散仿真模型演化过程如图 6-26 所示。由图可知,从出口选择角度对比,疏散前期基于同质 PT 模型进行决策,选择 1/6 号出口进行疏散的人数更少,疏散人员大多朝着 7/12 号逃生出口移动,疏散前期即存在出口拥塞现象。然而,根据异质 PT 模型进行出口决策,人群分布更趋均衡,各个出口并未出现拥塞情况。疏散中期同质 PT 模型的阻塞现象更加严重,多数出口人群聚集,疏散效率较低,而基于异质 PT 模型进行决策,有效避免了出口利用不均衡的现象,疏散效率更高。疏散后期根据同质 PT 模型进行出口选择,7/12 号出口聚集人群仍未清空,相比之下,异质 PT 模型从始至终均未出现严重人群阻塞现象,疏散群体在各个出口均能快速清空,疏散效率相对较高。

图 6-27 的条形图直观反映了不同出口选择策略下各出口疏散人数,整体上看,基于同质 PT 模型进行决策,选择视野较好的 7/12 号出口的人数分别为 1433、1365,分别占总体疏散人数的 27.6%、26.3%,选择 1/6 号出口的人数分别为 1232、1166,分别占总体疏散人数的 23.7%、22.4%,同侧区域疏散人数占比差异分别为 2.6%、5.2%。基于异质 PT 模型进行决

策，选择 7/12 号出口的人数分别为 1329、1267，分别占总体疏散人数的 25.5％、24.4％，选择 1/6 号出口的人数分别为 1293、1307，分别占总体疏散人数的 24.9％、25.2％，同侧区域疏散人数占比差异分别为 0.5％、0.3％。由此可知，疏散人员基于考虑参照点异质性、以决策环境差异为参照点的异质 PT 模型选择逃生出口，能够提高寻找最优路径进行疏散的能力，出口疏散能力能够得到充分利用，人群拥塞程度有效缓解，避免了出现出口利用不均衡的不利局面。

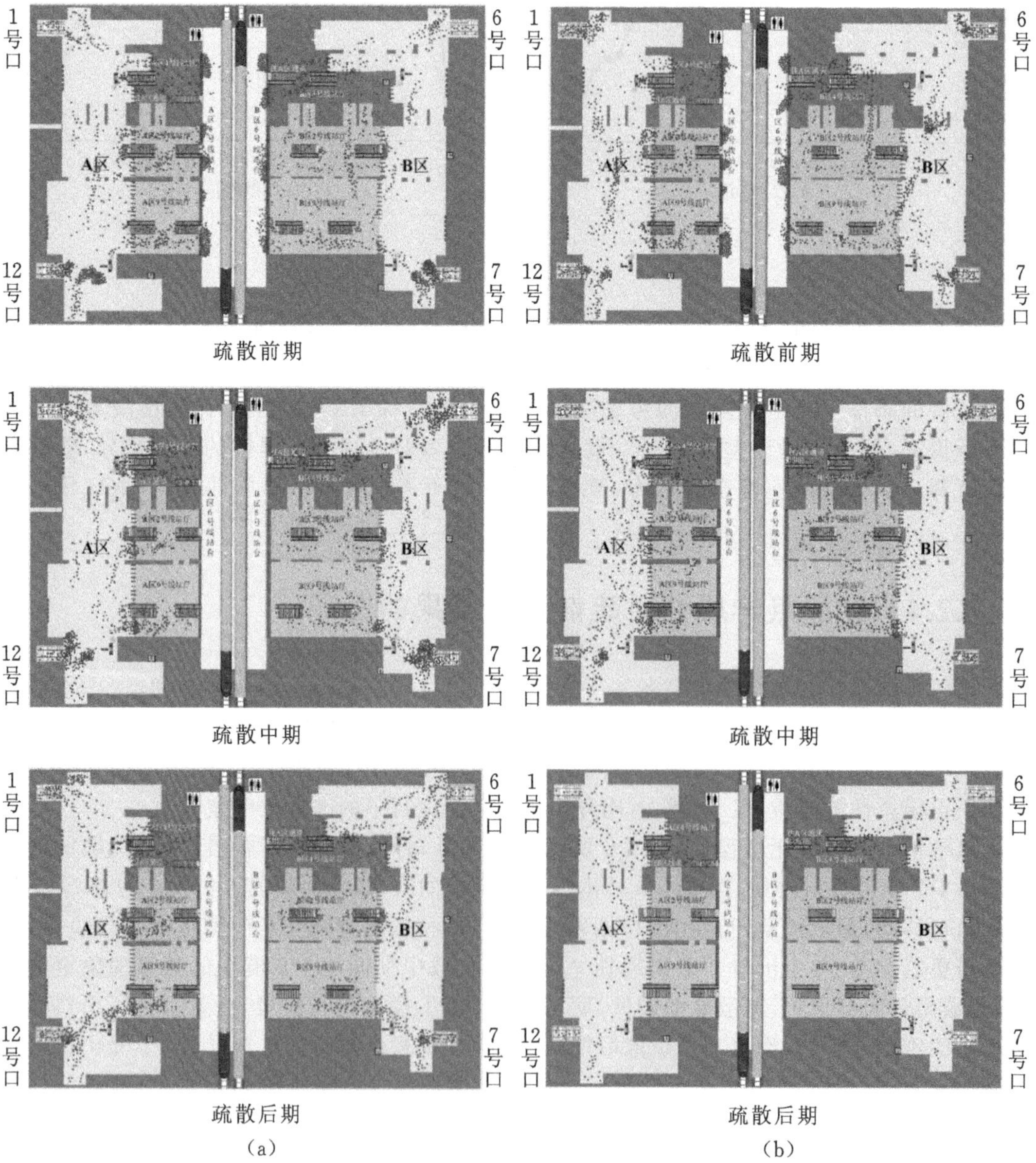

图 6-26　不同出口选择策略下行人疏散演化过程(三)

(a)同质 PT 模型；(b)异质 PT 模型

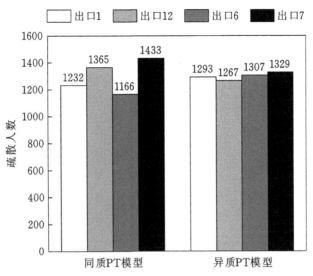

图 6-27　不同出口选择策略下各出口疏散人数条形图（三）

　　图 6-28 展示了不同出口选择策略下安全疏散人数随时间变化的曲线。从疏散时间角度可知,基于异质 PT 模型进行出口选择的总体疏散时间为 350s,相比基于同质 PT 模型进行出口决策的总体疏散时间减少 48s。疏散前期,同质 PT 模型疏散曲线位于异质 PT 模型疏散曲线下方,说明该阶段各个时刻同质 PT 模型疏散人数均多于异质 PT 模型。不过随着疏散进行,在疏散中后期相同时刻异质 PT 模型疏散人数均领先于同质 PT 模型,疏散效率具有显著优势。换句话说,疏散中后期同质 PT 模型相较异质 PT 模型疏散相同人数所需时间均有增加,前期疏散效率较高,但中后期因其出口拥塞而致疏散效率明显下降。

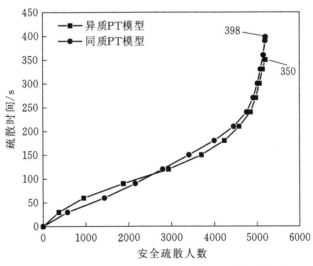

图 6-28　不同出口选择策略下安全疏散人数随时间变化曲线（三）

　　地铁站内不同出口选择策略下行人疏散时间分布如图 6-29 所示。基于异质 PT 模型进行出口选择,人群平均疏散时间为 114.09s,相比同质 PT 模型的 122.66s 疏散时间缩短 8.57s,

各个个体能够快速疏散;同时,基于异质 PT 模型进行决策的标准差为 75.24,相比同质 PT 模型的 81.85 更小,个体疏散时间更为接近。由此可见,考虑参照点异质性以及决策环境差异的异质 PT 模型预测的疏散效果更加符合现实。

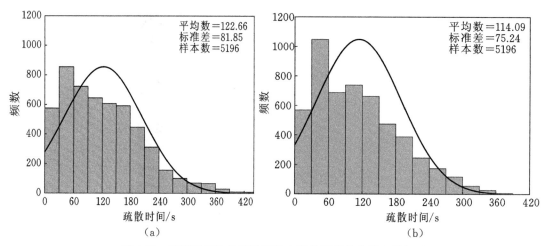

图 6-29　不同出口选择策略下行人疏散时间分布直方图(三)

(a)同质 PT 模型行人疏散时间分布直方图;(b)异质 PT 模型行人疏散时间分布直方图

此外,从路径选择角度,本研究统计了不同出口选择策略下行人疏散路径选择情况,如图 6-30 所示。鉴于异质 PT 模型考虑个体间异质性影响,较短路径选择比例相较同质 PT 模型的 49.6% 提升至 61.4%,表现出明显偏好,较长路径选择比例相较同质 PT 模型的 50.4% 下降至 38.6%,更加趋近于问卷调查情景设置中的真实观测值,误差仅为 4.5%,表明异质 PT 模型相比同质 PT 模型能够更加准确地预测决策者的出口选择行为。现有研究大多忽视了个体间、方案间异质性,采用同质参照点建立决策模型预测决策者出行路径选择行为,结果与实际存在较大偏差,而设置动态异质参照点的异质 PT 模型预测结果误差更小,预测性能更好。

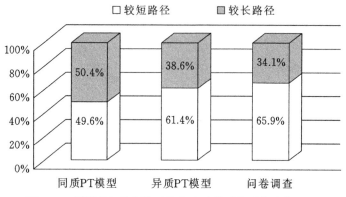

图 6-30　不同出口选择策略下行人疏散路径选择比例(三)

图 6-31 显示了随着疏散时间的推移出口拥挤程度的变化趋势。采用同质 PT 模型时,疏散中后期各个出口拥挤程度始终保持在较高水平,疏散人群呈现滞留状态,相较异质 PT 模型拥挤程度均要更高,清空人群历时均在 390～400s 之间。相比之下,异质 PT 模型 4 个

出口疏散能力的利用更加均衡,拥挤程度峰值保持在 3.00 人/m² 上下,清空人群历时 340～350s。由此可知,异质 PT 模型由于合理的出口决策,出口使用更加有效,人群分布更加合理,整体疏散效率提升。因此,采用考虑参照点异质性的异质 PT 模型,疏散出口处的聚集人群能够更快清空,出口疏散能力能够有效利用。

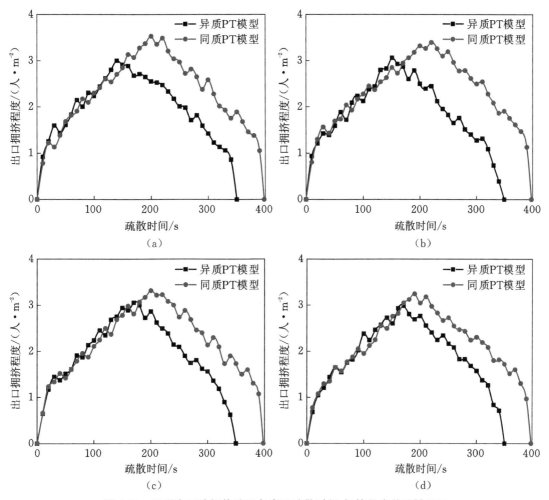

图 6-31　不同出口选择策略下各出口疏散时间-拥挤程度关系图(三)
(a)出口 1;(b)出口 12;(c)出口 6;(d)出口 7

　　由上述分析可知,不考虑参照点异质性的同质 PT 模型,将会导致疏散出口阻塞,疏散人群处于滞留状态,无法及时清空人群。考虑参照点异质性以及决策环境差异的异质 PT 模型对行人选择行为的描述更加合理,有效缓解了出口处的拥塞情况,极大促进了疏散进行,相较同质 PT 模型疏散时间减少 48s。

6.2.5　不同行为决策规则疏散仿真结果的对比

　　为了探讨不同行为决策理论对疏散效率的影响,选取改进 ML 模型、G-RRM 模型以及异质 PT 模型,对比分析不同行为决策模型运行下的疏散效率差异。图 6-32 和表 6-9 直观反映了 3 种出口选择策略下各出口疏散人数以及占比。从同侧区域出口利用率角度对比可知,基于改进 ML 模型进行决策,出口利用更趋均衡,出口选择差距最小,仅相差 0.3 个百分点,其次是异质 PT 模型,出口利用差距为 0.9 个百分点,G-RRM 模型差距最大,为 3.9 个百分点。因此,基于改进 ML 模型和异质 PT 模型进行决策,出口利用更加充分,人群拥塞现象有效缓解,减小了出口处行人分布不均衡造成的疏散不平衡影响,整体疏散效率得到提升。

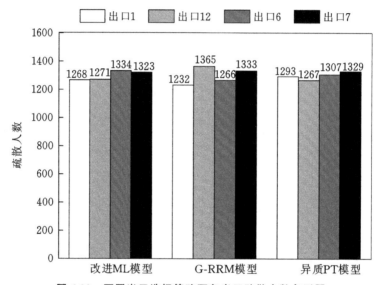

图 6-32 不同出口选择策略下各出口疏散人数条形图

表 6-9 不同出口选择策略出口利用情况统计

决策模型	出口利用				绝对误差		平均误差
	1	12	6	7	A 区	B 区	
改进 ML 模型	49.9%	50.1%	50.2%	49.8%	0.2%	0.4%	0.3%
G-RRM 模型	47.4%	52.6%	48.7%	51.3%	5.2%	2.6%	3.9%
异质 PT 模型	50.5%	49.5%	49.6%	50.4%	1.0%	0.8%	0.9%

图 6-33 展示了不同出口选择策略下安全疏散人数随时间变化的曲线。从疏散时间角度可知,基于异质 PT 模型进行出口选择的总体疏散时间为 350s,相比改进 ML 模型的 354s 节省 4s 的逃生时间,改进 ML 模型相比 G-RRM 模型的 379s 节省 25s 疏散时间。疏散前期,改进 ML 模型与异质 PT 模型疏散曲线并无显著差距,均位于 G-RRM 模型疏散曲线上方,表示该阶段各个时刻 G-RRM 模型疏散人数均多于改进 ML 模型和异质 PT 模型。但随着疏散进行,在疏散中后期相同时刻基于改进 ML 模型进行决策,疏散效率更具优势,异质 PT 模型与 G-RRM 模型疏散效率相差不大。

此外,为验证考虑行人空间认知水平以及个体间异质性的行为决策模型在地铁应急疏散研究中的有效性,本研究从路径选择角度统计了不同出口选择策略下路径选择情况,如

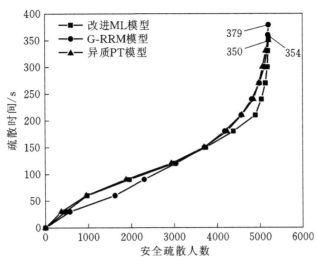

图 6-33　不同出口选择策略下安全疏散人数随时间变化曲线

表 6-10 所示。由表可知,G-RRM 模型预测的路径选择比例相较问卷实际结果相差 7.8 个百分点,而改进 ML 模型以及异质 PT 模型相较 G-RRM 模型绝对误差更小,相较问卷结果分别相差 0.9 个百分点和 4.5 个百分点,具有更高的预测准确率,表明改进 ML 模型以及异质 PT 模型能够更加准确地预测决策者的出口选择行为。鉴于改进 ML 模型以及异质 PT 模型预测的路径决策结果更加趋近于问卷调查情景设置中的真实观测值,改进 ML 模型以及异质 PT 模型具有更高的预测性能,故个体平均疏散时间相较 G-RRM 模型更短,个体疏散优势明显。

表 6-10　各个决策模型预测比例及误差

决策模型	预测比例		问卷比例		绝对误差	平均疏散时间/s
	较短路径	较长路径	较短路径	较长路径		
改进 ML 模型	69.1%	30.9%	68.2%	31.8%	0.9%	114.84
G-RRM 模型	60.4%	39.6%	68.2%	31.8%	7.8%	122.21
异质 PT 模型	61.4%	38.6%	65.9%	34.1%	4.5%	114.09

图 6-34 显示了随着疏散时间的推移出口拥挤程度的变化趋势。采用 G-RRM 模型时,疏散中后期出口拥挤程度始终保持在相对较高水平,清空人群历时相较更长。相比之下,改进 ML 模型以及异质 PT 模型 4 个出口疏散能力的利用更加均衡,并且两个模型拥挤程度曲线趋势较为相似,清空人群历时较短,出口在时间及空间上被充分利用,整体疏散时间更短,疏散效率更高。因此,基于改进 ML 模型以及异质 PT 模型进行出口决策,人群分布更趋均衡,疏散出口处的聚集人群更快清空。

根据上述分析,考虑行人空间认知水平、个体间异质性的改进 ML 模型以及异质 PT 模型的预测结果比较符合现实中疏散人员的出口决策,能够更好地揭示真实场景下行人的行为决策本质,能够更为有效地描述疏散人员的决策行为特点和心理偏好。G-RRM 模型在仿真结果以及预测性能上并未表现出比 ML 模型或者 PT 模型更大的优势,究其原因可能在

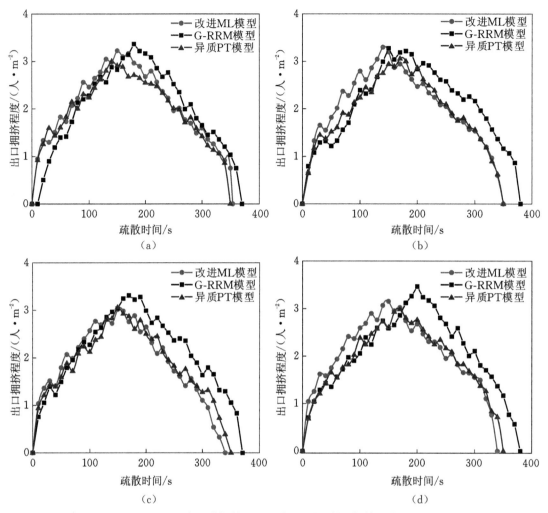

图 6-34 不同出口选择策略下各出口疏散时间-拥挤程度关系图

(a)出口 1;(b)出口 12;(c)出口 6;(d)出口 7

于现有后悔理论建模研究主要沿袭原有的经济学基本框架,即通过对每一组"选择方案"与"放弃方案"相应属性实际值或客观值进行比较,评价后悔度量。此种方法简单直观,容易理解,但却忽略了影响后悔情绪度量的个人因素,尤其是心理因素。而心理学、行为学等领域的实证研究证明,不同决策情景下人们对相同因素变化所引起的后悔感知可能存在差异。因此,如何将个人属性纳入考量继而进行决策有待进一步研究。

6.3 本 章 小 结

本章以突发事件下地铁站行人行为特性、规律以及疏散特征为理论基础,结合心理学、行为学、系统动力学和计算机仿真技术,在总结和借鉴国内外地铁应急疏散关于行人心理因素、行为特征及其形成机理研究的基础上,引入考虑决策者空间认知水平以及个体间异质性

的行为决策模型,用于分析地铁站突发事件下行人的出口决策问题,得出以下结论:

(1) 不同年龄、性别、家庭年收入、空间认知水平疏散人群,路径选择偏好存在差异。仿真模型针对不同行人基本特性人群的决策行为进行疏散模拟,结果与实际选择情况较为贴近,平均误差仅为 2.4%,整体预测结果较好,充分表明个人属性因素对个体出口决策研究有重要价值。其中,学生、较高受教育水平和收入、有过安全教育培训经历、到站频率和空间认知水平越高的人群疏散表现更好,疏散效率更高。

(2) 考虑行人空间认知水平的改进 ML 模型能够更贴近现实中行人的出口选择行为,能够恰当表达突发事件下疏散人员行为决策的真实心理。充分刻画个体空间认知水平,将其纳入行人行为决策分析,出口疏散能力得到充分利用,疏散者在空间上的分布更趋均衡,能够有效平衡站内的出口使用和路径选择,缓解出口区域的拥塞情况,疏散时间相较传统模型缩短 26s。

(3) 个体间异质性的考虑,比较符合现实中疏散人员的出口决策,能够更好地揭示真实场景下行人的行为决策本质,反映个体行为决策的差异。基于决策者异质性建模的 G-RRM 模型和基于参照点异质性建模的异质 PT 模型能够更为有效地描述疏散人员的决策行为特点和心理偏好,提高行人寻找最优路径进行疏散的能力,避免了出现出口利用不均衡的不利局面。

(4) 考虑空间认知水平以及个体间异质性影响的改进 ML 模型和异质 PT 模型,各项仿真结果评价指标整体优于原始 ML 模型和同质 PT 模型,疏散出口在时间及空间上得到充分利用,个体决策更加合理。模型运行结果较好地揭示了疏散人群的选择偏好以及差异,其路径决策结果更加趋近于问卷调查情景设置中的真实观测结果,误差仅分别为 0.9% 和 4.5%,具有更高的预测性能。

(5) 通过出口利用、疏散时间、拥挤程度等各项仿真结果评价指标对比,揭示了基于完全理性以及有限理性假设的各类模型疏散瓶颈与差异,进一步加深了人们对突发事件下个体出口决策偏好对疏散过程影响机理的理解。人群疏散演化一定程度上受制于个体出口决策模型的基本假设以及形式设定,通过对不同决策模型进行对比,验证了模型的适用性以及可靠性。

第7章　考虑动态火灾产物的火灾疏散行为选择模型

　　火灾问题因我国社会经济突飞猛进,城市化进程不断向前推进而呈现出严峻化趋势。据统计,千分之二的国民经济总产值直接损失由火灾引起,自2000年以来年均火灾甚至达20万起以上。作为人员密集、建筑环境复杂多样的空间场所,宿舍楼、教学楼和图书馆等校内建筑虽然给学生提供了诸多便利,但同样也存在着较大的安全隐患:一旦发生火灾等突发事件,事故影响会快速扩大,极易导致群死群伤,对学生甚至社会造成不可估量的生命财产损失。2019年全国发生校园火灾722起,其中高校火灾占相当大的比例。由此可见,高校消防安全问题已成为应急疏散领域刻不容缓的重要课题。科学合理的疏散预案可以在很大程度上保证紧急状况下高校学生的生命安全,而探索学生的疏散过程是制定应急疏散预案的先决条件。火灾下学生群体的应急疏散,是多因素的前提下行人在建筑物内由事故现场向安全地点的定向运动,无法正确预测突发事件下灾害和人员的时空演化特征,是应急疏散领域亟待解决的问题。由于各种因素限制,大规模疏散演练难以完成,针对图书馆建筑可燃物较多、安全隐患大、人群较为密集的特点,从理论上探究馆内疏散人员的动态疏散过程,揭示疏散个体与群体的运动规律,是解决应急疏散问题的重要手段。

　　在研究火灾状况下人员疏散行为时,以往研究常考虑疏散人员的社会经济属性(如年龄、性别、受教育程度等)、环境因素(如火场环境、疏散出口或路径属性等)两类可直接观测变量对疏散行为的影响,缺乏对疏散人员心理因素的考量,少有研究从心理层面深入剖析疏散人员逃生过程中行为决策的内在形成机理;另外,现有研究多注重逃生过程中存在的恐慌、从众等不利于他人疏散的心理,鲜有研究分析利他等对疏散有益的心理对疏散行为的影响;且目前对于图书馆等建筑火灾下疏散过程中路径选择行为的研究较少,特别是对寻路行为的内在机理认识尚不完善。在建模方面,研究人员为探究疏散行为反应以及行为决策的驱动因素,将离散选择模型(DCM)引入疏散领域并广泛应用,然而常用的二项或多项Logit模型并不能描述难以直接观测的心理因素与疏散个体间异质性对疏散行为的影响,导致研究结果与现实情况有一定出入,模型预测精度有待提高。此外,在分析火灾对人员疏散选择行为的影响时,多将火灾设置为静态的参数,并未考虑随时间发展的火场环境对疏散决策的影响,然而人员在逃生过程中会根据具体的火场环境,即不同时刻下对火灾危险程度的不同感受做出反应,因此考虑动态火灾可更准确地刻画疏散人员紧急状况下的行为选择。

　　基于此,为探究火灾下高校学生疏散过程中的路径决策行为,本研究首先基于高校图书馆火灾疏散调查数据,考虑恐慌、从众、惯性等非适应性疏散心理,利他适应性疏散心理,及影响疏散决策的风险感知、环境熟悉度共六个疏散心理潜变量,借助结构方程模型在心理层面探究疏散人员逃生时路径决策的内在形成机理;其次分别构建考虑人员异质性的混合Logit模型、考虑疏散心理潜变量的混合选择模型,对比两模型的拟合优度与解释能力,分析疏散心理潜变量及可观测变量对疏散路径选择行为的影响;再次,基于火灾决策面板数据,即不同时刻下的路径决策数据,建立考虑动态火灾产物的动态离散选择模型(DDCM),并与上述拟合度较好的离散选择模型对比,深入分析火灾产物、疏散心理以及可观测因素对路径决策的共同作用;最后,通过计算显著影响路径决策的各因素的弹性值,分析路径决策对各因素的敏感程度,并基于混合选择模型实现静态敏感度分析,基于动态离散选择模型实现动态敏感度分析,对比静态敏感度与动态敏感度的异同以分析静态模型与动态模型对图书馆火灾疏散路径选择行为描述的差异。本研究所构建的行为选择模型是对应急疏散领域疏散行为决策建模的有益拓展。

7.1 非适应性心理行为理论

"非适应性心理"指疏散人员在逃生过程中采取的不利于他人安全的心理行为,"适应性心理"则相反。早在 19 世纪便有针对群体行为的研究,但文献中关于非适应性行为的研究却少有记载。以行为心理为研究对象,采用心理学的研究方法和手段形成了紧急情况下疏散人群非适应性心理行为的 3 个理论:①决策理论;②恐慌理论;③紧急程度理论。决策理论处理的是疏散时个人的决策规则,基本假设为疏散人员即使处于危险状况下,其仍能保持合理的决策行为,且在这种危险背景下疏散时试图获得良好结果,这样疏散过程中便可相互合作减少人员伤亡;恐慌理论分析了紧急状况下可能导致人群出现恐慌的因素以及人群在恐慌中的行为特征,当疏散人员感知到危险时,其正常有意识人格被无意识人格取代,进而表现出不合理行为;紧急程度理论指出空间拥堵的出现取决于疏散紧急程度,并分析了造成拥堵的因素。

非适应性心理行为理论为综合考虑疏散过程中存在的"适应性心理""非适应性心理"提供了可能,针对这三个理论,本研究依次考虑适应性的利他心理,非适应性的恐慌、从众、惯性心理,以及影响人员疏散紧急程度的风险感知、环境熟悉度共六个心理潜变量。

7.2 火灾疏散影响因素及动态离散选择模型

7.2.1 疏散人员个人社会经济属性

不同疏散人员因个体特征差异,疏散行为决策不尽相同。本章研究的是高校图书馆火灾疏散行为,研究对象为高校学生群体,参考已有研究,疏散人员个体特征即个人社会经济属性应包括性别、专业、在读年级、经历火灾与否、消防知识培训或演习次数、去图书馆的频率以及是否熟悉馆内疏散指示标识等。

(1)性别。火灾发生时男性与女性疏散个体行为有所差异,男性第一行为倾向于确认火灾信息,为问题取向型,且反应速度快于女性,而多数女性疏散个体为情绪取向型,但男性疏散个体较女性易冲动。

（2）专业。不同专业的疏散群体的思维与行为方式有所区别,有研究表明学生所学专业与疏散心理及行为相关。

（3）在读年级。在读年级的差异往往表现为疏散个体应激能力与初始决策能力的不同,在读年级越高的疏散个体面对火灾状况相对镇定,倾向于积极应对火灾甚至帮助其他逃生者。

（4）经历火灾与否。有过火灾经历未受到损伤的疏散人员面对火情更加从容,而受过火灾伤害的疏散个体易产生恐慌心理从而采取非适应性行为。

（5）消防知识培训或演习次数。经历消防知识培训或演习次数较多的疏散人员,存在较低程度的恐慌等非适应性心理,有做出合理、理智的行为决策以及帮助其他受困者等行为倾向,甚至在疏散过程中担任"领导者",从而提升疏散效率。

（6）去图书馆的频率。去图书馆的频率越高的疏散人员对馆内火灾疏散环境较熟悉,即使疏散环境混乱导致疏散路径与出口拥堵,其仍能选择合适路径迅速撤离,可有效缓解出口或路径利用不均等问题。

（7）是否熟悉馆内疏散指示标识。熟悉馆内疏散指示标识的人员安全意识较强。安全意识是指人们在日常生活或者工作中,为保证自己或他人不受伤害的一种安全的观念和习惯。安全意识越强的疏散个体在紧急情况下越倾向于采取有利的疏散行为,有研究表明火灾安全意识与有利疏散行为呈正相关。

7.2.2　环境因素

高校图书馆等建筑由于楼层多、建筑面积大、建筑构造复杂、易燃物较多、人群密集等特点火灾危险度较高。火灾燃烧本质上是由微观层面化学性质较为活泼的游离基之间相互反应所形成的一种能量向外释放的氧化燃烧反应,有研究表明其产物（主要指影响疏散的温度、CO 浓度、能见度三大产物）是对人类生命健康造成威胁的首要因素,因此探究火灾产物对人体的影响对于采取有效应对措施将人群在规定时间（即可用安全疏散时间）内疏散,减轻灾害损失意义重大。

影响火灾下人员疏散路径决策的环境因素包括火场环境因素与疏散路径属性因素。其中火场环境对人体的影响主要包括温度、CO 浓度、能见度等火灾产物对人体的作用。

疏散路径属性因素为影响人员在火灾紧急状况下逃生选择的主要因素。人员逃生过程中在面临多个选择即多条可选疏散路径时,与传统交通出行者出行方式决策考虑的出行时间与费用因素类似,通常考虑与疏散路径相关因素,即路径长度与疏散时间（成本）。此外,现阶段火灾疏散行为研究中,应急照明条件、拥挤程度是疏散路径选择的两大属性变量。其中路径应急照明条件影响决策者对安全设施的感知与理解,应急照明越亮,撤离人员越有可能实现最终安全疏散目标,因为它提高了路径的可见性和功能性;出口和路径拥挤程度同样影响路径选择概率,如 Lovreglio 等基于 ML 模型探究建筑内人员的应急疏散行为决策,研究发现出口附近人员越多即拥挤程度越高,人员选择该出口概率越小。故本研究选取与路径属性相关的四个变量:路径长度、疏散时间、应急照明条件及拥挤程度。

7.2.3　疏散心理

现有研究通常考虑人员逃生过程中存在的恐慌等非适应性疏散心理对疏散决策的影响,忽略疏散过程中存在的可提高疏散效率的帮扶互助等利他心理。非适应性心理行为理论可为综合考虑疏散逃生过程中的适应性疏散心理、非适应性疏散心理提供理论依据。适应性的利他心理指疏散人员在疏散过程中不考虑其他因素,而给予需要帮助者援助的一种心理倾向。Sugiura 等指出疏散紧急状况下的利他主义行为是一种典型的社会现象。因此在模型中引入疏散人员的利他心理可更好地反映疏散人员路径决策过程中的内在心理特征。

依据非适应性心理恐慌理论,本研究选取恐慌及人群在恐慌中存在的从众、惯性心理作为典型非适应性疏散心理。恐慌心理指在火灾突发事件下,疏散人员由于缺乏对相关信息的掌握,而产生的一种过度惊恐,超出精神承受能力的情绪,极易传染,影响疏散效率。从众心理指疏散人员在火灾应急情况下,由于可用信息掌握不全或其他因素,逃生决策时往往选择跟随前方人群的心理,会造成人员集聚拥堵,形成疏散风险。已有研究表明恐慌、从众心理显著影响疏散行为。惯性心理在心理学上被定义为人类本身具有无意识重复心理或行为的一种倾向,疏散人员在火灾突发状况下往往不会过多考虑其他因素,保持向自己以往使用路径或出口进行疏散,导致疏散路径或出口利用不均衡,严重阻碍疏散。已有研究表明疏散过程中的惯性心理显著影响疏散行为,降低疏散效率。

显著影响疏散决策的风险感知,于 1987 年由 Slovic 首次提出,被定义为描述人们对风险的态度和知觉判断的一个概念,后被用于应急疏散领域。根据 Sime 对人员疏散行为的研究结果,人员对应急事件的反应时间占总疏散时间的 2/3,影响人员反应时间的疏散心理为风险感知,故风险感知显著影响疏散紧急程度。Kinateder 等通过回顾疏散风险感知相关研究,首次指出将其应用于建筑火灾疏散中的必要性。除风险感知外,其他影响因素还包括环境熟悉度。环境熟悉度指疏散人员逃生时对疏散环境的熟悉程度。火灾时人员在处理火灾信号过程中存在识别、证实、定义、评价、行动、重新评估的疏散行为反应,而影响一系列疏散行为反应的主要因素包括环境熟悉度,环境熟悉度进而影响疏散紧急程度。Kinateder 等采用实验的方式探究了建筑火灾紧急情况下的出口选择行为,研究发现环境熟悉度对正确选择疏散路线与出口至关重要。

7.2.4　动态离散选择模型

不论是 MNL 模型、ML 模型还是混合选择模型,都只捕捉到了疏散人员已有选择偏好,在描述火灾下疏散选择行为时缺乏动态演变的说服力。火灾下人员的疏散决策并非一成不变,疏散人员根据决策前的火场环境动态更改决策,如在火灾初期疏散人员偏好较短的疏散路径,随着火场环境变化疏散人员可能偏好最不拥挤的疏散路径。动态离散选择模型能够较好地弥补此缺陷,其因在效用函数中纳入之前的决策变量而具有时间序列的特点。火灾疏散背景下,疏散人员 i 在 t 时刻选择方案 j 的最终效用如式(7-1)所示:

$$U_{ijt} = f(\boldsymbol{x}_{it}, \boldsymbol{y}_{it}, \boldsymbol{Z}_j; \alpha_j, \theta_i, \beta_j) + \varepsilon_{ijt} \tag{7-1}$$

式中:$\boldsymbol{x}_{it}$ 为个人社会经济属性向量;$\boldsymbol{y}_{it}$ 为随时间变化的动态属性向量;$\boldsymbol{Z}_j$ 为不随时间变化的属性向量,由于研究的是火灾下的疏散路径决策,故此处为与路径属性相关的路径长度、拥挤程度等属性向量;α_j、θ_i、β_j 分别为对应向量的待估参数。

动态离散选择模型增加了时间相关的影响,可体现疏散人员因所处火场环境的不同而产生的动态决策。动态离散选择模型广泛应用于经济学领域,在应急疏散领域的应用尚处于起步阶段,仍需更多实践与探索。

7.3 火灾疏散行为问卷调查及分析

不同疏散人员逃生决策受多因素影响而表现出显著差异,本节主要通过问卷调查的形式分析个人社会经济属性、环境因素及疏散心理对图书馆火灾路径决策的影响。疏散人员的性别、年龄等个人社会经济属性直接或间接影响逃生速度进而影响逃生决策,逃生过程中疏散个体会根据火场环境、路径特征进行路径选择,合理的疏散心理对于正确选择疏散路径,提高疏散效率同样重要。本研究采用行为调查与意向调查相结合的方式,通过线下发放问卷以获取新疆大学博达校区图书馆内火灾疏散决策数据,分析疏散人员的个人社会经济属性、疏散环境及不同类别的疏散心理对疏散决策的影响。

火灾中人员疏散行为数据主要通过灾后事故调查、疏散试验或演练、问卷调查等方式获取,其中疏散试验或演练方式规模较大难以实现,而灾后事故调查使经历者回忆火灾痛苦经历易造成心理上的二次伤害,本研究采用的问卷调查中,以 RP 调查与 SP 调查相结合的方式获取火灾下人员的疏散行为数据,该方式易于实现且应用广泛。RP 调查的目的主要是探寻疏散人员已然发生的实际行为,SP 调查则是针对还未发生的事件,获取被调查者在某一假定条件(情景)下对各方案的选择偏好,RP 调查与 SP 调查的优缺点详见第 2 章。

7.3.1 问卷设计及调查

基于前文总结的火灾疏散行为影响因素,设计调查问卷。图书馆火灾疏散行为调查问卷共包括 3 个部分,分别为疏散路径决策情景设计、疏散心理潜变量的测量及疏散人员的个人社会经济属性的调查,问卷详细内容见附录 3。

(1) 疏散路径决策情景设计

疏散路径的不同特征在一定程度上影响人员对疏散路径的选择,按照建筑火灾应急疏散及交通行为分析领域相关经验,根据研究实际问题,本节内容考虑疏散路径的路径长度、疏散时间、应急照明条件及拥挤程度 4 个备选方案属性。本研究以新疆大学博达校区图书馆二层为例,以安全隐患较大的报告厅为起火点向外疏散,考虑最不利布置原则,即防火分隔设施实际运行时可能出现一些问题从而未能达到预定的消防要求,人员可在不同的防火分区选择疏散路径进行撤离。本节选取的图书馆二层防火分区平面图如图 7-1 所示,其中路径 1 为最短的疏散路径,路径 2 为较长但应急照明条件较好的疏散路径,路径 3 为最长但较为畅通的疏散路径。

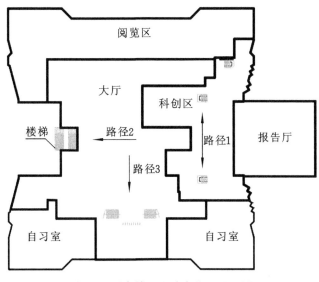

图 7-1 图书馆二层防火分区平面图

通过实地调查及相关规范确定各备选方案属性及水平,如表 7-1 所示。

表 7-1 备选方案属性及水平

属性	水平
路径长度/m	80;120;180
疏散时间/s	150;200;300
拥挤程度	拥挤;中等拥挤;畅通
应急照明条件	差;一般;好

在确定备选方案属性及水平后,变量的随机组合产生的情景方案繁多致使调查实施困难,本研究采取正交设计的方法进行疏散情景设计以减少试验次数,将绝对优势与绝对劣势的情景进行筛选并剔除后,共得到 15 个疏散情景。为规避作答者因问卷题量过多而失去耐心致使数据质量低下,需要缩减问卷篇幅,本研究将 15 种疏散情景平均分配到 5 套问卷中,每套问卷包含 3 个疏散情景,以控制作答时长。

本研究探讨的是考虑动态火灾产物的疏散路径决策,基于图书馆火灾模拟仿真数据,根据疏散人员对不同火灾产物的主观感受,选取对人体有显著影响的 3 个时间点,分析不同火灾场景下人员的疏散决策,具体火灾情景设置以及问卷设置详见附录 3。

(2) 疏散心理潜变量的测量

疏散人员在得知火情后并非全部由惊慌失措情绪驱动,有的疏散个体可表现出理性与利他的疏散行为。本研究在现有研究普遍考虑的恐慌、从众、惯性等非适应性疏散心理的基础上,综合考虑疏散过程中利他等适应性疏散心理及影响疏散紧急程度的风险感知、环境熟悉度共 6 个疏散心理潜变量,针对各疏散心理潜变量设置相应的观测变量。为避免调查时作答者的选择与火灾紧急状况下真实行为相差较大,除设置与火灾情景相关问题外,在参考相关心理学研究的基础上,针对疏散前、疏散中、疏散后的全疏散过程及各相应维度,设置与人员日常生活相关且能够反映人员疏散心理的一些问题,采用 Likert 五点量表进行测量,具体疏散心理潜变量及观测变量如表 7-2 所示。

表 7-2　问卷各疏散心理潜变量及其观测指标

心理潜变量	观测变量	测量指标
利他心理	AL1	我所在的集体需要征集一些志愿者为大家提供无偿的服务时,我会非常乐意
	AL2	看到社会中一些人因帮助他人而受到表扬和称赞,我会很开心
	AL3	当我能安慰一个情绪不好的人时,我感觉非常好
恐慌心理	PAN1	当听到图书馆着火的消息时,我会感到害怕
	PAN2	着火时其余人员慌张会使我感到害怕
	PAN3	火灾时烟雾弥漫使视野不清,我会感到害怕
	PAN4	当火灾已造成部分人员财物丢失(伤亡),我会感到害怕
从众心理	HP1	我认为购买人数多的商品质量较好
	HP2	为了合群,我会改变自己的想法顺从其他人
	HP3	在陌生环境中需要到达某一地点,我会选择多数人行走的路
	HP4	图书馆借书时,我会选择多数人推荐的书籍
惯性心理	IP1	校园内到某一地点,即使有其他路可行走,我通常走同一条路
	IP2	到食堂用餐时,我常到同一个窗口
	IP3	去图书馆自习时,我通常会选择同一个位置
风险感知	RP1	购物时我会关注生产日期与保质期
	RP2	我认为校园内骑行助力车存在安全隐患
	RP3	我认为学校图书馆发生火灾是难以控制的
环境熟悉度	EF1	我知道图书馆的多数出口位置
	EF2	我知道图书馆各层的功能和布局
	EF3	我知道我所在位置通往图书馆各出口的大致步行时间
	EF4	我知道我所在位置通往图书馆各出口的大概距离

（3）疏散人员的个人社会经济属性的调查

作为疏散路径决策的主体,疏散者的个人社会经济属性与疏散行为密不可分。因本研究针对的是学校图书馆的火灾疏散行为,决策主体为高校学生群体,故疏散人员的个人社会经济属性包括性别、专业、在读年级、经历火灾与否、消防知识培训或演习次数、去图书馆的频率、是否熟悉馆内疏散指示标识等。

确定问卷内容后,实行问卷调查,为保证数据的可靠性,问卷调查分预调查与正式调查两阶段进行。预调查阶段,选取 60 余名学生现场作答,统计一套问卷平均作答时长,根据被试者对题项的了解程度以及相关意见,经多次讨论及修正,确定最终正式问卷。正式调查阶段,本研究采用线下调查的方式,调查地点选在新疆大学博达校区图书馆内,图书馆总建筑面积 6 万余平方米,分地下一层和地上五层,设有 6000 个座位,馆藏纸质文献资源 195.6 万余册,可使用的电子图书 509 万余册。在馆内对学生进行随机抽样调查,向有问题的学生进行现场讲解以说明问卷真实意图,共收集问卷 1064 份,通过与平均作答时长对比,筛选并剔除作答时长明显小于预调查平均作答时长及胡乱作答的失效问卷 200 份,得到有效问卷 864 份,问卷的有效率为 81.20%。

7.3.2　样本描述性统计分析

获取问卷数据后,对被调查者的社会人口特征进行描述性统计分析以了解馆内疏散人员的性别、专业、在读年级等个人特征分布是否与新疆大学博达校区学生实际情况一致,从而判断所获样本数据是否为代表性数据,描述性统计分析结果详见表 7-3。

表 7-3　样本描述性统计分析结果

统计变量	类别	频次	百分比
性别	男	359	41.6%
	女	505	58.4%
专业	理科类	302	35.0%
	工科类	539	62.4%
	文科类	23	2.6%
在读年级	本科生	676	78.2%
	硕士生	182	21.1%
	博士生	6	0.7%
经历火灾与否	经历	86	10.0%
	未经历	778	90.0%
消防知识培训或演习次数	0	40	4.6%
	1	58	6.7%
	2 或 3	274	31.7%
	4 及以上	492	57.0%

续表7-3

统计变量	类别	频次	百分比
去图书馆的频率	没有去过	7	0.8%
	去过一两次	197	22.8%
	1~2次/周	281	32.5%
	3~4次/周	167	19.3%
	≥5次/周	212	24.5%
是否熟悉馆内疏散指示标识	熟悉	548	63.4%
	不熟悉	316	36.6%

（1）性别分布

由图7-2可知此次被调查者中,男性占比41.6%,女性占比58.4%,通常图书馆内学习的人员中女性占比较大,抽样结果与实际相符。

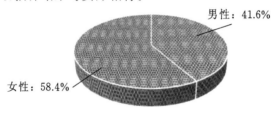

图7-2　性别分布

（2）专业分布

由图7-3可知,被调查者中工科类专业学生最多,占样本总数的62.4%;其次为理科类专业学生,占样本总数的35.0%,此两类专业的学生人数占样本总数的97.4%;文科类专业学生最少,占样本总数的2.6%,与新疆大学博达校区以工科类专业为主,理科类专业次之的实际情况相符。

图7-3　专业分布

（3）在读年级分布

根据图7-4可知,被调查者中本科生的人数规模最大,占样本总数的78.2%,硕士生及以上人群占比 21.8%,该调查结果与新疆大学博达校区在校生中本科生的比例最高,其次为硕士生的实际分布相似。

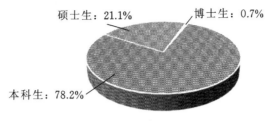

图 7-4 在读年级分布

（4）经历火灾与否分布

由图 7-5 可知,被调查者中未经历过火灾的人数最多,占样本总数的 90.0%,实际经历过火灾的人数占比较小,仅 10.0%。

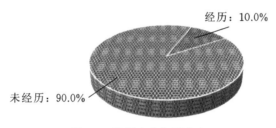

图 7-5 经历火灾与否分布

（5）消防知识培训或演习次数分布

由图 7-6 可以看出,接受过消防知识培训或演习次数为 4 及以上的人最多,占样本总数的 57.0%;2 或 3 的人数次之,占比 31.7%,这与学校定期开展的消防知识讲座或演习相关。

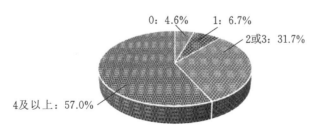

图 7-6 消防知识培训或演习次数分布

（6）去图书馆的频率分布

本研究将人员去图书馆的频率划分为没有去过、去过一两次、1～2 次/周、3～4 次/周、≥5 次/周 5 个层次,根据图 7-7 可知,去图书馆的频率为 1～2 次/周的人数最多,占样本总数的 32.5%;频率为≥5 次/周的人数次之,占样本总数的 24.6%;频率为 3～4 次/周与去过一两次的人数分别占比 19.3%、22.8%;没有去过的人数最少,占比 0.8%。

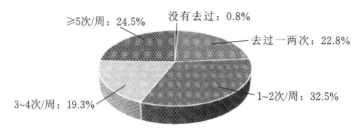

图 7-7   去图书馆的频率分布

（7）是否熟悉馆内疏散指示标识分布

熟悉馆内疏散指示标识的人数较多,占调查样本总数的 63.4％;不熟悉的人数较少,占比 36.6％,如图 7-8 所示。

图 7-8   是否熟悉馆内疏散指示标识分布

综上所述,问卷所收集的样本数据分布合理,与实际情况相符,具有一定的代表性,可对数据进行下一步探究。

7.3.3   问卷信度和效度分析

信度分析理论基础参考 2.1.5 节,效度分析理论基础参考 2.1.6 节,本研究中各疏散心理潜变量的信度和效度检验结果详见表 7-4。

表 7-4   问卷信度和效度检验结果

潜变量	α	KMO	AVE	CR
风险感知	0.636	0.651	0.519	0.635
惯性心理	0.685	0.653	0.433	0.692
从众心理	0.642	0.700	0.507	0.630
利他心理	0.758	0.681	0.522	0.765
恐慌心理	0.853	0.777	0.566	0.839
环境熟悉度	0.858	0.800	0.585	0.848

由表 7-4 可知,本研究中 α 系数在 0.63～0.86 范围内,表明问卷总体信度较好;各疏散心理潜变量的 KMO 值均大于 0.5,满足效度要求。本研究中各心理潜变量的 CR 值均大于 0.6,除惯性心理的 AVE 值为 0.433 外,其余各潜变量的 AVE 值均大于 0.5,表明潜变量之

间的内部一致性较好,并且具有较高的收敛效度。综合考虑上述指标,可以认为本问卷信度与效度均具有良好效果,所获数据具有一定可信度,可进一步探讨。

7.4 火灾疏散行为心理研究

本研究选取恐慌、从众、惯性非适应性疏散心理,利他适应性疏散心理及影响疏散决策的风险感知、环境熟悉度共六个与疏散行为相关的心理潜变量,借助相应的各维度观测指标进行测量以标定各疏散心理潜变量,基于结构方程模型,探究各类疏散心理潜变量之间的结构关系、不同个人社会经济属性与疏散心理潜变量之间的相关关系,从心理层面研究疏散人员逃生过程中的行为机理。

7.4.1 构建心理潜变量模型

本研究采用 2.2.1 节中潜变量模型部分介绍的相关理论构建心理潜变量模型。以下分别介绍模型框架、模型假设以及模型拟合度检验等相关内容。

(1) 模型框架

为深入探究各类疏散心理潜变量之间的作用关系,以及不同疏散人员的个人社会经济属性与各类疏散心理潜变量之间的关系,本研究基于 AMOS 软件,通过构建 MIMIC 模型以实现恐慌、从众、惯性非适应性疏散心理,利他适应性疏散心理,以及影响人员决策的风险感知、环境熟悉度等各类疏散心理潜变量之间,个人社会经济属性与疏散心理潜变量之间的定量分析。

MIMIC 模型本质上是结构方程模型的一种拓展,MIMIC 模型的基本框架如图 7-9 所示。恐慌、从众、惯性心理,利他心理,风险感知,环境熟悉度 6 个疏散心理潜变量之间,以及人员的个人社会经济属性与各类疏散心理潜变量之间的关系,可借助结构方程模型测量分析,测量方程模型用以分析各类疏散心理潜变量与其对应观测指标间的相互关系。

(2) 模型假设

本研究在已有的疏散心理研究成果基础上,提出各潜变量间的路径假设,进而构建结构方程模型。研究发现恐慌等不良情绪会加剧疏散人员的从众心理、惯性心理,影响人员疏散行为,故提出如下假设:

H1a:恐慌对从众非适应性疏散心理存在显著正影响;

H1b:恐慌对惯性非适应性疏散心理存在显著正影响;

火灾环境刺激下,恐慌心理作为一种应激性反应使疏散个体往往不会帮助他人疏散,故提出如下假设:

H1c:恐慌对利他适应性疏散心理存在显著负影响;

风险感知作为火灾响应前的心理因素,在人类的行为中扮演着至关重要的角色。李华

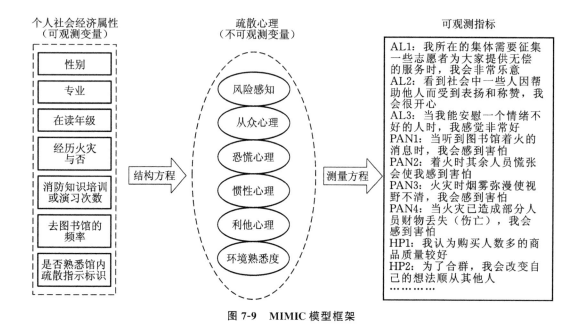

图 7-9　MIMIC 模型框架

强等在研究突发性灾害中的公众风险感知和应急管理时,发现风险感知越高,积极应对行为的出现频率越高,故提出如下假设:

H2a:风险感知对利他适应性疏散心理存在显著正影响;

齐晓云等发现随着个体的风险感知心理增强,人员的非适应性疏散行为发生概率增加,故提出如下假设:

H2b:风险感知对从众非适应性疏散心理存在显著正影响;

H2c:风险感知对惯性非适应性疏散心理存在显著正影响;

基于陈伟珂等、益朋等的研究,环境熟悉度影响个体的惯性心理、利他心理与从众心理,故提出如下假设:

H3a:环境熟悉度对惯性非适应性疏散心理存在显著正影响;

H3b:环境熟悉度对从众非适应性疏散心理存在显著正影响;

H3c:环境熟悉度对利他适应性疏散心理存在显著正影响;

根据惯性心理定义,火灾突发状况下疏散人员往往不会考虑过多因素,习惯选择以往使用的路径进行疏散,故提出如下假设:

H4a:惯性心理对从众非适应性疏散心理存在显著正影响;

H4b:惯性心理对利他适应性疏散心理存在显著正影响。

（3）模型拟合度检验

为评估所收集数据与潜变量模型的匹配程度,在结构方程建模前需进行适配度检验,检验指标可用来综合判别模型拟合度。检验指标按其不同属性可分为绝对拟合指标（absolute fit index）、相对拟合指标（relative fit index）和简约拟合指标（parsimony fit index）3 类。绝对拟合指标只考虑假设模型本身结果,用于判别理论模型与采样数据的拟合效果,主要包括卡方比自由度(χ^2/df)、卡方值(χ^2)、拟合优度指数(GFI)、调整拟合优度指数(AGFI)、均方根残差(RMR)、均方根误差近似值(RMSEA);相对拟合指标主要包含比较拟合指标(CFI)、赋范拟合指数(NFI)等;简约拟合指标包括简约赋范拟合指数(Parsimony Normed Fit Index,PNFI)、简约拟合优度指数(Parsimony Goodness of Fit Index,PGFI)等。

受样本量大小影响且与自由度紧密相关,研究发现单凭卡方值这一指标由于判别结果可信度不高而无法实现模型评判。实际中通常采用卡方比自由度(χ^2/df)来判定模型的拟合度,其取值为 1~3 时表示模型拟合较好,但由于卡方值对样本量的大小较为敏感,所以在分析大样本数据时其取值可放宽至 1~5,认为此时模型拟合同样较好。

自由度 df 的计算公式如式(7-2)所示。

$$\mathrm{df}=\frac{1}{2}(n+1)\times n-t \tag{7-2}$$

式中:n 为问卷中设立的,用以反映疏散心理潜变量的可观测变量数目;t 为自由参数的数目。

均方根残差(RMR)用以反映模型间残差大小关系,具体计算公式如式(7-3)所示。

$$\mathrm{RMR}=\sqrt{\frac{2\sum_i\sum_j(S_{ij}-\sigma_{ij})^2}{[p\cdot(p+1)]}} \tag{7-3}$$

式中:S 为样本数据矩阵元素;σ 表示再生矩阵元素;p 表示反映疏散心理潜变量的可直接观测变量数目。RMR 值越小表示模型与数据的拟合效果越好,有研究表明当 RMR 值小于 0.05时模型具有良好的拟合度。

均方根误差近似值(RMSEA)可不受样本量大小影响但较为敏感,用于评价模型偏离拟合的程度,其值越靠近 0 表示拟合越好,否则相反。有研究表明当 RMSEA 值小于 0.08 时模型拟合度合理,小于 0.05 时模型的拟合效果良好。RMSEA 的计算公式如式(7-4)所示。

$$\mathrm{RMSEA}=\sqrt{\frac{\max\left(\frac{\chi^2-\mathrm{df}}{n-1},0\right)}{\mathrm{df}}} \tag{7-4}$$

拟合优度指数(GFI)用以说明文中构建的潜变量模型的协方差对所用实际数据的协方差的解释能力,其大小受自由度影响。GFI 的计算公式如式(7-5)所示。

$$\mathrm{GFI}=1-\frac{\mathrm{tr}[(\boldsymbol{E}^{-1}-\boldsymbol{I})^2]}{\mathrm{tr}[(\boldsymbol{E}^{-1}S)^2]} \tag{7-5}$$

式中:$\boldsymbol{E}$ 表示再生协方差矩阵;$\boldsymbol{S}$ 表示调查所得样本数据的协方差矩阵;$\boldsymbol{I}$ 代表单位矩阵。GFI 取值在 0~1 范围内,越靠近 1 代表模型与实际数据矩阵越接近,模型的拟合效果越好。

调整拟合优度指数(AGFI)一定程度上受样本量大小的影响,是在拟合优度指数(GFI)的基础上去除自由度的影响而实现的,常与其他反映拟合度的指标共同使用。AGFI 的计算公式如式(7-6)所示。

$$\mathrm{AGFI}=1-\frac{1-\mathrm{GFI}}{1-\dfrac{t}{\mathrm{DP}}} \tag{7-6}$$

式中:t 为待估参数个数;DP 表示样本的数量。与 GFI 相似,其取值在 0~1 之间,同样表示模型与实际数据矩阵的靠近程度,数值越大表示模型的拟合效果越好,AGFI 大于 0.9 时模型具有较好的拟合优度。

比较拟合指标(CFI)用以评判所构建的假设模型与变量完全约束条件下的模型之间的相对适合度,其表达式如式(7-7)所示。

$$CFI = \frac{1 - \max(\chi_T^2 - df_T, 0)}{\max(\chi_T^2 - df_T, \chi_N^2 - df_N, 0)} \quad (7-7)$$

式中:χ_T^2 和 df_T 用以说明研究构建的潜变量模型拟合得到的卡方值与自由度;χ_N^2 和 df_N 表示假设研究数据中各变量均无线性相关性时构建的虚拟模型拟合得到的卡方值与自由度。CFI 的取值范围同样在 0~1 之间,越靠近 1 代表模型拟合效果越好。

通常情况下可通过剔除因子载荷系数较低的观测变量或其他手段使构建的模型满足拟合标准,然而若构建的结构方程通过调整路径仍无法使各项拟合指标满足要求,可借助初始结构方程模型的计算结果对指标 MI 值进行修正。值得注意的是,修正指标 MI 值时遵循的顺序应是从大到小,逐个调整,直至各项拟合指标切合要求。

通过对本研究构建的结构方程进行求解,调整得到最终的结构方程模型,模型各指标结果与相应标准值如表 7-5 所示。由表可见各主要适配度检验指标均在推荐标准范围内,故该模型整体拟合效果较好,可信度较高,可进行后续分析。

表 7-5　模型整体适配度指标

指标	χ^2/df	RMR	RMSEA	GFI	AGFI	CFI	IFI
拟合值	3.782	0.048	0.057	0.930	0.907	0.922	0.923
标准值	1~5	<0.05	<0.1	>0.9			

7.4.2　疏散心理潜变量间关系分析

利用结构方程模型中的测量模型可得到潜变量与对应观测变量之间的相互关系,具体结果如表 7-6 所示。由结果可知各潜变量对应的因子载荷系数均在 0.5 以上且在 1% 水平显著,故所有观测变量均可较好地反映难以直接观测的心理潜变量。

表 7-6　疏散心理潜变量及因子载荷系数

潜变量	观测变量	因子载荷系数
风险感知	RP1	0.541
	RP2	0.610
	RP3	0.665
惯性心理	IP1	0.610
	IP2	0.782
	IP3	0.562

续表7-6

潜变量	观测变量	因子载荷系数
从众心理	HP1	0.577
	HP2	0.651
	HP4	0.575
利他心理	AL1	0.647
	AL2	0.778
	AL3	0.736
恐慌心理	PAN1	0.712
	PAN2	0.758
	PAN3	0.791
	PAN4	0.746
环境熟悉度	EF1	0.663
	EF2	0.734
	EF3	0.844
	EF4	0.806

模型各拟合指标达到相应标准后,可对结构方程模型的路径假设进行分析,本研究构建的图书馆火灾疏散结构方程模型如图 7-10 所示,各潜变量之间假设路径分析结果如表 7-7 所示。

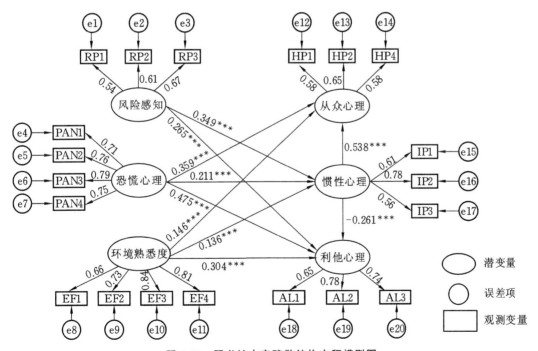

图 7-10　图书馆火灾疏散结构方程模型图

注:*** 表示在 0.01 水平显著。

表 7-7 模型假设验证及路径系数

假设	路径关系	标准化路径系数	检验结果
H1a	恐慌心理→从众心理	0.359***	成立
H1b	恐慌心理→惯性心理	0.211***	成立
H1c	恐慌心理→利他心理	0.475***	不成立
H2a	风险感知→利他心理	0.265***	成立
H2b	风险感知→从众心理	—	不成立
H2c	风险感知→惯性心理	0.349***	成立
H3a	环境熟悉度→惯性心理	0.136***	成立
H3b	环境熟悉度→从众心理	0.146***	成立
H3c	环境熟悉度→利他心理	0.304***	成立
H4a	惯性心理→从众心理	0.538***	成立
H4b	惯性心理→利他心理	−0.261***	不成立

注:*** 表示在 1% 水平显著。

由图 7-10 与表 7-7 模型路径分析可知,恐慌心理对从众与惯性非适应性疏散心理均存在显著正影响(H1a、H1b),表明恐慌应激心理会加剧从众、惯性不安全疏散心理,与已有研究结论一致;然而恐慌对利他适应性疏散心理同样存在显著的正影响,与假设 H1c 相反,这可用心理学领域的"消极状态释放模型"解释:在火灾情境下,由于助人利他能够让个体摆脱自身不良情绪状态,所以恐慌心理等消极情绪可以促进亲社会行为(指行为者自觉自愿给行为的受体带来利益的一类行为)产生。

风险感知对惯性非适应性疏散心理存在显著正影响(H2c),感知到的风险愈强,惯性心理出现概率增加,且应急状态下疏散人员做出积极应对行为的频率也越高(H2a)。环境熟悉度对惯性与从众非适应性疏散心理存在显著正影响(H3a、H3b),表明疏散时对疏散环境越熟悉,反而不会考虑其他因素,更易选择多数人行走或平时行走的路径;环境熟悉度对利他适应性疏散心理存在显著正影响(H3c),表明对疏散环境越熟悉,疏散过程中帮助他人的倾向越强。

惯性心理对从众非适应性疏散心理存在显著正影响(H4a),表明当由惯性心理主导疏散人员做出疏散决策时,往往忽略火灾环境属性,"无意识"地选择多数人行走的路径;惯性心理对利他适应性疏散心理存在显著负影响,与假设 H4b 相反,这可用心理学家巴特森等提出的"移情-利他模式"诱发动机来解释,移情唤起利他动机,疏散者惯性地选择疏散路径时,往往不会关注他人处境,并不能"移情",故不能唤起利他动机。

根据本研究构建的结构方程模型(图 7-10)的标准化预估结果,可得到各疏散心理潜变量的适配值,计算公式如下所示,为下一步构建混合选择模型做准备。

$$\eta_{RP} = 0.54RP1 + 0.61RP2 + 0.67RP3 \tag{7-8}$$

$$\eta_{HP} = 0.58HP1 + 0.65HP2 + 0.58HP4 \tag{7-9}$$

$$\eta_{PAN} = 0.71PAN1 + 0.76PAN2 + 0.79PAN3 + 0.75PAN4 \tag{7-10}$$

$$\eta_{\mathrm{IP}}=0.61\mathrm{IP1}+0.78\mathrm{IP2}+0.56\mathrm{IP3} \tag{7-11}$$

$$\eta_{\mathrm{EF}}=0.66\mathrm{EF1}+0.73\mathrm{EF2}+0.84\mathrm{EF3}+0.81\mathrm{EF4} \tag{7-12}$$

$$\eta_{\mathrm{AL}}=0.65\mathrm{AL1}+0.78\mathrm{AL2}+0.74\mathrm{AL3} \tag{7-13}$$

7.4.3　个人社会经济属性与疏散心理潜变量间关系分析

各类疏散心理潜变量之间的相互关系上文已阐述,下面将探讨分析疏散人员的个人社会经济属性与疏散心理潜变量之间的作用关系,在上述结构方程模型的基础上引入疏散人员的个人社会经济属性,运用 AMOS 软件构建 MIMIC 模型以探讨不同人员疏散时的行为心理差异,通过对 MI 值的不断调试与修正,保留与疏散心理具有显著相关性的路径,具体结果如表 7-8 所示。

由表 7-8 可知,不同性别的疏散个体对不同种类的疏散心理的影响有所差异,相较于男性,女性的非适应性恐慌心理更加强烈,与已有结论一致,这可能是由于女性大部分性格较为柔弱,心理承受能力较差,在面临火灾危险情景时,"情绪取向型"的女性较男性更易惊慌恐惧;同时火灾时女性会有更强的利他心理,疏散过程中更易倾向于帮助他人疏散,这可能是由于女性通常善解人意,富有同情心;此外,女性因其敏感的性格具有更高的风险感知能力。

在读年级越高的学生,其在疏散过程中具有更弱的惯性心理,这可能是因为受教育程度更高的人群在面临火灾时往往会考虑较多的逃生影响因素,心智更加成熟,所以会根据具体火情做出与以往不同的选择。

相较于经历过火灾的人群,没有经历过火灾的疏散人员对火灾的风险感知较弱,面对火灾时表现为"不知所措",从而做出非适应性行为,无意识地由恐慌与从众心理主导;相反,经历过火灾的人对火灾风险较敏感,疏散过程中会根据自身经验与消防安全知识逃生,从而存在较弱的恐慌与从众非适应性疏散心理,与已有研究结论相符。

参与消防知识培训或演习次数更多的疏散个体,掌握愈加丰富的消防知识,越有助于减轻心理压力从而采取适应性行为,所以能更加从容地应对火灾,在疏散过程中帮助他人的意愿更加强烈。

去图书馆的频率越高的人群具有更强的风险感知心理,且对图书馆的环境更加熟悉。不熟悉馆内疏散指示标识的学生存在更强的恐慌心理,且对图书馆的疏散环境亦不熟悉。

表 7-8　个人社会经济属性与疏散心理潜变量标准化路径系数

潜变量	性别	在读年级	经历火灾与否	消防知识培训或演习次数	去图书馆的频率	是否熟悉馆内疏散指示标识
风险感知	0.501*	—	−0.664**	—	0.555**	—
惯性心理	—	−0.923*	—	—	—	—
从众心理	—	—	0.979**	—	—	—
利他心理	0.718**	—	—	0.563**	—	—

续表7-8

潜变量	性别	在读年级	经历火灾与否	消防知识培训或演习次数	去图书馆的频率	是否熟悉馆内疏散指示标识
恐慌心理	0.867***	—	0.217*	—	—	0.449***
环境熟悉度	—	—	—	0.149*	0.522***	−0.840***

注：* 表示在10%水平显著，** 表示在5%水平显著，*** 表示在1%水平显著。

7.4.4 适应性行为心理及相关启示

火灾下人员的逃生决策并非由单一非适应性疏散心理如恐慌、从众等主导，Kuligowski等通过文献梳理总结发现：发生建筑火灾时人们表现出理性与无私，帮助疏散人员做出利于提高疏散效率的行为，因此，在发生火灾时人们亦有利他等益于疏散的行为倾向，探究影响疏散人员做出适应性行为的驱动因素对于维护图书馆的公共消防安全意义重大。下面将根据疏散心理问卷及结构方程模型结果，对火灾疏散中人员的利于疏散亲社会行为——利他行为进行剖析。

问卷中所设的关于利他心理的3个测量指标 AL1、AL2、AL3，因子载荷系数从大到小分别为 AL2、AL3、AL1，因此显著反映利他行为且影响程度从大到小依次为火灾疏散过程中对于受困者的援助（AL2）、事后对疏散人员的安慰（AL3）、自觉自愿地告知他人火灾信息（AL1）。

基于文中的 MIMIC 模型结果讨论可得到如下启示建议：

（1）根据恐慌心理对利他适应性疏散心理存在显著正影响（0.475***）及问卷中各维度的观测变量可知，火场环境刺激下，疏散人员在逃生决策前（火灾信息的识别）、决策中（群体的趋同）、决策后（事故严重程度）所产生的恐慌心理可直接促进人员自觉自愿帮助受困者提高逃生概率；恐慌心理同样对从众、惯性非适应性疏散心理存在显著正影响（影响系数分别为 0.359***、0.211***）。虽恐慌心理可在一定程度上促进利他适应性疏散心理行为，但为避免单一非适应性疏散心理引发多种非适应性疏散心理阻碍疏散，相关部门可积极组织开展馆内应急疏散消防演练，增加疏散人员的疏散经验，避免决策前火灾信息识别过程、决策中其余人员情绪渲染与决策后已发生事故造成较为严重的恐慌心理，使疏散人员恐慌心理保持在较低水平，从而避免由于烟雾弥漫的火场环境使视野受限等环境因素及行为趋同而产生从众行为，从而有较大可能做出利他行为。

（2）根据惯性心理对利他适应性疏散心理存在显著负影响（−0.261***）可知，由于人员获取的火场信息不完全，环境压力下由惯性心理主导，"下意识"地选择向以往路径疏散，忽略受困者处境而促使人员采取利己的疏散决策；根据风险感知（0.265***）与环境熟悉度（0.304***）对利他适应性疏散心理均存在显著正影响可知，对风险性信息感知能力越强，对图书馆疏散环境越熟悉则越有可能自发做出利于他人的行为决策，如疏散人员在逃生决策前告知他人火灾风险性信息，决策中帮助行动受限者，决策后安慰由于火灾情绪不佳的疏散人员。由上述结果可得图书馆火灾疏散过程中，管理人员应及时公布火灾的风险性信息，使疏散人员对火情有一定了解,提高风险感知能力,在疏散过程中做好充分心理准备,降低无意识的惯性心理对疏散决策的影响;此外,为提高人员对图书馆环境的熟悉程度,可采取在醒目位置增加疏散路径平面指示图或疏散指示等措施。

(3) 基于个人社会经济属性与各类疏散心理潜变量之间的相关性结果可知,女性具有较强的恐慌非适应性疏散心理(0.867***)且因生理原因疏散行动没有男性敏捷,因此疏散过程中要给予女性疏散群体特殊关注与照顾;鉴于在读年级越低的疏散人员惯性心理越强(−0.923*),经历过火灾的人员恐慌心理(0.217*)与从众心理(0.979**)较弱,参与消防知识培训或演习次数越多的人员环境熟悉度(0.149*)与利他心理(0.563**)较强,故可针对此群体加大对图书馆等大型公共建筑消防知识的宣传与培训力度,增强消防安全意识与提高对消防安全的关注度,使疏散人员在熟悉的疏散环境下应对更加从容,降低疏散人员由恐慌、从众、惯性非适应性疏散心理主导行为的可能性,从而增大做出利他行为的概率,如火灾风险的告知、对行动受限者的帮助以及安慰不良情绪人员等以提高疏散效率。

7.5　考虑疏散心理的行为选择模型构建

利用新疆大学博达校区图书馆火灾疏散行为调查数据,首先构建考虑异质性的混合 Logit 模型,在此基础上构建考虑人员疏散心理潜变量的混合选择模型,对比混合 Logit 模型与混合选择模型两者的解释能力与拟合优度,对疏散人员的路径决策行为进行分析,剖析可直接观测变量(疏散人员的个人社会经济属性、路径属性)与不可直接观测的疏散心理潜变量对疏散路径决策的影响,分析火灾下人员路径选择行为的内在机理。

7.5.1　混合 Logit 模型

在运用 BL、MNL 模型分析疏散人员的行为决策时因为不能处理不同疏散个体间异质性问题而使用受限,而应急疏散领域疏散建模与设计中较为重要的问题,就是疏散过程中人员行为选择的不确定性包括疏散个体异质性的考量。Lovreglio 等指出这种行为的不确定性来源于两个方面:内在行为不确定性和感知偏好行为不确定性。内在行为不确定性体现在不同的疏散个体以相同方式获取同一决策信息时,所采取的行为决策有所不同;同一疏散个体在不同时间面对相同决策场景可能会选择不同的出口或路径。感知偏好行为不确定性与不同疏散个体对影响决策的感知程度(即不同疏散个体对同一因素的量化估计不同)和偏好(不同疏散个体对某一影响因素的重视程度不同)有关。因此为捕捉这种行为的不确定性即考虑疏散人员的异质性,提出了混合 Logit 模型,下文将针对混合 Logit 模型进行详细分析。

(1) 变量设定

由于不同疏散个体对不同疏散路径的主观感受有所差异,借鉴 Hess 的研究方法,将情景方案中的属性参数(本研究指疏散路径属性参数)设置为随机系数并使之服从正态分布,以实现对不同疏散个体之间异质性的考量;此外,由于不同社会经济特征的疏散人员路径选择偏好有所差异,为得到不同个人社会经济属性的疏散人员的路径决策偏好,将个人社会经济属性变量设置为固定系数,通过建立混合 Logit 模型来探究个人社会经济属性与情景方案属性对路径决策的影响。各变量的定义及命名如表 7-9 所示。

表 7-9 疏散相关变量定义及命名

变量类别	变量定义		变量名称
疏散路径属性	路径长度	实际取值	B_Length
	应急照明条件	1:差;2:一般;3:好	B_Light
	拥挤程度	1:拥挤;2:中度拥挤;3:畅通	B_Crowd
	疏散时间	实际取值	B_Time
个人社会经济属性	性别	0:男;1:女	B_Gender
	专业	1:理科类;0:其他	B_Prof1
		1:工科类;0:其他	B_Prof2
		1:文科类;0:其他	B_Prof3
	在读年级	1:本科生;0:其他	B_Grade1
		1:硕士生;0:其他	B_Grade2
		1:博士生;0:其他	B_Grade3
	经历火灾与否	0:是;1:否	B_Experience
	消防知识培训或演习次数	1:0;0:其他	B_FTtime1
		1:1;0:其他	B_FTtime2
		1:2 或 3;0:其他	B_FTtime3
		1:4 及以上;0:其他	B_FTtime4
	去图书馆的频率	1:没有去过;0:其他	B_LibFre1
		1:去过一两次;0:其他	B_LibFre2
		1:1~2 次/周;0:其他	B_LibFre3
		1:3~4 次/周;0:其他	B_LibFre4
		1:≥5 次/周;0:其他	B_LibFre5
	是否熟悉馆内疏散指示标识	0:是;1:否	B_FES

（2）模型结果分析

模型估计前需进行变量相关性分析以检验模型稳健性,各变量间相关性如表 7-10 所示,变量相关性阈值多数情况下低于 0.2。由表可知,路径长度与拥挤程度、路径决策相关性系数,疏散时间与路径决策相关系数最高,为避免参数估计时方差过大影响模型精度,建模时应剔除此因素,其余变量应综合考虑。

表 7-10　各变量间相关性矩阵

变量	B_Gender	B_Prof	B_Grade	B_Experience	B_FTtime	B_LibFre	B_FES	B_Length	B_Light	B_Crowd	B_Time	Choice
B_Gender	1	−0.15	−0.17	0.12	0.05	0.06	0.04	−0.18	−0.06	−0.02	0.07	−0.04
B_Prof	−0.15	1	0.12	−0.02	0.04	−0.15	0.04	0.12	0.02	0.09	−0.01	−0.15
B_Grade	−0.17	0.12	1	−0.11	−0.19	−0.13	0.18	0.18	0.06	0.05	−0.11	−0.04
B_Experience	0.12	−0.02	−0.11	1	0.09	0.09	0.04	0.03	0.02	0.07	0.01	0.05
B_FTtime	0.05	0.04	−0.19	0.09	1	0.06	−0.11	−0.02	−0.01	−0.01	0.05	0.02
B_LibFre	0.06	−0.15	−0.13	0.09	0.06	1	−0.12	0.04	0.08	0.02	0.03	0.01
B_FES	0.04	0.04	0.18	0.04	−0.11	−0.12	1	0.06	0.04	0.06	−0.03	0.01
B_Length	−0.18	0.12	0.18	0.03	−0.02	0.04	0.06	1	0.31	0.52	0.13	0.42
B_Light	−0.06	0.02	0.06	0.02	−0.01	0.04	0.04	0.31	1	−0.11	0.07	0.16
B_Crowd	−0.02	0.09	0.05	0.07	−0.01	0.02	0.06	0.52	−0.11	1	0.20	0.19
B_Time	0.07	−0.01	−0.11	0.01	0.05	0.03	−0.03	0.13	0.07	0.20	1	0.34
Choice	−0.04	0.06	−0.04	0.05	0.02	0.01	0.01	0.42	0.16	0.19	0.34	1

以最短路径 1 为参照组借助 Python 编程对参数进行标定,通过对模型进行多次调试保留对疏散路径决策有显著影响的变量,其中路径 2 为应急照明条件较好的疏散路径,路径 3 为拥挤程度较低即最为畅通的疏散路径,模型最终参数标定结果如表 7-11 所示。

表 7-11　ML 模型参数估计结果

路径		路径 2 Light3	路径 3 Crowd3
平均值	ASC	−0.878**	−1.357***
	B_Gender	0.0676	0.234***
	B_Prof1	0.166	0.376*
	B_Prof2	0.207	0.487**
	B_Grade1	0.690*	0.673*

续表7-11

路径		路径 2 Light3	路径 3 Crowd3
平均值	B_Experience	−0.211**	−0.273**
	B_FTtime2	−0.002	−0.220*
	B_LibFre2	0.143	−0.118
	B_LibFre3	0.199**	0.157**
	B_LibFre4	0.169*	0.044
	B_Light	0.081***	
	B_Crowd	0.421***	
标准差	B_Light	0.08***	
	B_Crowd	0.427***	

注:* 表示在 10% 水平显著,** 表示在 5% 水平显著,*** 表示在 1% 水平显著;Light3 表示应急照明条件最好,Crowd3 表示路径畅通性最好。

由常数项(ASC)参数估计结果可知,在不考虑其他因素状况下疏散人员逃生过程中倾向于选择最短疏散路径。根据模型最终参数估计结果可知,疏散人员的部分个人社会经济属性与路径属性均对疏散路径决策有显著影响。相较于男性,女性倾向于选择较长但较为畅通的疏散路径;理工科专业的疏散群体倾向于选择较长但较为畅通的疏散路径,相较于理科类人群,工科类人群此类行为倾向更强;本科生疏散群体倾向于选择较长但有其他优势的路径 2 与路径 3;经历过火灾的疏散人群往往不会选择最短的疏散路径 1,而是选择应急照明条件较好的路径 2 或人群分布较为分散即畅通性、可达性较高的路径 3;接受过消防知识培训或演习次数越少的疏散群体往往选择较短的疏散路径;去图书馆频率越高的疏散群体倾向于选择应急照明条件较好的路径 2,表现出明显的趋光性。

由情景方案属性系数可知,路径的应急照明条件越好,路径畅通性越高,疏散人员越倾向于选择较长的疏散路径。由混合 Logit 模型标准差可知,不同疏散人员对于疏散路径的应急照明条件、拥挤程度的偏好存在显著差异性,说明疏散人员之间存在显著异质性,且不同疏散人员偏好存在显著差异。

7.5.2　混合选择模型

基于随机效用理论的传统离散选择模型,为决策者在面对不同选择对象时作出决策提供了理论依据,自提出以来便在经济学领域、交通领域得到了广泛应用。在利用离散选择模型研究疏散人员的行为决策时,通常仅将个人属性、环境因素等可直接观测的变量作为解释变量,忽略疏散人员恐慌、从众心理等不可直接观测的心理潜变量对疏散行为的影响,导致模型的预测结果与实际结果存在较大偏差,难以真实反映火灾紧急状况下疏散人员的决策行为。

因此,针对传统离散选择模型(DCM)的不足,本研究在考虑疏散人员的个人社会经济属性及疏散路径属性的基础上,综合考虑恐慌、从众、惯性非适应性疏散心理,利他适应性疏散心理及风险感知、环境熟悉度等心理潜变量对疏散行为的作用,并在离散选择模型的基础上纳入结构方程模型计算得到的适配值,构建考虑疏散人员心理潜变量的混合选择模型(HCM)框架以分析新疆大学博达校区图书馆人员火灾下的疏散行为决策。

(1) 混合选择模型框架构建

疏散人员在进行行为决策时会选择效用最大的疏散路径,在考虑心理潜变量的混合选择模型中,疏散人员 i 选择路径 j 时的效用可用式(7-14)表示。

$$U_{ij} = \alpha_j \boldsymbol{X} + \beta_j \boldsymbol{Z}_j + \gamma_j \eta + \varepsilon_j \tag{7-14}$$

式中:$\boldsymbol{X}$ 代表疏散人员个人社会经济属性向量;$\boldsymbol{Z}$ 代表路径长度、疏散时间、应急照明条件、拥挤程度等路径属性向量;η 代表恐慌、从众、惯性心理,利他心理,风险感知与环境熟悉度等难以直接观测的心理潜变量;ε_j 为随机误差项;α、β、γ 分别为模型中相对应的待估参数。

本研究构建的探究疏散心理对图书馆火灾疏散路径决策影响的混合选择模型框架如图 7-11 所示。

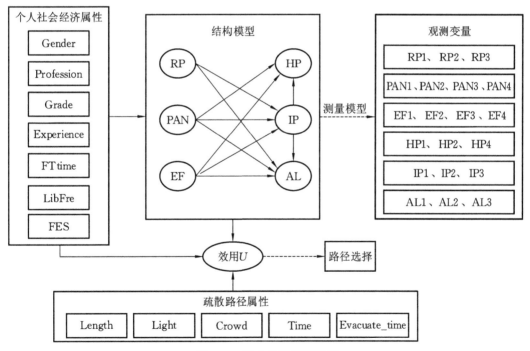

图 7-11　混合选择模型框架

(2) 模型估计结果

为探究疏散心理潜变量对疏散行为决策的影响,本研究在上述混合 Logit 模型的基础上引入疏散心理潜变量的适配值,构建考虑疏散心理潜变量的混合选择模型并与上述 ML 模型对比,比较两模型的解释能力与拟合优度。疏散人员的个人社会经济属性、疏散路径属性特征的定义及命名与上述 ML 模型一致,疏散心理潜变量则通过 7.4 节 MIMIC 模型计算得到。与 ML 模型处理方法相似,同样将情景方案属性变量设置为随机系数,将性别、专业、在读年级、经历火灾与否、消防知识培训或演习次数、去图书馆的频率、是否熟悉馆内疏散指示标识等解释变量设置为固定系数,以最短路径 1 为参照项,选用 Python 进行编程求解模型,使用极大似然估计对模型进行参数估计。经过对初始模型进行调试,保留对疏散行为决策影响显著的解释变量,最终模型的参数估计结果如表 7-12 所示。

表 7-12　混合选择模型参数估计结果

模型		不考虑潜变量的 ML 模型		考虑潜变量的混合选择模型	
路径		路径 2 Light3	路径 3 Crowd3	路径 2 Light3	路径 3 Crowd3
平均值	ASC	-0.878^{**}	-1.357^{***}	-0.829^{*}	-1.918^{***}
	B_Gender	0.0676	0.234^{***}	0.048	0.253^{***}
	B_Prof1	0.166	0.376^{*}	0.192	0.403^{**}
	B_Prof2	0.207	0.487^{**}	0.235	0.495^{**}
	B_Grade1	0.690^{*}	0.673^{*}	0.733^{**}	0.169
	B_Experience	-0.211^{**}	-0.273^{**}	-0.232^{**}	-0.268^{**}
	B_FTtime2	-0.002	-0.220^{*}	0.027	-0.181
	B_LibFre2	0.143	-0.118	0.185^{**}	-0.075
	B_LibFre3	0.199^{**}	0.157^{**}	0.224^{**}	0.157^{*}
	B_LibFre4	0.169^{*}	0.044	0.188^{**}	0.0537
	B_Light	0.081^{***}		0.0905^{**}	
	B_Crowd	0.421^{***}		0.426^{***}	
	B_HP	—		-0.048^{**}	-0.060^{**}
	B_AL	—		-0.0137	-0.087^{***}
	B_EF			0.0331^{**}	0.0145
标准差	B_Light	0.08^{***}		0.0748^{**}	
	B_Crowd	0.427^{***}		0.474^{***}	
	Log likelihood	-8437.23		-8106.08	
	McFadden's pseudo R^2	0.07		0.09	

注:*** 表示在 0.01 水平显著,** 表示在 0.05 水平显著,* 表示在 0.1 水平显著;Light3 表示应急照明条件最好,Crowd3 表示路径畅通性最好。

由表 7-12 的模型参数估计结果可知,HCM 的对数似然函数值大于 ML 模型,因此 HCM 的拟合度优于 ML 模型,且 HCM 的 McFadden's pseudo R^2 值大于 ML 模型,表明考虑疏散心理潜变量的混合选择模型对图书馆火灾应急疏散路径决策行为的解释能力高于 ML 模型,潜变量较为显著地影响疏散人员的路径决策行为。下面对 HCM 的结果进行详细论述。

① 在疏散人员的个人社会经济属性方面,相较于男性,女性在疏散时更加倾向于选择路径较长但较为畅通的路径 3,出现此情况的原因可能是女性认为路径的畅通能够使自身迅速摆脱危险的火场环境,虽然路径长度较长但更加安全,与已有研究结论一致;相较于文科生,理工科专业的疏散人群认为较为畅通的路径 3 会获得较大的疏散效用;在读年级越低的学生疏散过程中表现出强烈的趋光性,进行疏散路径决策时更加倾向于选择应急照明条件更好的路径 2;经历过火灾的疏散人群倾向于选择应急照明条件好,较为畅通的疏散路径,原因可能是有火灾逃生经验的疏散人群认为火场环境下选择最短路径并非安全疏散之举,相反选择应急照明条件好、畅通路径逃生概率更大;到图书馆频率不同的疏散人员在疏散路径决策时有不同的偏好,总体上表现出较为明显的趋光性。

② 在疏散路径属性方面,路径的应急照明条件与拥挤程度对疏散路径决策均产生显著正影响,即路径的应急照明条件越好,路径越畅通时,疏散人员往往不在乎其他因素,对长度、疏散时间虽长但明亮、畅通的路径 2 与路径 3 较为青睐,不倾向于选择最短路径,说明疏散人员在疏散过程中会根据实际情况选择疏散路径,并非盲目地选择最短路径;且路径的拥挤程度对疏散路径决策的影响大于应急照明条件,表明相较于应急照明条件,应急疏散时路径的拥挤程度为疏散人员路径决策时首要考虑的因素。

③ 疏散人员的部分心理潜变量对疏散路径决策产生不同程度的显著影响,从众非适应性疏散心理对路径 2 与路径 3 选择存在显著负影响,表明疏散人员在逃生过程中跟随他人疏散的心理越强,越倾向于选择最短疏散路径,这可由 Sime 提出的从属模型解释:疏散人员在突发火灾下获取的应急疏散信息匮乏,拥有与疏散群体一致的逃生意志而选择跟随,疏散人员往往被熟悉的人所吸引而选择跟从逃离,该模型假设紧急状况下的疏散群体总是选择最短的疏散路径。

利他适应性疏散心理对最长疏散路径存在显著负影响,表明疏散人员逃生过程中对受困者的援助倾向越强,越不倾向于选择最长疏散路径,这可能是因为施助者考虑到受困人员疏散速度降低,面对路径决策时认为较短路径同样可实现逃生。

环境熟悉度对疏散人员的路径决策产生显著正影响,表明疏散人员对图书馆的疏散环境越熟悉,越倾向于选择明亮的疏散路径 2,熟悉图书馆环境的疏散人群具有趋光性的原因可能是他们对于火灾时馆内应急照明系统较为信任,考虑到火灾疏散环境认为应急照明条件越好越安全。

7.6　考虑动态火灾产物的行为选择模型构建

为了分析随火场环境变化的火灾产物对疏散路径决策的影响,基于图书馆火灾疏散路径决策面板数据,构建考虑时间因素的动态离散选择模型(DDCM),与 7.5 节中较优的混合选择模型的解释能力与拟合优度进行比较,对比两模型的预测概率与实际选择概率,并针对关键显著影响因素进行敏感度分析,对比静态敏感度与动态敏感度,以说明静态模型与动态模型对于描述图书馆火灾疏散路径决策的差异。

7.6.1　动态离散选择模型

7.5 节中构建的模型不论是 ML 模型抑或是 HCM 只观测到了疏散人员静态的选择或静态的选择偏好,然而火灾场景下,疏散人员会观察随时间发展的火场环境,根据不同时刻下的火灾发展状况更改疏散路径决策,即作出动态决策。Pel 等通过重点回顾疏散路径决策、出发时间选择、目的地选择、路线选择等相关研究,指出疏散是一个动态过程,在建模时应该考虑时间因素。因此,在描述分析火灾下疏散人员的路径决策行为时,采用动态离散选择模型能够较好地捕捉疏散人员在不同时刻不同火灾产物下的路径选择行为。

（1）模型框架

DDCM 主要特点为当期的选择不仅由疏散人员已有的变量取值决定,很大程度上也受前一期或前几期决策的影响。动态离散选择模型在效用函数中纳入之前的决策变量,使其具有时间序列特点,由此捕捉路径决策行为的动态演化特征。考虑心理潜变量的 HCM 对数据解释能力较好,因此本研究在 HCM 的基础上,构建考虑时间因素的 DDCM,在效用函数中考虑上一时刻火场环境下的决策,分析疏散人员的动态决策。

本研究在总结动态离散选择模型框架的基础上,提出考虑动态火灾产物的疏散模型,疏散人员 i 在每个不同火灾产物环境下需作出路径决策,在每个时间 $t = t_1, t_2, t_3$ 下需从选择集{路径 1,路径 2,路径 3}中选择一条较为安全的逃生路径 j,则疏散人员 i 在 t 时刻选择路径 j 的效用可由式（7-15）表示。

$$U_{ijt} = f(X_{ijt}, Z_j, \eta, \sum \rho y_{it} : \alpha_j, \beta_j, \gamma_j, \theta_i) \tag{7-15}$$

式中:X_{ijt} 代表疏散人员 i 的个人社会经济属性;Z_j 代表疏散路径属性;η 代表疏散人员的心理潜变量部分;$\sum \rho y_{it}$ 为累积前序决策,ρ 为折现因子,$\rho \in [0,1]$;$\alpha_j, \beta_j, \gamma_j, \theta_i$ 分别为模型变量对应的待估参数。

疏散人员的效用函数确定后,还应满足动态离散选择模型假设,即决策者除根据已有选择与状态作出决策外,还可根据当下信息预测下一阶段的发展,作出条件选择决策。根据效用最大化理论,决策者当期选择时考虑最大的期望效用,即

$$r_{i,t} = E_t[v_{i,t}] \tag{7-16}$$

式中:$v_{i,t}$ 为最大效用 U_{ijt},由此可分析疏散人员的动态决策过程。以 $D_{i,t}(v_{i,t}, r_{i,t})$ 表示现阶段所作决策,当决策者在 $t = t_1, t_2, t_3$ 作出选择时,目前决策过程可表示如下:

$$D_{i,t}(v_{i,t}, r_{i,t}) = \max\{v_{i,t} + \rho E_{t+1}[D_{i,t+1}(v_{i,t+1}, r_{i,t+1}) | r_{i,t}]\} \tag{7-17}$$

式中:ρ 为当期对上期的折现因子,$\rho \in [0,1]$,由式（7-17）可分析上下期的动态关系。

（2）模型结果

当疏散人员基于不同火场环境即不同火灾产物作出路径决策时,由于疏散人员是根据截至决策前这段时间里火灾产物的累积程度作出决策的,故人员的疏散路径决策具有马尔

可夫性,同样遵循效用最大化理论,此时人员的动态路径决策除考虑其个人社会经济属性、疏散路径属性、疏散心理外,还考虑动态火灾产物的变化。本研究在混合选择模型的基础上考虑累积前序决策(前序决策反映火灾产物的累积)变量,利用图书馆火灾疏散路径决策面板数据,基于 Python 编程进行参数估计,探究动态火灾产物对图书馆火灾疏散路径决策的影响,DDCM 与 HCM 参数估计结果对比如表 7-13 所示。

表 7-13 DDCM 与 HCM 参数估计结果对比

模型	未考虑时间因素的 HCM		考虑时间因素的 DDCM	
路径	路径 2 Light3	路径 3 Crowd3	路径 2 Light3	路径 3 Crowd3
ASC	-0.829^{*}	-1.918^{***}	-0.718^{**}	-2.934^{***}
B_Prof1	0.192	0.403^{**}	0.176	0.391^{**}
B_Prof2	0.235	0.495^{**}	0.189^{**}	0.563^{**}
B_Grade1	0.733^{**}	0.169	0.542^{**}	0.671^{*}
B_Grade2	0.538	0.480	0.321^{*}	0.682^{*}
B_Experience	-0.232^{**}	-0.268^{**}	-0.218^{*}	-0.126^{**}
B_FTtime1	0.0718	0.0130	0.154	0.308^{*}
B_FTtime2	0.027	-0.181	-0.0123	-0.0497
B_FTtime3	0.0795	0.0874	0.149^{**}	0.132^{*}
B_LibFre1	-0.300	0.296	-1.863	-1.398^{**}
B_LibFre2	0.185^{**}	-0.075	-1.351	-1.808
B_LibFre3	0.224^{**}	0.157^{*}	-1.286	-1.587
B_LibFre4	0.188^{**}	0.0537	-1.321	-1.582
B_FES	-0.105	-0.098	-0.0851^{**}	-0.0768^{**}
B_Evacuate_time	—	—	0.186^{***}	0.398^{***}
B_Light	0.091^{**}		0.071^{**}	
B_Crowd	0.426^{***}		0.281^{***}	
B_lastchoice	—		1.257^{***}	
B_RP	0.0147	0.0112	0.0291^{**}	0.0136
B_IP	0.00158	0.0144	-0.0053	0.0232^{**}
B_HP	-0.048^{**}	-0.060^{**}	-0.021	-0.0461^{**}
B_AL	-0.0137	-0.087^{***}	0.0327^{**}	0.0742^{**}
B_EF	0.0331^{**}	0.0145	0.0431^{**}	0.0212

注:*** 表示在 0.01 水平显著,** 表示在 0.05 水平显著,* 表示在 0.1 水平显著;Light3 表示应急照明条件最好,Crowd3 表示路径畅通性最好。

由表 7-13 可知,DDCM 部分解释变量对疏散路径决策的影响与 HCM 结果类似,例如性别(B_Gender)、理科类(B_Prof1)、从众心理(B_HP)、环境熟悉度(B_EF)等,故此处不再赘述;在此仅重点说明 DDCM 与 HCM 参数估计结果有差异的解释变量。

首先,由选择肢常数项(ASC)参数估计结果可知,相较于 HCM,路径 2 的显著性提高,路径 3 参数绝对值变大,表明人员在动态路径决策过程中更加倾向于选择较短路径,但此时疏散人员对路径的应急照明条件敏感程度有所下降,可能是随着环境变化火灾产物毒性较烟雾对人体伤害大,疏散人员希望尽快离开火灾现场,因此认为较短路径可实现安全撤离。

个人社会经济属性方面,相较于文科类,与 HCM 相比,工科类(B_Prof2)疏散人群在动态选择过程中不再只倾向于畅通的疏散路径,还存在显著的疏散趋光性,可能是工科类人群在多次选择时考虑到火灾环境的烟雾变化,认为应急照明条件好的疏散路径可解决可见度低的问题。相较于 HCM,本科生(B_Grade1)疏散人群在动态疏散过程中不再只关注应急照明条件,考虑到火场环境变化中路径的畅通可达性亦是安全逃离因素,硕士生(B_Grade2)疏散人群在动态选择过程中与本科生疏散人群选择偏好相似,但与 HCM 静态选择相比有所差异,其在疏散过程中倾向于选择应急照明条件好,路径畅通的疏散路径,究其原因可能是考虑到火场环境变化,此时选择最短路径并不一定能安全疏散。此外,本科生与硕士生疏散群体在动态决策过程中均认为疏散路径的畅通可达性重要性大于路径的应急照明条件,但硕士生疏散群体对于两类路径属性的偏好差异性大于本科生疏散群体。与 HCM 不同,动态选择过程中消防知识培训或演习次数(B_FTtime)越多的疏散人员越倾向于选择路径 2 与路径 3,表明有一定消防知识储备的疏散人员在面对不同时刻不同火灾产物下的疏散环境时选择较为谨慎,因其对于火灾危害性较为了解且对于疏散逃生基本知识较为熟悉,考虑到烟雾温度、可见性、毒性对人体的影响,认为应急照明越亮、畅通的疏散路径较为安全,逃生概率较大。与 HCM 相比,相较于去图书馆频率较高的疏散人员,未曾去过图书馆的疏散人员(B_LibFre1)解释变量的显著性发生变化,且对疏散路径 3 存在显著负影响,表明未去过图书馆的疏散人员越不倾向于选择畅通但距离最远的路径 3,原因可能是在动态疏散过程中对图书馆环境不熟悉而拒绝最长疏散路径。是否熟悉馆内疏散指示标识(B_FES)的显著性发生变化,对图书馆的疏散指示标识越熟悉,疏散人员对于消防安全的关注度越高,在动态路径决策时考虑到火灾产物的影响越倾向于选择应急照明条件好、畅通的疏散路径。

疏散时刻(B_Evacuate_time)对疏散路径决策存在显著正影响,表明随着时间的推移,由于高温、低能见度、较高的烟雾毒性对人体的影响,疏散人员意识到最短路径并非通行时间最短,高危的疏散环境致使最短路径的使用率较高,需花费较长的疏散时间,因此总体上倾向于选择应急照明条件好、畅通的疏散路径。

考虑时间因素后,模型的部分心理潜变量的显著性发生变化,风险感知(B_RP)对疏散路径决策产生显著正影响,表明感知到的火灾风险越高,疏散人员在动态决策过程中的路径趋光性越强,认为应急照明条件越好的疏散路径越安全;惯性非适应性心理(B_IP)愈强的疏散人员在动态疏散过程中倾向于选择畅通的疏散路径;不同于 HCM,利他适应性疏散心理(B_AL)越强,疏散人员对于路径的应急照明条件与畅通性关注度越高,原因可能是逃生过程中做出利他适应性行为的疏散人员拥有一定的消防知识储备,其考虑到烟雾毒性、可见度与温度的影响,认为应急照明条件越好、路径畅通性越高的路径可实现安全撤离。

对比两模型的最终回归结果,分析两模型的拟合优度与解释能力,对比结果如表 7-14 所示。

表 7-14　HCM 与 DDCM 回归结果对比

模型	Log likelihood	McFadden's pseudo R^2
HCM	-8106.08	0.09
路径 2 与路径 3 的显著变量包括性别、专业、在读年级等共 18 个		
DDCM	-8024.17	0.20
路径 2 与路径 3 的显著变量包括性别、专业、在读年级等共 29 个,增加显著解释变量为个人社会经济属性里的去图书馆的频率,情景方案属性里的疏散时刻以及心理潜变量中的风险感知、惯性心理		

上述两种模型均应用最大似然估计方法进行估计,故可使用似然函数之间的差异及 R^2 参量进行模型之间的对比分析。由表 7-14 可知将时间因素纳入模型后,DDCM 的 R^2 值较大,对数据解释能力较好,整体拟合度较高,且显著变量的个数有所增加,因此,考虑时间因素的 DDCM 能够更好地捕捉疏散人员在不同时刻面对不同的火灾产物时路径决策的心理过程与内在机理,更加全面地揭示各类变量对动态路径决策的影响。

7.6.2　模型预测

为了验证考虑动态火灾产物构建的动态离散选择模型的适用性,分别对构建的静态选择模型即混合选择模型与动态离散选择模型进行疏散路径选择概率的预测,并将两模型预测概率与实际选择概率进行对比,如图 7-12～图 7-14 所示。

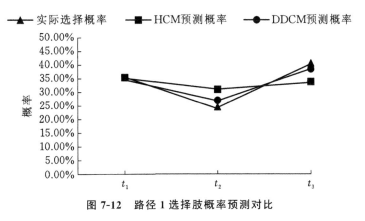

图 7-12　路径 1 选择肢概率预测对比

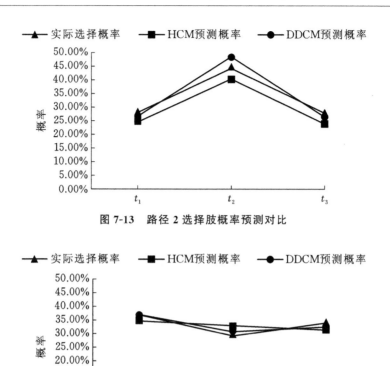

图 7-13　路径 2 选择肢概率预测对比

　▲ 实际选择概率　　■ HCM预测概率　　● DDCM预测概率

图 7-14　路径 3 选择肢概率预测对比

由图 7-12～图 7-14 可知,HCM 的预测结果与实际选择情况存在较大差距,最大误差为 7%,而 DDCM 的路径预测结果与实际选择情况较为接近,最大误差为 3%,DDCM 与实际的路径决策变化较为契合,因此考虑动态火灾产物的行为选择模型可在一定程度上提高路径决策预测精度,对于疏散人员逃生过程中的路径决策刻画得较为准确。HCM 由于将每次路径决策视为静态,故其预测概率总体上稳定在平均概率附近,对于实际中由于火灾产物影响的选择突变捕捉不足;虽然 DDCM 不可百分百地复制实际选择,但却能较大程度地捕捉实际情况下的决策突变。此外可以看出,t_1 时人员选择畅通的路径 3 概率较大,t_2 时人员选择应急照明条件好的路径 2 概率较大,t_3 时人员选择较短的路径 1 概率较大。

7.6.3　敏感度分析

已构建的行为选择模型参数标定结果只能分析疏散人员的个人社会经济属性、路径属性及心理潜变量等因素是否对路径决策影响显著,不可直接反映各变量的定量变化对各选择肢即疏散路径选择的影响。一般研究变量在某一范围内的变动对模型结果的影响时常采用弹性计算的方法,通过计算变量的弹性值分析选择肢对该因素的敏感程度。本研究采用弹性计算的方法定量研究疏散路径的两个显著属性即应急照明条件、拥挤程度,对于 3 条疏散路径选择行为的敏感程度。

弹性计算的方法源于微观经济学中的价格理论,早期应用于分析需求量、供给量变动对价格或其他因素变动的敏感程度。类似于经济学中的供需关系,应急疏散行为选择中,弹性计算可用于分析选择肢特性或个人社会经济属性等因素变动对疏散人员的路径选择行为影响的敏感程度,即效用函数中某因素的范围性变动引起的疏散路径决策的变化程度。离散选择模型由于其非线性性质以及存在的二次协方差而更适用于弧弹性,其基本计算公式如式(7-18)所示:

$$E = \frac{\dfrac{\Delta X}{X}}{\dfrac{\Delta \alpha}{\alpha}} \tag{7-18}$$

式中:X 为待观测模型结果;α 为某一特定变量。

针对本研究,为衡量影响疏散路径选择行为的各变量单位变化对最终选择概率影响幅度,弹性计算公式可表达为:

$$E_{i,n,k} = \frac{\partial P_{i,n}}{\partial X_{i,n,k}} \cdot \frac{X_{i,n,k}}{P_{i,n}} = \frac{X_{i,n,k}}{P_{i,n}} \beta_{i,n} (1 - P_{i,n}) P_{i,n} = X_{i,n,k} (1 - P_{i,n}) \beta_{i,n} \tag{7-19}$$

式中:$P_{i,n}$ 为疏散人员 i 选择第 n 条路径的概率;$X_{i,n,k}$ 为解释变量的第 n 个选择肢的第 k 个属性;$\beta_{i,n}$ 为对应解释变量待估参数。此外,需要注意的是,上述弹性计算公式建立在连续变量的基础上,对于离散变量可采用下式计算:

$$E_{i,n,k} = \frac{P_{i,n}(X_{i,n,k} = X_a) - P_{i,n}(X_{i,n,k} = X_b)}{\frac{1}{2} \left[P_{i,n}(X_{i,n,k} = X_a) + P_{i,n}(X_{i,n,k} = X_b) \right]} \tag{7-20}$$

式中:X_a 为属性变化后的值;X_b 为属性变化前的值。根据上式可完成对疏散路径选择模型离散变量的弹性计算与敏感度分析。本研究的敏感度分析中,对静态与动态模型的敏感度分别进行计算:对于静态敏感度,采用上述构建的混合选择模型进行计算分析;对于动态敏感度,采用构建的动态离散选择模型进行计算分析。对比静态与动态敏感度的不同以分析静态与动态模型对图书馆火灾疏散路径选择行为描述的差异性。

（1）静态敏感度分析

由模型最终的参数标定结果可知,疏散路径的应急照明条件与拥挤程度对路径决策影响显著,基于混合选择模型回归结果,对这两个离散变量进行弹性计算。弹性值依赖于所取变量的值,分别设置 3 种水平:5%、10%、20%,以观测弹性值随着仿真情境中变量值变动而变化的趋势。

表 7-15　不同变量水平下的疏散路径需求弹性值

变量	路径 1	路径 2	路径 3
Light+5%	1.63	0.78	0.62
Light+10%	1.79	0.83	0.65
Light+20%	1.86	0.86	0.66

续表7-15

变量	路径1	路径2	路径3
Crowd+5%	1.87	0.81	0.74
Crowd+10%	1.94	0.87	0.77
Crowd+20%	1.96	0.89	0.79

由表7-15可知,变量总体弹性值分布在0.5~2.0之间,说明改善路径的应急照明条件与提高路径的畅通程度均对3条路径的选择有正面促进作用,且随着路径应急照明条件的改善与路径畅通程度的提高,3条路径的弹性值均呈上升趋势,增幅逐渐降低。由此可知人们的路径疏散需求向更加富有弹性的方向发展。对于应急照明条件,路径1的弹性值大于1,而路径2与路径3的弹性值小于1,表明较短的路径1对于应急照明条件是富有弹性的,当路径的应急照明条件足够好时人们更倾向于选择较短的路径1,但同样的应急照明条件下,疏散人员对于路径2与路径3的选择持谨慎态度;对于路径畅通程度,同理知较短的路径1对此因素同样是富有弹性的,且路径1的弹性值较大表明人们对此路径需求较大,可促进路径选择的转移。此外,路径畅通程度提升相同幅度下路径1的弹性值大于路径应急照明条件改善相同幅度下路径1的弹性值,表明疏散人员对路径畅通性的敏感程度高于应急照明条件,畅通性的变化比应急照明条件的变化对路径选择行为的影响更大。

综上,在静态疏散路径决策中,当面对同样的应急照明条件与畅通性时,疏散人员更易选择较短的路径1,对于较长的路径2与路径3的选择持谨慎态度;随着路径应急照明条件与畅通性的提高,疏散人员对3条疏散路径的需求向更加富有弹性的方向发展;疏散人员对路径畅通性的敏感程度高于对路径应急照明条件的敏感程度。

（2）动态敏感度分析

采用构建的DDCM进行动态敏感度分析,动态疏散过程中,人们的选择行为在每一时刻下有所不同,故对动态疏散过程中3个时刻下的路径选择均进行概率计算。为了清楚观测变量弹性值的动态变化情况,分别设置两种情景:应急照明强度提高20%,畅通性提高20%,计算得到两种情景下的路径选择概率变化值,图7-15、图7-16分别为应急照明强度提高20%时与畅通性提高20%时路径选择概率的变化情况,其中横坐标为火灾发展的3个不同时刻,纵坐标为路径选择概率变化值。

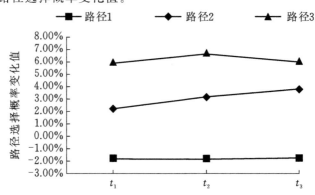

图7-15 应急照明强度提高20%时路径选择概率变化情况

动态疏散过程中,对于应急照明条件,与静态敏感度分析有所不同,疏散人员不再关注较短的路径 1,且应急照明强度的提升对路径 1 的选择有负面作用。随着应急照明强度的提升,路径 3 的选择概率增值最大,在 t_2 时高达 6.85％,表明提高应急照明强度可促进路径 3 选择转移,究其原因可能是路径 3 较长但应急照明条件与畅通性都具有良好水平,路径 1 虽为最短路径但其他属性可能较低,故路径 3 的选择概率增值最大。此外,在火灾发展的不同时刻下,3 条路径对于应急照明条件敏感程度有所差异,应急照明强度提升对路径 1 的选择有平稳的负面作用;对不同时刻下路径 2 的选择概率提升幅度最大,t_3 时刻较 t_2 时刻提高了 1.34％,可能是因为路径 2 的应急照明条件最好,随着火灾产物的累积危险度提升,t_2 时刻人体初感不适,路径的较好的应急照明条件在可见度较低的恶劣疏散环境下获得较高的逃生效用。

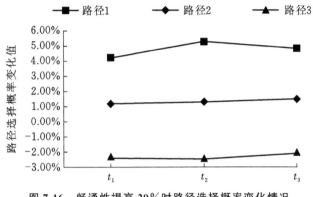

图 7-16　畅通性提高 20％时路径选择概率变化情况

就路径的畅通性而言,与静态敏感度分析类似,路径畅通程度提高使路径 1 的选择概率增值最大,t_2 时高达 5.36％,表明在动态疏散过程中最短路径对路径的拥挤程度最敏感,其次是应急照明条件较好的路径 2,出现此情况可能是因为火灾发展造成的时间压力使疏散人员认为在路径畅通条件下较短路径比应急照明条件好的疏散路径能够获得更大的逃生效用;此外与静态敏感度分析有所不同,随着火灾的动态发展提高路径畅通性对路径 3 的选择有显著的负面作用。随着火灾的动态发展,路径畅通性提升对路径决策的作用效果保持在平稳的状态,且 t_2 时刻下路径畅通性的提高使较短路径 1 的选择概率提升幅度最大,较 t_1 时刻提升了 1.13％,可能是因为 t_2 时刻火灾产物开始使人体产生不适,故此时波动较大。

7.7　本章小结

本章利用新疆大学博达校区图书馆火灾疏散路径决策面板数据,首先构建 MIMIC 模型探讨各疏散心理潜变量之间、疏散人员的个体特征与疏散心理潜变量之间的相关性;然后在考虑异质性的混合 Logit 模型的基础上,纳入 MIMIC 模型标定的潜变量适配值,构建考虑疏散心理潜变量的混合选择模型,以分析疏散心理对路径决策的影响;最后基于较优拟合模型,利用问卷调查面板数据,构建考虑动态火灾产物的动态离散选择模型,探究火灾产物对路径决策的影响,对比两者的拟合优度与预测能力,并针对显著影响因素进行弹性分析。本章的主要成果与结论如下：

（1）运用构建的 MIMIC 模型剖析火灾下疏散人员的各疏散心理潜变量之间，个体特征与疏散心理潜变量间的影响机制。结果表明恐慌心理、环境熟悉度对从众与惯性非适应性疏散心理、利他适应性疏散心理存在显著正影响；惯性心理对从众非适应性疏散心理存在显著正影响，但对利他适应性疏散心理存在显著负影响；风险感知对惯性非适应性疏散心理存在显著正影响。疏散人员的部分个人社会经济属性与疏散心理相关性有所差异，如女性具有较强的恐慌非适应性疏散心理、利他适应性疏散心理且具有较高的风险感知能力；在读年级越高的学生在疏散过程中具有更弱的惯性非适应性疏散心理。

（2）利用图书馆火灾疏散路径决策面板数据，构建混合 Logit 模型以分析路径决策驱动因素及影响机制，结果表明疏散人员对于路径的应急照明条件与拥挤程度偏好存在差异，体现不同疏散个体之间异质性。构建考虑人员疏散心理潜变量的混合选择模型并与混合 Logit 模型对比，结果显示考虑疏散心理潜变量的 HCM 具有较高的解释能力与拟合优度，部分个人社会经济属性与路径属性对路径决策存在显著影响。疏散心理潜变量中，从众非适应性疏散心理对最短路径选择存在显著正影响，利他适应性疏散心理对最长路径选择存在显著负影响，且环境熟悉度越高的疏散人员越倾向于选择更为明亮的疏散路径。

（3）为探究动态火灾产物对路径决策的影响，本研究基于路径决策面板数据，构建考虑动态火灾产物的动态离散选择模型并与 HCM 对比，结果表明 DDCM 拟合优度与预测能力均优于 HCM，考虑火灾产物动态变化对于揭示火灾下路径决策过程与内在机理意义重大。与 HCM 有所不同，部分个体特征、路径属性、心理潜变量的显著性发生变化，且显著变量的个数增多。

（4）通过计算应急照明条件与拥挤程度两个显著因素的弹性值，以定量分析路径决策对各因素的敏感程度。在静态敏感度分析中，根据弹性值可知人员的疏散需求向着更加富有弹性的方向发展，较短路径 1 对于两属性是富有弹性的，且疏散人员对路径畅通性的敏感度高于对路径的应急照明条件的敏感度。在动态敏感度分析中，提高路径应急照明强度对人员在动态决策过程中路径 1 的选择始终存在显著负作用；提高路径的畅通性可使人员在动态决策过程中对不拥挤且最短的路径 1 的选择产生显著正影响，对本身较为畅通的路径 3 的选择产生显著负影响，且 t_2 时刻下由于火灾产物刚开始使人体产生不适，故路径选择概率均有所提升。由敏感度分析可知，人员在火灾环境下更为注重的是路径的拥挤程度，对路径的应急照明条件关注度较低，且由于火灾产物对人体的作用，人员倾向于选择多属性联合的疏散路径。

根据问卷及上述研究结果，为提高疏散效率可提出如下建议：

（1）恐慌非适应性疏散心理对惯性、从众非适应性疏散心理，利他适应性疏散心理存在显著正影响，虽然恐慌可在一定程度上促进利他适应性疏散心理行为，但为避免单一非适应性疏散心理引发多种非适应性疏散心理阻碍疏散，使恐慌心理保持在较低状态，从而有较大可能做出利他行为，相关部门可积极组织开展馆内应急疏散消防演练，增加疏散人员的疏散经验，避免决策前火灾信息识别过程、决策中其余人员情绪渲染与决策后已然发生事故造成较为严重的恐慌非适应性疏散心理，避免弥漫的火场烟雾造成视野受限，以及行为趋同而产生从众行为。

（2）根据惯性心理对利他适应性疏散心理存在显著负影响，风险感知与环境熟悉度对利他适应性疏散心理均存在显著正影响，可得图书馆火灾人员疏散过程中，管理人员应及时公布火灾风险信息，使疏散人员对火情有一定了解，提高风险感知能力，在疏散过程中做好充分心理准备，降低无意识的惯性心理对疏散决策的影响；此外，为加强人员对图书馆环境的熟悉程度，可采取在醒目位置增加疏散路径平面指示图或疏散指示等措施。根据个人社会经济属性与各类疏散心理潜变量之间的相关性结果，可得疏散过程中要给予女性疏散群体特殊关注与照顾；可针对在读年级较低的疏散群体加大对图书馆等大型公共建筑消防知识的宣传与培训力度，增强其消防安全意识与提高其对消防安全的关注度，降低由恐慌、从众、惯性非适应性疏散心理主导行为的可能性，从而有更大概率做出利他行为。

（3）根据考虑动态火灾产物的路径行为选择模型可知，消防知识培训或演习次数较少时偏好较为单一，应急照明条件好的路径得不到利用，因此应加强对学生的消防知识培训与疏散演习；针对从众心理的疏散群体只倾向于选择较短路径，惯性心理的疏散群体只倾向于选择畅通路径的特点，为防止这种单一偏好导致疏散过程中产生新的路径拥堵而降低疏散效率，管理者应根据具体环境，对后续"跟随者"与"慌不择路者"进行积极引导，提高路径利用率。针对女性群体仅偏好畅通路径的特点，逃生过程中应给予女性关注，按照火灾情况对该类群体提供合理引导与帮助，避免由单一因素主导的疏散路径决策造成路径利用不均等问题。为防止图书馆内对环境不熟悉的疏散人员由于火灾应激状态只选择最短路径，相关部门应对来馆人员加大消防安全知识宣传与培训力度，也可采取措施在醒目位置设置该层疏散平面图或增加疏散引导标识。

（4）由显著因素弹性分析可知，疏散人员对路径的拥挤程度较为关注，且在火灾环境下人员更加倾向于选择多属性联合（即路径短、应急照明条件好、畅通）的疏散路径。但人员对于应急照明条件最不看重，为提高疏散路径分担率，除给予人群合理引导外，可在设计规范的相应范围内科学地提高疏散所用的应急照明最低照度或增加应急照明灯，增强烟雾环境下应急照明给人体带来的直观感受，提高疏散效率。

第 8 章　基于 BIM 的火灾人员疏散仿真研究

从近几年我国高校火灾的数据来看,高校建筑火灾事故给人民生命安全和财产安全造成了巨大的损失,必须引起高度的警惕。诸如图书室、多媒体教室和会议室等场所具有人员密集、可燃物多、疏散难度大等特点,高校图书馆往往结构复杂,人员众多,在火灾疏散时有如下诸多弊端。

（1）易燃物品多

图书馆内大量纸质藏书、木质书架书柜等都极易燃烧,发生火灾后,火势极易蔓延,产生大量有毒烟气。

（2）结构复杂

现代高校图书馆为了满足师生学习需要,建筑规模逐渐变大,结构复杂,且消防通道往往存在不畅通的情况,提高了火灾疏散的难度。

（3）人员密集

近年来,高校大量扩招,高校师生人数众多,图书馆使用人数增多,且高校师生往往消防意识薄弱,对消防安全知识不够重视,无疑增加了火灾安全隐患。

应对严峻的火灾安全事故,人们往往通过进行消防演练增强疏散者安全防火意识,进而减少火灾发生时的人员伤亡,但消防演练需要在真实场地进行,消耗大量的时间、人力和物力,成本较高,无法进行多次反复演练。随着计算机仿真技术的发展,火灾疏散仿真逐渐成熟,火灾疏散仿真具有安全性高、可重复性强、成本较低、仿真效果逼真和数据分析更准确等优点,因此得到了研究人员的广泛使用。

但在已有火灾疏散仿真研究中,仍存在诸多问题。首先,火灾疏散仿真模型中建筑信息完整性不高,和真实场景相差较大,因此影响了仿真的精度。其次,火灾产物对疏散者有重要的影响,且随着时间的变化,火灾产物的影响也在变化,而以往研究往往仅从静态考虑火灾对人的影响,缺乏对动态火灾产物的考虑,与现实不符。最后,以往研究在火灾疏散仿真模型中采用的出口决策机制基于完全理性的路径最短规则,与现实不符,疏散者的心理因素对疏散行为有重要的影响,而以往研究缺乏对疏散者心理因素的考虑。

本研究以新疆大学博达校区图书馆为研究对象,建立建筑信息完整的 BIM 模型作为火灾疏散仿真平台,将考虑疏散者心理潜变量的混合选择模型和考虑动态火灾产物的动态离散选择模型引入疏散仿真模型中,基于多智能体仿真技术对个体单独建模,从个人决策角度研究火灾突发事件下疏散者的路径选择行为内在机理,通过仿真结果验证引入心理潜变量、考虑动态火灾产物建模的必要性。

本章首先构建基于 BIM 的火灾疏散仿真平台,由于 BIM 的建筑信息可为后续火灾仿真模型与疏散仿真模型提供数据支持,且可与火灾仿真模型以及疏散仿真模型进行交互,故建立建筑信息完整的 BIM 模型作为火灾疏散仿真平台;其次,利用 PyroSim 火灾仿真软件,结合 BIM 的建筑信息建立火灾仿真模型,设置图书馆一楼会议室、二楼报告厅和四楼研究箱区域等不同的火灾场景,模拟各个场景中火灾的烟气蔓延趋势、一氧化碳浓度、能见度和温度等动态火灾产物的变化;再次,构建基于 BIM 的疏散仿真模型;最后,基于 BIM 仿真平台的仿真结果,从出口选择、疏散时间、路径决策和拥挤程度等角度进行模型对比分析。通过对比不同疏散模型的疏散效率,分析不同个人社会经济属性对疏散行为的影响;将考虑疏散者心理潜变量的 HCM 与不考虑心理潜变量的 ML 模型进行对比,分析疏散者心理对疏散行为的影响;将不考虑动态火灾产物的 HCM 与考虑动态火灾产物的 DDCM 进行对比,分析动态火灾产物对疏散行为的影响;根据疏散者实际选择,综合仿真结果评价指标,对不同疏散模型进行评估。

8.1　火灾人员疏散

8.1.1　火灾仿真软件介绍

火灾仿真软件是一种利用计算机技术模拟火灾场景、火势扩散和烟雾扩散等现象的软件工具。常用的火灾仿真软件有 PyroSim、ANSYS Fluent、SMARTFIRE、Firewind 和 CFAST,各种火灾仿真软件的优缺点对比如表 8-1 所示。

表 8-1　常用的火灾仿真软件优缺点对比

软件名称	软件介绍	优点	缺点
ANSYS Fluent	一种基于 CFD(computational Fluid Dynamics,计算流体动力学)技术的通用流体力学软件,可以模拟火灾场景、火势扩散和烟雾扩散	适用面广、稳定性好、精度高	物理模型比较缺乏,操作不够便捷
CFAST	一种用于计算室内火灾与烟气蔓延的仿真程序	操作简便、稳定性好	未考虑燃料的热解模型
SMARTFIRE	一种基于 CFD 技术的火灾仿真软件	精度高、模拟效果逼真	操作复杂、需要较高的计算机处理能力
PyroSim	一种基于 CFD 技术的专用于消防动态仿真的软件	操作简便、能可视化编辑、后处理能力强	—

由表 8-1 可知,PyroSim 操作简便、能可视化编辑、后处理能力强,且可从外界导入 DXF 与 FDS 文件,因此,本研究采用 PyroSim 软件进行火灾仿真,设置不同火灾场景,模拟各个

场景中的烟气、一氧化碳浓度、能见度和温度等动态火灾产物的变化。PyroSim 软件的仿真原理介绍如下：

（1）基本方程

PyroSim 是一个用于模拟火灾和烟气蔓延的计算机模拟软件，它基于有限元方法和计算流体动力学（CFD）模拟技术。有限元方法是将物理系统分割成许多小的单元，并通过计算每个单元的质量、力和加速度等参数，求解整个系统的行为。与此类似，CFD 模拟技术则是一种计算机模拟技术，旨在模拟流体行为。CFD 模拟技术基于数学模型和计算机算法，模拟流体的运动和相互作用，以预测流体的运动状态。

CFD 具体包含以下几个方程：

质量守恒方程：

$$\frac{\partial \rho}{\partial t} + \nabla \cdot \rho \vec{\mu} = 0 \tag{8-1}$$

动量守恒方程（牛顿第二定律）：

$$\frac{\partial}{\partial t}(\rho \vec{\mu}) + \nabla \cdot \rho \vec{\mu} \vec{\mu} + \nabla p = \rho f + \nabla \cdot \tau_{ij} \tag{8-2}$$

能量守恒方程（热力学第一定律）：

$$\frac{\partial}{\partial t}(\rho h) + \nabla \cdot \rho h \vec{\mu} = \frac{Dp}{Dt} + \dot{q}''' - \nabla \cdot q + \Phi \tag{8-3}$$

气体状态方程：

$$p = \frac{\rho R T}{M} \tag{8-4}$$

式中：ρ 为密度，单位为 kg/m³；t 为时间，单位为 s；$\vec{\mu}$ 为速度，单位为 m/s；p 为压力，单位为 Pa；h 为显焓，单位为 J/kg；T 为热力学温度，单位为 K；M 为混合气体分子质量，单位为 mol/kg。

（2）燃烧模型

在模拟计算的过程中，研究人员往往考虑有限反应率和混合分数来建立燃烧模型。有限反应率模型假设火灾过程中燃料和氧气的供应是有限制的，因此热释放速率会受到限制；混合分数模型则考虑了燃料和氧气的混合程度对热释放速率的影响。

混合分数模型方程：

$$v_F \, mol Fuel + v_0 \, mol O_2 \rightarrow \sum v_{p,i} \, mol products \tag{8-5}$$

混合分数计算公式：

$$\frac{\partial(\rho z)}{\partial t} + \frac{\partial(\rho z \mu_j)}{\partial x_j} = \frac{\partial}{\partial x_j}\left(\rho D \frac{\partial z}{\partial x_j}\right) \tag{8-6}$$

$$z = \frac{s Y_F - (Y_0 - Y_0^\infty)}{s Y_F^\infty + Y_0^\infty}; \quad S = \frac{v_0}{v_F M_F} \tag{8-7}$$

式中：Y_0^∞ 为燃烧前氧气的质量分数；M_F 为燃料的分子量，单位为 kg/mol；$v_{p,i}$ 为化学当量比。

气体组分和混合分数的关系式：

$$Y_i = Y_i[Z(x,t)] \tag{8-8}$$

氧质量的消耗率公式：

$$-m_0 = \frac{\partial}{\partial x_j}\left(\rho D \frac{dY_0}{df}\frac{\partial z}{\partial x_j}\right) - \frac{dY_0}{df}\frac{\partial}{\partial x_j}\left(\frac{\partial z}{\partial x_j}\right) \tag{8-9}$$

燃烧的热释放率公式：

$$q_c = \Delta H_0 m_0 \tag{8-10}$$

（3）热辐射模型

热辐射模型基于辐射传热原理，考虑了火源的温度、大小、形状等因素，还考虑了烟气的吸收和散射对辐射传热的影响，通过模拟计算，可以得到火灾场景中的热辐射强度分布，进而评估人员和建筑物的安全性。

热辐射通量公式如下：

$$\dot{q}''_r = \dot{q}''_{r,in} - \dot{q}''_{r,out} \tag{8-11}$$

其中，$\dot{q}''_{r,in}$ 为入射量，公式为：

$$\dot{q}''_{r,in} = \varepsilon \int_{s' \cdot n_W < 0} I_W(s') \mid s' \cdot n_W \mid d\Omega \tag{8-12}$$

$\dot{q}''_{r,out}$ 为出射量，公式为：

$$\dot{q}''_{r,out} = \varepsilon \sigma T_W^4 \tag{8-13}$$

式中：σ 为玻尔兹曼常数；W 为代受热面；$I_W(s)$ 为灰体出射辐射密度；T_W 为受热面温度；s 为湍流强度方向矢量。

8.1.2 烟气对疏散者的影响

（1）一氧化碳临界值

火灾的发展过程通常分为四个阶段：①点燃阶段：火源接触可燃物质后，可燃物质表面开始升温，直至达到点燃温度，从而被点燃。点燃阶段燃烧速率较慢，火焰高度较低。②自由燃烧阶段：可燃物质表面燃烧后，火焰开始上升，火势逐渐扩大。自由燃烧阶段火焰高度增加，燃烧速率加快，热量释放量增加。③烟气爆炸阶段：自由燃烧阶段烟气温度升高，烟气与空气混合后形成可燃气体，浓度达极限时发生爆炸。④炭化阶段：可燃物质炭化后，火势逐渐减弱，火焰高度降低，此时，燃烧主要依靠物体表面的裸露火焰和炭化物表面的反应。建筑火灾中的烟气是极其危险的，因为它包含着大量甲醛、一氧化碳等有毒有害物质，其中一氧化碳（CO）可以说是最危险的，具有强烈的毒性，能与人体中的血红蛋白结合，影响氧气的输送和利用，从而导致缺氧、中毒、昏迷和死亡。因此，本研究重点考虑 CO 对疏散者的影响。CO 浓度的影响如表 8-2 所示，通过综合分析，选取 2500ppm 作为 CO 临界值。

表 8-2　CO 浓度与接触时长对疏散人员的影响

CO 浓度	吸入时间与中毒症状
200ppm	2～3h 后,轻微头痛,乏力
400ppm	1～2h 内前额痛;3h 后威胁生命
800ppm	45min 内眼花、恶心;2h 失去知觉;2～3h 死亡
1600ppm	20min 内头疼、眼花;1h 内死亡
2500ppm	4～7min 内头痛、眼花;20～25min 内死亡
5000ppm	1～2min 内头痛、眼花;10～15min 内死亡
10000ppm	1～3min 内死亡

（2）能见度临界值

同时,建筑火灾中能见度降低会对人员疏散和救援行动造成严重的影响,增加火灾的危险性。火灾产生的烟雾会使空气中的可见光减少,导致能见度下降。当能见度低于一定程度时,人们可能会迷失方向、走入危险区域、无法逃生或者被困在火灾现场,从而导致人员伤亡和财产损失。因此,本研究考虑能见度对疏散者的影响,能见度临界值取 5m。不同空间的能见度临界值如表 8-3 所示。

表 8-3　不同空间的能见度临界值

场景	小空间	大空间
能见度临界值	5.0m	10.0m

（3）温度临界值

建筑火灾中高温对人体的危害很大,例如高温的热辐射和热气流可以对人体皮肤造成灼伤和烧伤,严重时可能导致皮肤组织坏死;也会导致呼吸系统受损,因为高温的空气中含有大量的有毒有害气体和微小的颗粒物,这些物质会刺激人的呼吸系统;而且高温环境下,人体的水分和电解质容易流失,导致中暑和脱水等症状,严重时,人体的神经系统容易受到影响,导致意识障碍和昏迷等。因此,本研究考虑温度对疏散者的影响。

人体在高温中承受时间按式(8-14)计算：

$$t = \frac{4.1 \times 10^8}{\left(\dfrac{T - B_2}{B_1}\right)^{3.61}} \tag{8-14}$$

式中：t 代表承受的极限时间；T 表示火场温度；B_1 取 1.0；B_2 取 0。根据公式可得出人体在高温条件下的耐受时间,如表 8-4 所示。根据《中国消防手册》可知,人体对火场环境耐受极限温度为 65℃,超过 65℃便可对人体造成损伤,因此本研究以 65℃ 为临界温度。

表 8-4　人体在高温条件下的耐受时间

温度/℃	65	82	93	104	120	176
耐受时间/min	62	49	33	26	16	1

8.1.3　疏散仿真软件介绍

疏散仿真软件是一种用于模拟人员疏散过程的工具,可以帮助研究人员、设计师和消防工程师更好地了解人员疏散过程中的行为和影响因素。常用的疏散仿真软件有 Simulex、Pathfinder、FDS+Evac、STEPS、AnyLogic、EXODUS 和 PFAST 等,各种疏散仿真软件的优缺点对比如表 8-5 所示。

表 8-5　常用的疏散仿真软件优缺点对比

软件名称	软件介绍	优点	缺点
Simulex	一种商业的疏散仿真软件,广泛用于建筑、地铁站、机场、体育场等场所的疏散分析	具有可视化的用户界面和强大的分析功能,可以模拟人员行为、建筑物结构和消防系统等多个因素的影响	Simulex 的学习曲线较陡峭,并且价格较高
Pathfinder	一种商业的疏散仿真软件,适用于建筑物、地铁站、机场 等多个场所的疏散分析	具有可视化的用户界面和直观的操作方式,可以模拟人员行为、建筑物结构和消防系统等多个因素的影响	Pathfinder 的计算速度较慢,并且不能很好地处理复杂的建筑结构
STEPS	一种开源的疏散仿真软件,适用于建筑物、地铁站、机场等多个场所的疏散分析	具有高度的可定制性和灵活性,可以模拟人员行为、建筑物结构和消防系统等多个因素的影响	STEPS 的使用需要一定的编程技能,并且需要较长的计算时间
AnyLogic	一种基于智能体、离散事件和系统动力学的多模式仿真软件	具有高度的可定制性和灵活性,可以模拟不同类型的建筑物和场景,具有二次开发功能	需要有一定的编程能力
EXODUS	一种商业的疏散仿真软件,可以用于模拟建筑物内的人员疏散	具有可视化的用户界面和直观的操作方式,可以模拟不同类型的建筑物和场景	价格较高,并且在模拟复杂场景时表现较差
PFAST	一种基于智能体的疏散仿真软件,可以用于模拟建筑物内的人员疏散	具有高度的可定制性和灵活性,可以模拟不同类型的建筑物和场景,并且考虑人员行为的不确定性	需要较多的计算资源和较长的计算时间

由表 8-5 可知，AnyLogic 不仅支持智能体仿真，还支持离散事件和系统动力学仿真，可以综合考虑多个因素的影响，如建筑物结构、消防系统、人员行为等，而且具有灵活的二次开发功能。因此，本研究基于 AnyLogic 软件，采用面向对象的二次开发技术，构建以新疆大学博达校区图书馆为场景的疏散仿真模型，模拟突发事件下建筑内人员的疏散过程以及疏散者的出口选择行为。

8.2 基于 BIM 的疏散仿真平台的构建

本节将第 7 章构建的不考虑心理潜变量的传统离散选择模型、考虑心理潜变量的混合选择模型（HCM）和考虑动态火灾产物的动态离散选择模型（DDCM），分别引入基于 BIM 的疏散仿真平台中，运用面向对象的二次开发技术，基于上述疏散仿真模型对每个疏散者单独建模，定义疏散者的基本属性和决策规则，根据现实情况中疏散者的疏散逻辑，完善疏散过程机制，从而实现疏散者疏散行为仿真。

8.2.1 BIM 技术介绍

（1）BIM 技术定义及发展

BIM 是指建筑信息模型，由 Chuck Eastman 借鉴了制造业的产品信息模型提出，他因此也被称为"BIM 之父"。BIM 通过对建筑的数据化、信息化模型整合，实现了数据连接互通的资源共享。BIM 的生命周期各阶段如图 8-1 所示。

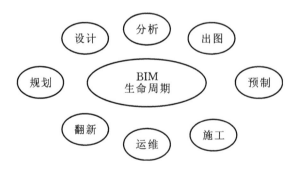

图 8-1 BIM 的生命周期各阶段图

目前，建筑行业已经完成了从手绘图纸时代到 BIM 时代的转变，在手绘图纸时代，常常会出现图纸精度不高、难以修改和制作时间过长等问题。随着 CAD 软件的广泛应用，建筑行业迎来了第一次革命，人们不再使用图板，而是开始使用计算机进行二维绘图。但是，CAD 呈现的信息有限且集成管理程度低，难以满足建筑行业不断提高的技术要求。随着三维技术的兴起，BIM 技术掀起了第二次革命，提高了模型精度。随着 BIM 技术的不断发展，BIM 模型已经被应用于管理运营和灾害分析等各个领域。

（2）BIM 技术的应用优势

BIM 技术具备强大的信息储存能力，可以在内部构件中添加材料、成本、使用年限等信息，将模型集成为一个信息集成的三维载体，更具整体性。用户可以随时调用 BIM 模型中存储的构件详细信息，提高对建筑的全面了解程度。BIM 模型的可视化是 BIM 技术的直观体现，可以根据用户需要进行模型渲染、动态漫游等操作，真实地展现实际场景的情况，提高空间视觉体验感。BIM 软件还提供了大量标准的样本和族，可以提高建模的效率和精准度。此外，BIM 还可以导出高质量的二维图纸和表格，方便局部审查和后期设备安装。Revit 软件所导出的 DXF 格式文件可以直接导入 PyroSim、Pathfinder 等软件中进行定义，使得建筑信息更加完整。

因此本研究先将建筑 CAD 二维底图导入 Revit 软件，建立基于 BIM 的图书馆建筑信息模型，再将建筑信息模型利用 DXF 文件导入火灾仿真软件 PyroSim 中，相较于直接将二维 CAD 导入 PyroSim 中，DXF 文件的导入减少了在 PyroSim 中重复建模的工作量。BIM 技术的"一模多用"不仅节省了重复建模的时间，还提升了模型的精确度，使之更接近现实情况，从而能更加准确地展现烟雾动态扩散过程，也能准确地看到人员疏散路径和拥挤区域。

8.2.2　基于 BIM 的建筑模型构建

本研究选择新疆大学博达校区图书馆作为研究对象，博达校区图书馆总建筑面积 6 万余平方米，馆藏纸质文献 195.6 万余册，分为地下一层和地上五层，设有 6000 个座位，具有可燃物较多、安全隐患大、人员密集度大等特点。根据《公共图书馆建筑防火安全技术标准》（WH 0502—1996）中 3.1.1 规定，建筑高度超过 50m，可容藏书量 100 万册以上的图书馆为一类建筑物，耐火等级为一级。

本研究综合考虑纸质书籍较多和人群密集的区域，其中地下一层有 2 个冗余书库，12 个档案库等。一层馆藏库有 2 个，面积分别为 197m² 和 331m²，密集书库 1 个，档案资料室 1 个，200 人会议室 1 个（椅子 264 张，长 23.7m，宽 14.4m，面积 341.28m²，仅有两个出口；控制室长 7.15m，宽 5.2m，面积 37.18m²），面积 345m²，本科教学机房 7 个。二层有 24 小时自习室 2 个，小型学术报告厅 2 个，藏书区域有 39 排木制书架，中外文图书阅览区共有 48 张桌子，148 个座位，300 人报告厅 1 个（椅子 406 张，长 23.4m，宽 18.8m，面积 439.92m²，仅有两个出口，出口处门宽 1.5m）。三层共有两个中外文图书阅览区，164 张桌子，共 904 个座位，藏书区共有 78 排书架。四层共有两个中外文图书阅览区，164 张桌子，共 904 个座位，藏书区共有 78 排书架，研究箱区域有研究箱 102 个，平面尺寸 2m×2m，8 个研讨间，其中 4 个面积为 24.75m²，另外 4 个面积为 33.16m²，电子阅览区包含 37 张桌子，216 个座位。五层包含阅览区与藏书区，阅览区共有 158 张桌子，824 个座位，藏书区有 126 排书架。

建模步骤分为导入 CAD 底图（附录 4）、建立标高和轴网、建筑主体建立和障碍物建模等。

（1）导入 CAD 底图

建立图书馆的第一步是导入 CAD 底图。CAD 底图是一个 2D 平面图，包含了建筑的各个部分和详细尺寸。可以将 CAD 底图导入 BIM 软件中,作为建立建筑信息模型的基础。

（2）建立标高和轴网

建立标高和轴网是建立建筑信息模型的第二步。标高是建筑的高度参照点,轴网是建筑的坐标系。通过建立标高和轴网,可以确定建筑的高度和坐标位置,为后续的建模工作提供准确的参考。

（3）建筑主体建立

建筑主体是建筑信息模型的核心部分,包括建筑的墙体、楼板、梁、柱等主要结构。BIM 软件可以根据 CAD 底图进行建模,也可以使用内置的建模工具进行建模。建立建筑主体需要考虑建筑的结构和功能,以及人员流线等因素。

（4）障碍物建模

障碍物建模是建立建筑信息模型的附加工作,包括建筑内的各种障碍物,如家具、设备、管道等。障碍物建模可以帮助建筑师和工程师更好地了解建筑内部的结构和设施,以便更好地进行设计和管理。

本研究所建立的图书馆三维模型如图 8-2 所示。

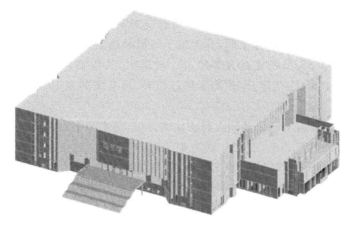

图 8-2 新疆大学博达校区图书馆三维模型

8.2.3 火灾仿真模型建立

本研究通过以下几个步骤完成火灾仿真:首先,将在 Revit 中建立的 BIM 模型导入 PyroSim 中;其次,对各个火灾场景进行边界条件设置、火源设置、燃烧反应设置和燃烧材料设置,然后计算得出结果;最后,使用 Smokeview 对每个场景的一氧化碳、温度和能见度等动态火灾产物进行可视化分析,如图 8-3 所示。

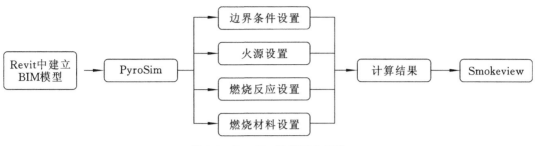

图 8-3 PyroSim 仿真基本步骤

（1）BIM 模型的导入

在 Revit 中，可以通过"导出"命令将三维模型导出为 DXF 文件，导出时，可以选择导出范围、导出图层、导出的线型和颜色等参数。导出的 DXF 文件可以包含楼板、墙体、柱子、门窗等建筑元素，以及相应的图层和属性信息。在导入火灾仿真软件 PyroSim 以后，可以更准确地模拟火灾对建筑物的影响，包括火势、烟雾扩散等。导入后的 PyroSim 模型如图 8-4 所示。

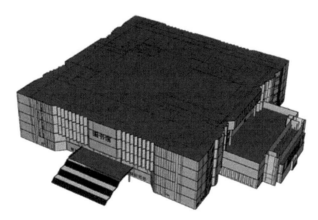

图 8-4 PyroSim 仿真模型

（2）火灾场景设置

经过现场勘探以及资料收集，本研究综合考虑人员聚集、可燃物数量大、安全隐患大等因素，设置以下 3 个火灾场景。

① 场景 1 为一楼会议室，场景 1 示意图如图 8-5 所示，火源设置在会议室的主席台，如图 8-6 所示。

② 场景 2 为二楼 300 人报告厅，场景 2 示意图如图 8-7 所示，火源设置在报告厅的主席台，如图 8-8 所示。

③ 场景 3 为研究箱区域，场景 3 示意图如图 8-9 所示，火源设置在靠墙一侧研究箱的中部，如图 8-10 所示。

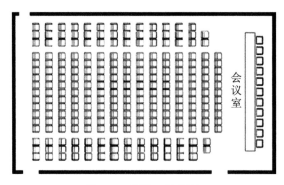

图 8-5　场景 1 示意图

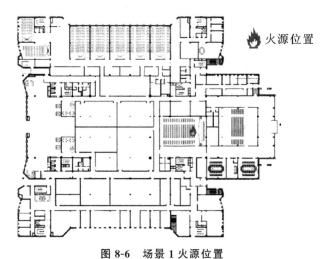

图 8-6　场景 1 火源位置

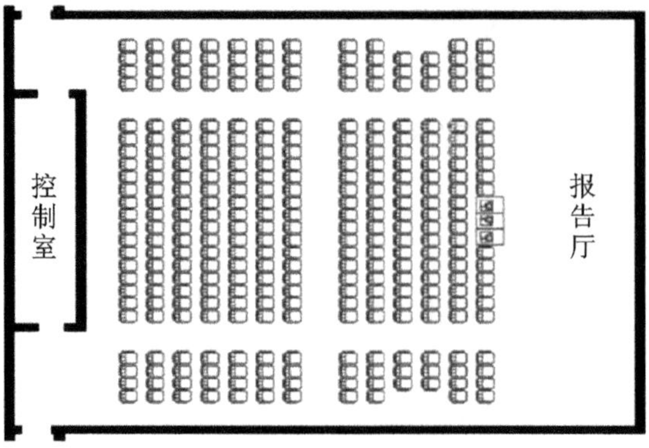

图 8-7　场景 2 示意图

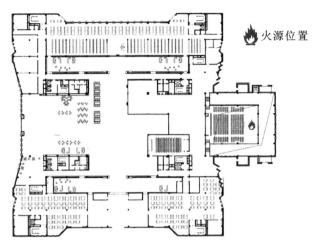

图 8-8　场景 2 火源位置

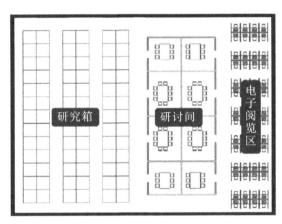

图 8-9　场景 3 示意图

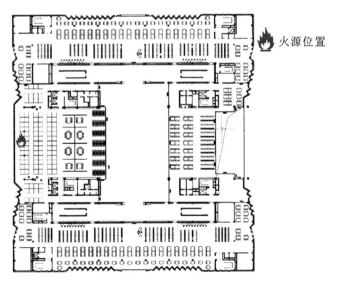

图 8-10　场景 3 火源位置

（3）火灾输入条件的界定

防火分区可以利用防火墙、防火门和防火卷帘等将火与烟气隔断,缩小火势的蔓延范围,但在实际使用过程中,往往防火门和防火卷帘等并未达到预期效果。吉林某建筑发生重大火灾事故中,防火卷帘未起作用,造成火灾蔓延范围大,事故严重。在湖北省的一次消防设施普查工作中,共抽查 202 组防火卷帘,有 45 组存在严重故障不能降落,严重故障率约为22%。在火灾仿真时,针对火灾场景的设置不仅要考虑火灾场景的实际环境、燃烧物的材料和燃烧特征等,也要考虑危害最大的情况以及最不利因素。本研究考虑建筑场景的最不利因素,假设自然排烟口关闭,由于火灾发生在室内,所以不考虑风速的影响;假设初始温度为20℃;防火卷帘可能因为在生产、安装和后期维护等环节的疏忽,以及机械故障、防火卷帘下存在杂物和帘片变形等问题而不能及时或无法正常降落。经过实地勘探和统计,房间可燃物主要是书本、木桌和木椅等,其热释放速率的统计数据如表 8-6 所示。经统计得出可燃物总的热释放速率为 2011kW,由于在火灾仿真软件中需要取整,因此选择最大热释放速率为 2000kW。

表 8-6　可燃物热释放速率统计表

可燃物名称	单位面积最大热释放速率/ （kW·m^{-2}）	燃烧面积/ m^2	热释放速率/ kW
书本	83	2	166
木材	200	6	1200
塑料	645	1	645
可燃物总的热释放速率			2011

在火灾科学中,往往用"t 平方"火灾模型来描述火灾的发展,如式（8-15）所示:

$$Q = \alpha t^2 \qquad\qquad (8\text{-}15)$$

式中:Q 为火灾的热释放速率,单位为 kW;t 为火灾发展的时间,单位为 s;α 为火灾增长系数,单位为 kW/s^2。

"t 平方"火灾模型分为慢速型、中速型、快速型和超快速型四种,如图 8-11 所示。

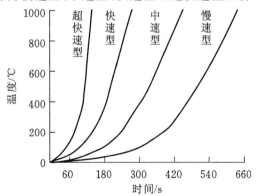

图 8-11　"t 平方"火灾模型的四种类型

"t 平方"火灾模型各类型对比情况如表 8-7 所示。

表 8-7　"t 平方"火灾模型各类型的对比情况

增长类型	火灾增长系数 α /(kW·s^{-2})	热释放速率达 1MW 的时间/s	可燃材料
慢速	0.00293	600	厚重的木制品
中速	0.01172	300	棉与聚酯纤维弹簧床垫、木质办公桌
快速	0.0469	150	装满东西的邮袋、塑料泡沫、叠放的木架
超快速	0.1876	75	油池、易燃的装饰家具、轻质窗帘

（4）火灾仿真基本参数设置

1）网格的选取

在 PyroSim 中进行仿真时,网格的选取是非常重要的一步,网格为火灾仿真的最小单位,依托于网格的划分,软件仿真的计算过程更加细致。由于太粗糙的网格会影响仿真的准确性,太细的网格会大大增加仿真时长,降低仿真效率,所以,网格选取的原则是保证网格足够精细,同时兼顾计算效率。

首先需要明确仿真的目标和所需精度,这将决定网格的选取范围和密度;然后需要确定网格尺寸,根据仿真目标和物理尺寸,确定网格的尺寸和密度,一般而言,需要确保物体表面的网格足够细致,以便更准确地计算边界条件和热量传递;最后需要确定网格范围,根据仿真场景的实际尺寸和形状,确定网格选取的范围。需要确保网格范围足够大,以便包含整个仿真场景,并考虑到边界条件的影响,在保证精度的同时,提高仿真的计算效率,其中,一些优化手段包括使用自适应网格、多重网格等。本研究选取了 1m×1m×1m 的网格模拟尺寸。

2）创建物体表面和火灾反应条件

在 PyroSim 仿真中,物体表面的设置很重要,不同物体表面的燃烧属性不同,PyroSim 可以设置表面的颜色、材质、透明度等属性,本研究需要创建火源、混凝土、地板、桌椅板凳等物体的表面。火灾反应条件需要考虑多个因素,包括材料的燃烧特性和条件、环境条件、物体的几何形状和热释放速率。

3）设置火灾产物探测器

在 PyroSim 仿真中,探测器用于检测温度、能见度和一氧化碳浓度等火灾产物的数值,在不同高度测得的火灾产物的值不同,因此探测器的设置高度是非常重要的。一般来说,探测器的设置高度应该考虑火灾发生的位置和高度、烟气的运动规律等因素,同时,为了保证探测器的正常工作,还需要注意探测器的安装位置、间距等因素。参考《中国成年人人体尺寸》数据,确定本研究在 1.5m 的高度设置一氧化碳浓度、能见度、温度探测器。

8.2.4　火灾仿真结果分析

在火灾场景下,温度、能见度和一氧化碳浓度等火灾产物对疏散者的疏散行为选择决策有重要的影响,因此本节对不同火灾场景的烟雾蔓延、温度、能见度和一氧化碳浓度进行分析。

（1）场景 1 仿真模拟分析

1）场景 1（一楼会议室）烟雾蔓延分析

通过 Smokeview 查看场景 1 火灾区域烟雾蔓延过程可知:火灾发生后,烟雾逐渐在高处聚拢,随后大量积累并向下蔓延;60s 时逐渐向左蔓延并充满整个会议室,逃生出口 1 已经被烟雾笼罩;120s 时,右侧逃生走廊已经有烟雾蔓延,会议室烟雾较为浓厚;300s 时,整个范围内都充满浓雾。烟雾蔓延情况如图 8-12 所示。

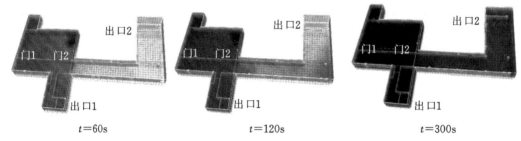

图 8-12　场景 1 烟雾蔓延过程图

2）场景 1（一楼会议室）能见度分析

如图 8-13 所示,从仿真结果中可以看出,会议室门 1 在 154s 时其距地面 1.5m 的位置处的能见度为 5m;会议室门 2 在 131s 时其距地面 1.5m 的位置处的能见度为 5m;出口 1 在 175s 时其距地面 1.5m 的位置处的能见度为 5m;出口 2 在 301s 时其距地面 1.5m 的位置处的能见度为 5m。

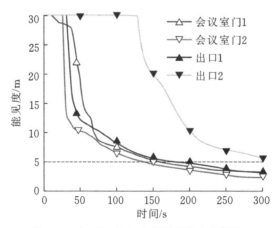

图 8-13　场景 1 各危险位置能见度变化图

3）场景 1（一楼会议室）温度分析

如图 8-14 所示,从仿真结果中可以看出,会议室门 1 在 77s 时其距地面 1.5m 的位置处的温度为 60℃;会议室门 2 在 98s 时其距地面 1.5m 的位置处的温度为 60℃;出口 1 在 106s

时其距地面 1.5m 的位置处的温度为 60℃；出口 2 在 164s 时其距地面 1.5m 的位置处的温度为 60℃。

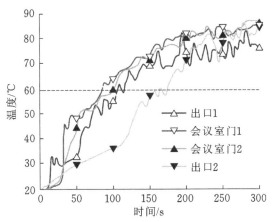

图 8-14　场景 1 各危险位置温度变化图

4）场景 1（一楼会议室）一氧化碳浓度分析

如图 8-15 所示，从仿真结果中可以看出，会议室门 1、会议室门 2、出口 1 和出口 2 的 CO 浓度始终在 30ppm 以下。

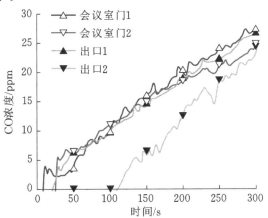

图 8-15　场景 1 各危险位置一氧化碳浓度变化图

从仿真结果可知，场景 1 中，会议室门 2 较会议室门 1 更危险，出口 2 走廊较长，烟雾蔓延需要时间，因此更安全。所有逃生人员必须在 77s 内出会议室，164s 到达出口。场景 1 可用安全疏散时间统计如表 8-8 所示。

表 8-8　场景 1 可用安全疏散时间统计表（s）

火灾产物	会议室门 1	会议室门 2	出口 1	出口 2
温度	77	98	141	—
能见度	154	131	175	301
CO 浓度	—	—	—	—

续表8-8

火灾产物	会议室门1	会议室门2	出口1	出口2
综合		77		106

（2）场景2仿真模拟分析

1）场景2（二楼报告厅）烟雾蔓延分析

通过Smokeview查看二楼火灾区域烟雾蔓延过程可知：火灾发生后，烟雾先在报告厅两个出口蔓延；30s时，在上侧出口聚集最为浓密；60s时烟雾蔓延到下侧出口走廊；300s时，烟雾蔓延到中庭空间。场景2烟雾蔓延过程如图8-16所示。

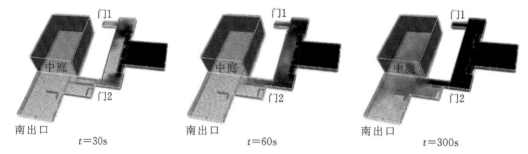

图8-16　场景2烟雾蔓延过程图

2）场景2（二楼报告厅）能见度分析

如图8-17所示，从仿真结果中可以看出，报告厅门1在98s时距地面1.5m的位置处的能见度为5m；报告厅门2在79s时距地面1.5m的位置处的能见度为5m；中庭在290s时距地面1.5m的位置处的能见度为5m；南出口能见度始终维持在较高水平。

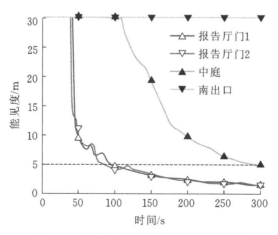

图8-17　场景2各危险位置能见度变化图

3）场景2（二楼报告厅）温度分析

如图8-18所示，从仿真结果中可以看出，报告厅门1在100s时其距地面1.5m的位置处的温度为60℃；报告厅门2在161s时其距地面1.5m的位置处的温度为60℃；中庭和南出口温度一直在 47℃以下。

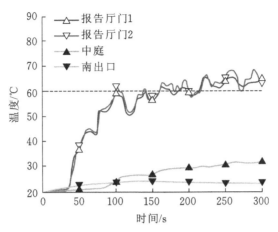

图 8-18　场景 2 各危险位置温度变化图

4）场景 2（二楼报告厅）一氧化碳浓度分析

如图 8-19 所示，从仿真结果中可以看出，报告厅门 1、报告厅门 2、中庭和南出口的 CO 浓度始终在 30ppm 以下。

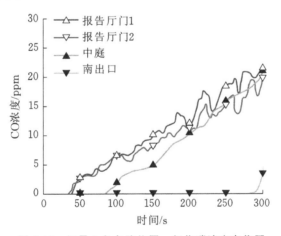

图 8-19　场景 2 各危险位置一氧化碳浓度变化图

场景 2 可用安全疏散时间统计表如表 8-9 所示。

表 8-9　场景 2 可用安全疏散时间统计表（s）

火灾产物	报告厅门 1	报告厅门 2	中庭	南出口
温度	100	161	—	—
能见度	98	79	290	—
CO 浓度	—	—	—	—
综合		79		200

（3）场景3仿真模拟分析

1）场景3（研究箱区域）烟雾蔓延分析

火灾发生后,烟雾从起火点向上蔓延,逐渐在高处聚拢,随后大量积累并向下蔓延;60s时,烟雾已蔓延至整个研究箱区域;240s时,烟雾逐渐变浓,电子阅览区已充满烟雾;360s时,廊道内已充满烟雾。场景3烟雾蔓延过程如图8-20所示。

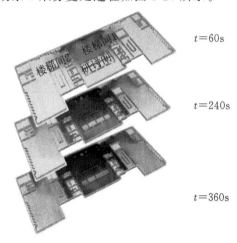

图 8-20   场景 3 烟雾蔓延过程

2）场景3（研究箱区域）能见度分析

如图8-21所示,从仿真结果中可以看出,研讨间在180s时其距地面1.5m的位置处的能见度为5m;楼梯间1在200s时其距地面1.5m的位置处的能见度为5m;楼梯间2在300s时其距地面1.5m的位置处的能见度为5m。

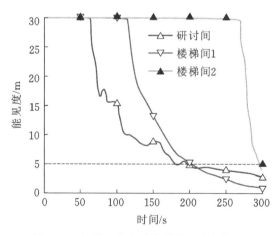

图 8-21   场景 3 各危险位置能见度变化图

3）场景3（研究箱区域）温度分析

如图8-22所示,从仿真结果中可以看出,研讨间、楼梯间1和楼梯间2距地面1.5m的位置处的温度始终在60℃以下。

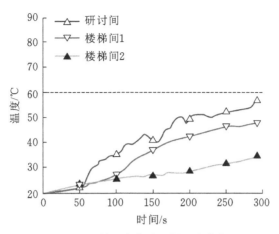

图 8-22　场景 3 各危险位置温度变化图

4）场景 3（研究箱区域）一氧化碳浓度分析

如图 8-23 所示，从仿真结果中可以看出，研讨间、楼梯间 1 和楼梯间 2 的 CO 浓度始终在 30ppm 以下。

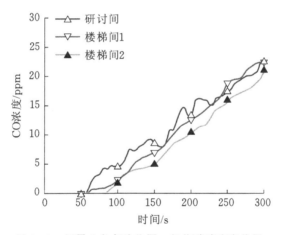

图 8-23　场景 3 各危险位置一氧化碳浓度变化图

场景 3 的可用安全疏散时间统计如表 8-10 所示。

表 8-10　场景 3 的可用安全疏散时间统计表（s）

火灾产物	研讨间	楼梯间 1	楼梯间 2
温度	—	—	—
能见度	180	200	300
CO 浓度	—	—	—
综合	180	200	300

8.3 基于 BIM 的火灾人员疏散仿真分析

8.3.1 疏散仿真模型建立

（1）疏散环境模型的建立

本研究将建筑信息完备的 BIM 模型导入 AnyLogic 中，然后结合实地勘察，掌握新疆大学博达校区图书馆的平面和立体设计，补充完善细节，例如绘制墙体边界、绘制目标地点、绘制活动区域和绘制人流统计等。该建筑地下一层，地上五层，其中公共大厅位于地上二层，设置有一条宽度为 7.2m 的竖向交通廊道，每层之间都可以通过廊道（楼梯）从楼上向楼下进行疏散。一层公共大厅疏散环境模型示意图如图 8-24 所示。

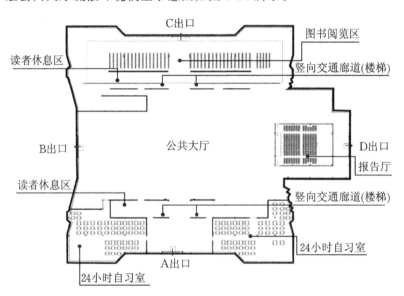

图 8-24 一层公共大厅疏散环境模型示意图

根据对图书馆的现场勘测和调研，本研究依次描绘了图书馆各区域对应的疏散者流线，并绘制了疏散环境的墙体、自习室以及报告厅的障碍物等。具体绘制步骤如下：首先，绘制图书馆墙，利用 BIM 建筑信息图，确定疏散者活动区域；其次，绘制疏散者起始点，即疏散者疏散前所在的起点以及疏散后到达的终点；再次，根据图书馆的结构与功能组成，确定疏散者活动范围，例如图书阅览区、读者休息区、公共大厅和疏散目标出口等；最后，设定疏散者流量统计区域，并统计某一区域的疏散者数量以便后续进行疏散分析。

（2）引入不同出口决策机制的行人疏散仿真模型

AnyLogic 行人原始运动模型为社会力模型，采用最短路径决策机制。社会力模型的基本思想是根据行人之间的相互作用和影响，模拟人群的运动和行为，广泛应用于人员疏散、交通流等领域的仿真研究中。社会力模型的介绍详见 6.1.2 节。

本研究运用面向对象的二次开发技术，在疏散仿真模型中引入出口决策机制，基于随机效用最大化理论，综合考虑疏散者个人社会经济属性、动态火灾产物和疏散者心理对决策行为和疏散效率的影响。疏散仿真模型出口决策机制如图 8-25 所示。

疏散者基于随机效用最大化理论的决策规则构建的不考虑心理潜变量的混合 Logit 模型，假设疏散者根据个人社会经济属性和疏散路径属性选择效用最大方案；考虑心理潜变量的混合选择模型，不仅考虑疏散者的个人社会经济属性和疏散路径属性，还考虑风险感知、惯性心理、从众心理、利他心理、恐慌心理和环境熟悉度等心理潜变量的影响；考虑动态火灾产物的动态离散选择模型，不仅考虑了疏散者的个人社会经济属性、疏散路径属性和心理潜变量，还考虑了不同时间火灾产物的差异，即动态火灾产物对疏散者的影响。基于以上 3 类模型，构建描述疏散者路径决策的疏散仿真模型。

图 8-25 疏散仿真模型出口决策机制

8.3.2 疏散仿真结果分析

为加深对决策者出口选择行为内在机理的认识，构建混合 Logit(ML) 模型、考虑心理潜变量的 HCM、考虑动态火灾产物的 DDCM 进行对比，并引入疏散仿真模型，以期揭示心理潜变量、动态火灾产物以及不同决策规则对疏散者出口决策以及疏散效率的影响。

（1）疏散者个人社会经济属性对疏散结果的影响

疏散者的行为决策是复杂的，受到路径长度、应急照明条件、拥挤程度、疏散时间等疏散路径属性的影响，也受到性别、专业和在读年级以及难以直接观测的心理潜变量的影响。本研究使用第 7 章构建的行为选择模型进行对比分析：比较不考虑心理潜变量的混合 Logit(ML) 模型与考虑心理潜变量的混合选择模型（HCM）、考虑心理潜变量的混合选择模型（HCM）和考虑动态火灾产物的动态离散选择模型（DDCM）。模型参数估计结果见表 7-11、表 7-12。

1）不同性别对疏散者决策的影响

不同性别的疏散者在各模型中疏散行为决策结果如图 8-26 所示，其中 DDCM 中，较短疏散路径的选择比例为男性 75.91％,女性 74.95％;HCM 中,较短疏散路径的选择比例为男性 74.23％,女性 71.01％;ML 模型中,较短疏散路径的选择比例为男性 70.03％,女性 67.26％。DDCM 与问卷调查结果最接近,预测性能最好,平均误差为 1.20％,其次是 HCM,平均误差为 4.01％,ML 模型平均误差为 7.98％。

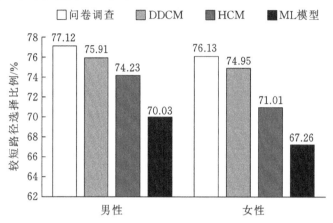

图 8-26　不同性别的疏散者各模型疏散行为决策

2）不同专业对行人行为决策和疏散效率的影响

不同专业的疏散者在各模型中疏散行为决策结果如图 8-27 所示,其中 DDCM 中,较短疏散路径的选择比例为理科类 73.93％,工科类 76.87％,文科类 59.09％;HCM 中,较短疏散路径的选择比例为理科类 70.96％,工科类 74.58％,文科类 54.54％;ML 模型中,较短疏散路径的选择比例为理科类 63.35％,工科类 73.28％,文科类 40.91％。DDCM 与问卷调查结果最接近,预测性能最好,平均误差为 1.15％,其次是 HCM,平均误差为 3.70％,ML 模型平均误差为 7.53％。

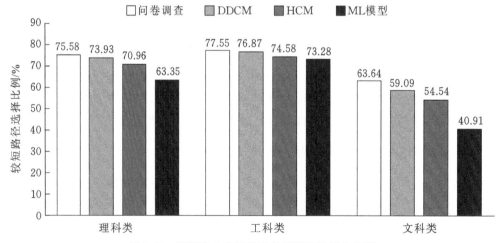

图 8-27　不同专业的疏散者各模型疏散行为决策

3）不同年级对行人行为决策和疏散效率的影响

不同年级的疏散者在各模型中疏散行为决策结果如图 8-28 所示,其中 DDCM 中,较短疏散路径的选择比例为本科生 75.48％,硕士生 71.82％,博士生 66.67％;HCM 中,较短疏散路径的选择比例为本科生 73.85％,硕士生 70.72％,博士生 33.33％;ML 模型中,较短疏散路径的选择比例为本科生 68.98％,硕士生 64.64％,博士生 33.33％。DDCM 与问卷调查结果最接近,预测性能最好,平均误差为 0.86％,其次是 HCM,平均误差为 12.88％,ML 模型平均误差为 16.53％。

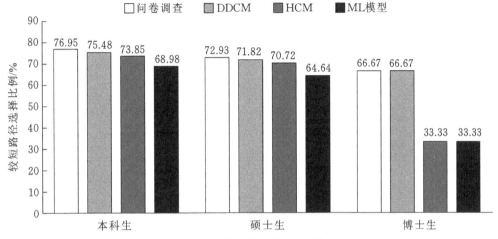

图 8-28　不同年级的疏散者各模型疏散行为决策

4）是否有火灾经历对行人行为决策和疏散效率的影响

有无火灾经历的疏散者在各模型中疏散行为决策结果如图 8-29 所示。经历过火灾的疏散者选择较短路径比例,DDCM 为 72.62％,HCM 为 70.94％,ML 模型为 69.15％;未经历过火灾的疏散者选择较短路径比例,DDCM 为 75.58％,HCM 为 73.26％,ML 模型为 69.77％。DDCM 与问卷调查结果最接近,预测性能最好,平均误差为 2.47％,其次是 HCM,平均误差为 4.43％,ML 模型平均误差为 7.07％。

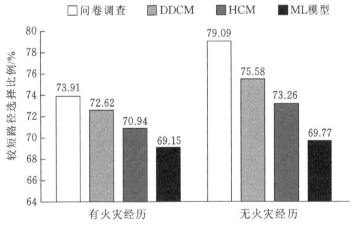

图 8-29　有无火灾经历的疏散者各模型疏散行为决策

5）消防知识培训或演习次数对行人行为决策和疏散效率的影响

不同消防知识培训或演习次数的疏散者在各模型中疏散行为决策结果如图 8-30 所示。参加次数为0的疏散者选择较短路径比例,DDCM 为 77.5%,HCM 为 75%,ML 模型为 72.5%;参加次数为1的疏散者选择较短路径比例,DDCM 为 75.86%,HCM 为 77.59%,ML 模型为 67.24%;参加次数为2或3的疏散者选择较短路径比例,DDCM 为 74.81%,HCM 为 74.45%,ML 模型为 77.37%;参加次数为4及以上的疏散者选择较短路径比例,DDCM 为 68.09%,HCM 为 71.54%,ML 模型为 75.61%。HCM 与问卷调查结果最接近,预测性能最好,平均误差为 2.35%,其次为 DDCM,平均误差为 4.60%,ML 模型平均误差为 5.275%。

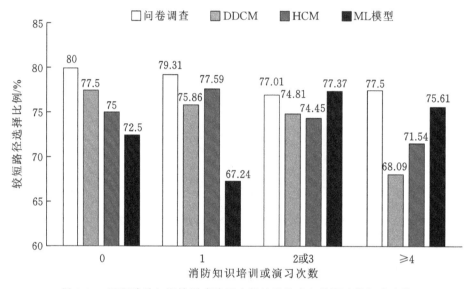

图 8-30　不同消防知识培训或演习次数的疏散者各模型疏散行为决策

6) 去图书馆的频率对行人行为决策和疏散效率的影响

不同去图书馆的频率的疏散者在各模型中疏散行为决策结果如图 8-31 所示。每周去图书馆0次的疏散者选择较短疏散路径比例,DDCM 为 85.71%,HCM 为 71.43%,ML 模型为 71.43%;每周去图书馆一两次的疏散者选择较短疏散路径比例,DDCM 为 85.28%,HCM 为 72.59%,ML 模型为 64.97%;去图书馆频率为 1~2 次/周的疏散者选择较短疏散路径比例,DDCM 为 80.21%,HCM 为 79.05%,ML 模型为 74.2%;去图书馆频率为 3~4 次/周的疏散者选择较短疏散路径比例,DDCM 为 71.86%,HCM 为 74.25%,ML 模型为 80.84%;去图书馆频率大于等于 5 次/周的疏散者选择较短疏散路径比例,DDCM 为 64.76%,HCM 为 66.19%,ML 模型为 70.48%。DDCM 与问卷调查结果最接近,预测性能最好,平均误差为 2.61%,其次是 HCM,平均误差为 7.71%,ML 模型平均误差为 11.22%。

7) 是否熟悉馆内疏散指示标识对行人行为决策和疏散效率的影响

熟悉/不熟悉馆内疏散指示标识的疏散者在各模型中疏散行为决策结果如图 8-32 所示。熟悉馆内疏散指示标识的疏散者选择较短疏散路径比例,DDCM 为 68.63%,HCM 为 84.12%,ML 模型为 85.59%;不熟悉馆内疏散指示标识的疏散者选择较短疏散路径比例,DDCM 为 81.65%,HCM 为 63.92%,ML 模型为 60.76%。DDCM 与问卷调查结果最接近,预测性能最好,平均误差为 2.14%,其次是 HCM,平均误差为 3.16%,ML 模型平均误差为

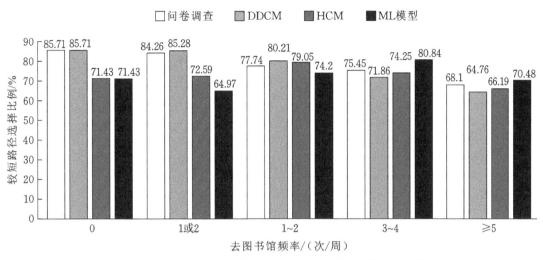

图 8-31　不同去图书馆的频率的疏散者各模型疏散行为决策

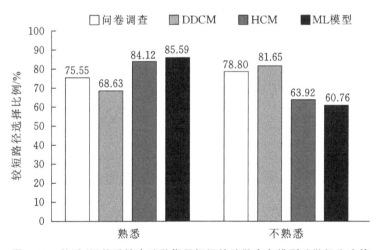

图 8-32　熟悉/不熟悉馆内疏散指示标识的疏散者各模型疏散行为决策

3.82%。

综上所述,不同性别、年级、专业、去图书馆频率和火灾经历的疏散人群,疏散选择具有差异,不同的个人社会经济属性对疏散者的疏散效率影响不同。考虑心理潜变量的 HCM 平均误差为 4.20%,考虑动态火灾产物的 DDCM 平均误差仅为 1.19%,表明考虑疏散者的个人社会经济属性、动态火灾产物和心理潜变量所建立的行为决策机制与现实更为相符。

（2）问卷调查结果与仿真结果对比分析

从疏散出口选择的角度,分析不同疏散仿真模型下各路径选择比例,如图 8-33 所示。基于 ML 模型进行决策,较短疏散路径的选择比例为 68.40%,较长疏散路径选择比例为 31.60%;基于 HCM 进行决策,较短疏散路径的选择比例为 72.34%,较长疏散路径选择比例为 27.66%;基于 DDCM 进行决策,较短疏散路径的选择比例为 75.35%,较长疏散路径选择比例为 24.65%；根据调查问卷，较短疏散路径的选择比例为 76.54%，较长疏散路径选择比例为 23.46%。

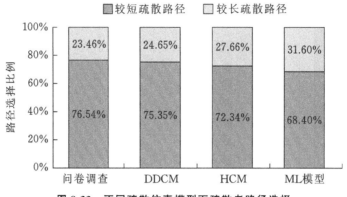

图 8-33　不同疏散仿真模型下疏散者路径选择

其中，DDCM 平均误差仅为 1.19%，HCM 平均误差为 4.20%，ML 模型平均误差为 8.14%。DDCM 的误差较 HCM 小，由此可见 DDCM 较 HCM 更能反映现实中疏散者的路径选择行为，说明了考虑动态火灾产物的重要性；HCM 的误差较 ML 模型小，由此可见 HCM 较 ML 模型更能反映现实中疏散者的路径选择行为，说明了考虑疏散者心理潜变量的重要性。各个决策模型各路径选择比例及误差如表 8-11 所示。

表 8-11　各个决策模型各路径选择比例及误差

决策模型	选择比例		问卷比例		绝对误差	平均疏散时间/s
	较短路径	较长路径	较短路径	较长路径		
ML 模型	68.40%	31.60%			8.14%	120.55
HCM	72.34%	27.66%	76.54%	23.46%	4.20%	113.84
DDCM	75.35%	24.65%			1.19%	110.26

（3）不同的疏散模型对疏散结果的影响

为了探讨不同模型对疏散结果的影响，分别基于不考虑潜变量的混合 Logit 模型（ML 模型）、考虑潜变量的混合选择模型（HCM）和考虑动态火灾产物的 DDCM 设置疏散出口选择，对比不同模型在不同疏散时期的疏散过程。疏散时期分为三阶段，分别为疏散前期（0～110s）、中期（110～220s）和后期（220～330s）。

疏散前期（0～110s），基于不考虑潜变量的混合 Logit（ML）模型进行决策时，疏散者会试图选择路径最短但有部分路径狭窄的 A/C 出口，路径较长但相对宽敞的 B/D 出口则被忽略，各个疏散出口的疏散者分布较不均匀。HCM 与 DDCM 中，部分疏散者会选择相对远的 B/D 出口，忽略更近的 A/C 出口，最终疏散者的分布反而更加均匀。不同出口选择策略下行人疏散演化过程（前期）如图 8-34 所示。

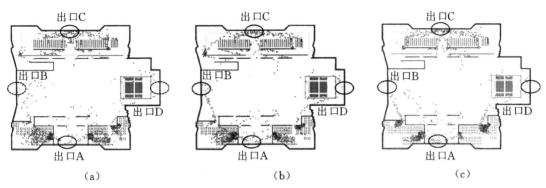

图 8-34　不同出口选择策略下行人疏散演化过程(前期)

(a)ML 模型疏散前期;(b)HCM 疏散前期;(c)DDCM 疏散前期

疏散中期(110~220 s),不考虑潜变量的混合 Logit(ML)模型弊端显现,A/C 出口路径上呈现拥塞现象,HCM 对疏散出口的利用更加均衡,DDCM 明显疏散得更及时,圆圈处(除出口位置)对比 HCM 更加通畅,疏散效率更高。不同出口选择策略下行人疏散演化过程(中期)如图 8-35 所示。

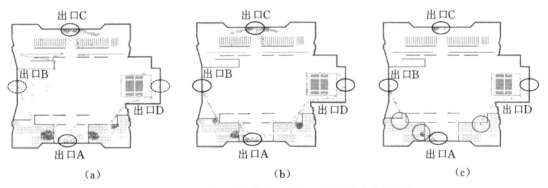

图 8-35　不同出口选择策略下行人疏散演化过程(中期)

(a)ML 模型疏散中期;(b)HCM 疏散中期;(c)DDCM 疏散中期

疏散后期(220~330 s),ML 模型在 C 出口造成了疏散者的滞留,而 HCM 与 DDCM 则表现得十分通畅。不同出口选择策略下行人疏散演化过程(后期)如图 8-36 所示。

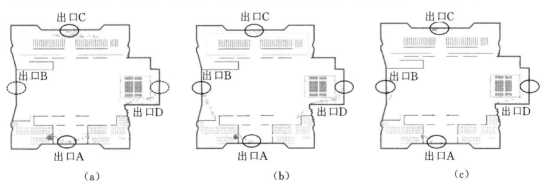

图 8-36　不同出口选择策略下行人疏散演化过程(后期)

(a)ML 模型疏散后期;(b)HCM 疏散后期;(c)DDCM 疏散后期

从图 8-37 中可以看出不同疏散模型下的出口人数,基于 ML 模型进行疏散,经由 A/C 出口疏散 509 人,共占 58.9％,而经由 B/D 出口疏散 355 人,占比 41.1％;基于 HCM 进行疏散,经由 A/C 出口疏散 446 人,占比 51.6％,而经由 B/D 出口疏散 418 人,占比 48.4％;基于 DDCM 进行疏散,经由 A/C 出口疏散 439 人,占比 50.8％,而经由 B/D 出口疏散 425 人,占比 49.2％。DDCM 对出口的利用更趋均衡,整体疏散效率相对最高,其次是 HCM。

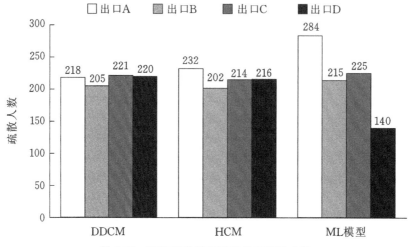

图 8-37　不同疏散模型下各出口疏散人数

图 8-38 展示了基于 ML 模型、HCM 和 DDCM 的疏散时间和人数的曲线图。基于 ML 模型的疏散总时间为 315s,而 HCM 为 304s,DDCM 为 298s,HCM 与 DDCM 分别比 ML 模型节省 11s 和 17s 的逃生时间。在疏散前期,ML 模型中较多疏散者选择较短路径,导致疏散人数暂时多于 HCM 和 DDCM,但当到了中后期,同样多的疏散人数,ML 模型明显比 HCM 和 DDCM 花费更多的疏散时间,究其原因,是 ML 模型疏散前期疏散者大量选择较短路径,造成出口人员扎堆的现象,影响了后续疏散效率。DDCM 疏散时间为 298s,较 HCM 的 304s 减少了 6s,由此可见 DDCM 较 HCM 疏散效率更高,由于 DDCM 具有动态选择的优势,疏散者较 HCM 更加均匀,后期疏散时间更短。

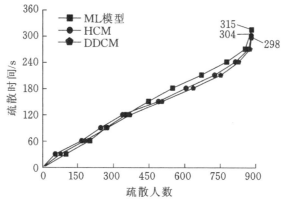

图 8-38　安全疏散人数随时间变化曲线

由图 8-39 和图 8-40 可以看出各个模型下各出口拥挤情况。ML 模型各个出口拥挤程度都普遍偏高,最高为 3.72 人/m²,拥挤程度变化较大。相比之下,HCM 各个出口拥挤程度较为均衡,最大值始终在 2.71 人/m² 以内,而 DDCM 各个出口拥挤程度始终在较低水平,最大值在 2.51 人/m² 以内,且拥挤度曲线较为平稳。可见 DDCM 和 HCM 较 ML 模型来说,可以更加均匀地利用各个出口,疏散效率更高。

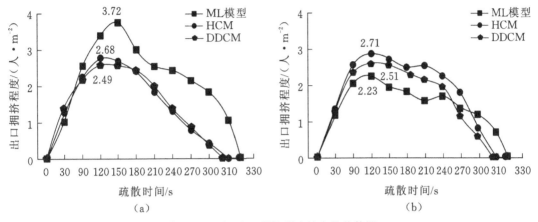

图 8-39　A/B 出口拥挤程度的变化趋势图

(a)A 出口;(b)B 出口

(注:为清晰展示各模型疏散用时长短,局部进行放大处理。下同。)

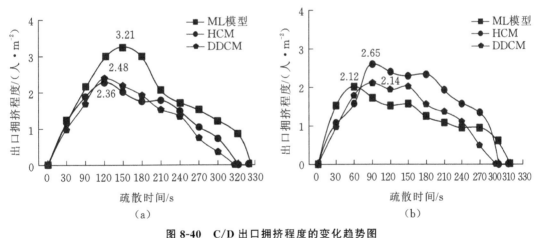

图 8-40　C/D 出口拥挤程度的变化趋势图

(a)C 出口;(b)D 出口

根据上述分析,考虑动态火灾产物的 DDCM 较不考虑动态火灾产物的 HCM 更符合疏散者实际疏散行为,表明考虑动态火灾产物的重要性;考虑心理潜变量的 HCM 较不考虑心理潜变量的 ML 模型更符合疏散者实际疏散行为,表明考虑疏散者心理潜变量的重要性。

8.4　本　章　小　结

本章将 BIM 作为开发平台,并基于行为决策理论,综合考虑动态火灾产物与疏散者心理的影响构建路径决策机制,在基于 BIM 的仿真平台上进行火灾仿真模型的建立,进行火灾仿真,将动态火灾产物引入路径决策机制,基于 BIM 仿真平台进行行人疏散仿真,通过仿真结果验证引入心理潜变量、考虑动态火灾产物建模的必要性,分析高校图书馆在火灾情景下行人的出口决策问题。

(1) 本研究通过建立基于 BIM 的火灾疏散仿真平台,引入不同疏散决策规则,对不同社会经济属性人群进行模拟,结果表明,不同性别、专业、在读年级和火灾经历的疏散者疏散选择情况不同,其中,女性、文科生、博士生、有过火灾经历、参与消防知识培训或演习次数以及去图书馆次数较多的人群疏散表现更好,疏散效率更高,表明研究个人社会经济属性对疏散行为的影响有重要意义,不仅消防安全知识培训或演习经历对疏散者的疏散有重要影响,去图书馆的次数越多也有利于疏散者更好地疏散,可知人们除了需要增强消防知识培训或演习以外,还需要增加去图书馆的次数,才能在火灾发生时更加有效地疏散。

(2) 考虑疏散者心理潜变量的 HCM 相较于不考虑疏散者心理潜变量的 ML 模型可以更好地描述疏散者选择行为,HCM 与实际问卷调查数据对比,误差仅为 4.20%,而 ML 模型与实际问卷调查数据对比误差为 8.14%,HCM 较 ML 模型误差更小,准确性提高了 3.94%,疏散效率更高,疏散时间减少了 11s,可见在火灾仿真研究中,考虑疏散者心理对疏散的影响更能准确描述疏散者的疏散行为,说明疏散时人们会受到疏散心理的影响。

(3) DDCM 考虑了动态火灾产物对疏散的影响,与实际问卷调查数据对比,误差仅为 1.19%,HCM 的误差为 4.20%,DDCM 较 HCM 准确性提高了 3.01%,疏散效率更高,疏散时间减少了 6s,可见在火灾仿真研究中,考虑动态火灾产物对疏散者的影响的模型较不考虑动态火灾产物对疏散者的影响的模型更能准确描述疏散者的疏散行为,动态火灾产物对疏散者疏散行为有重要的影响。

(4) 基于 BIM 的火灾疏散仿真平台,通过出口选择、疏散时间和拥挤程度等各项仿真结果分析,揭示了考虑疏散者内在心理因素以及考虑外在火场环境中的动态火灾产物因素的不同疏散模型差异,进一步加深人们对建筑火灾情景下疏散者疏散行为影响机理的理解,通过不同决策模型的对比,验证了模型的可靠性和适用性。

本研究建立了基于 BIM 的疏散仿真平台,实现了基于 BIM 的疏散仿真分析,验证了动态火灾产物和疏散者心理潜变量对路径决策的影响,平台的数据处理和分析能力可以进一步提高。近年来,机器学习被成功地应用于很多领域,在火灾疏散仿真领域可与 BIM 结合,本研究所建立的基于 BIM 的火灾疏散仿真平台包含大量建筑信息、火灾信息和疏散信息,而机器学习具有强大的信息提取与分析能力,可更好地利用仿真平台包含的信息。因此,后续研究可将 BIM 火灾疏散仿真与机器学习结合,提高基于火灾疏散仿真平台的数据处理和分析能力。

第9章 结论及展望

9.1 结　　论

　　地铁安全是公共安全领域不容忽视的重要课题,对行人的疏散过程进行深入研究,是制定合理有效的应急疏散方案的前提。本研究从疏散者的行为决策问题入手,突破传统的单一决策规则,引入多种决策规则,并综合考虑环境认知、信息感知、心理状态、性格特征等不易测量的潜变量因素,以及疏散群体的异质性特征,运用意向调查、结构方程模型和仿真最大似然估计等方法,构建不确定条件下考虑混合决策模式(即混合决策规则模型)和潜变量(即潜变量模型)的地铁应急疏散行为决策模型,并建立综合考虑动态火灾产物与疏散心理的疏散行为决策模型,探索疏散者的行为决策机制,最后通过仿真平台及实证研究对模型进行分析及验证。

　　本研究主要取得如下研究结论与成果:

　　(1)建立考虑心理潜变量的地铁应急疏散混合选择模型,将未引入心理潜变量的多项 Logit 模型与考虑潜变量影响的混合选择模型进行拟合优度对比,可知考虑潜变量影响的混合选择模型的拟合优度优于多项 Logit 模型。结果表明考虑潜变量影响的混合选择模型能提高对地铁应急疏散路径选择行为的解释能力,同时发现除年龄、职业、收入等个人属性会对路径选择行为产生影响以外,恐慌、信息依赖度、环境熟悉度、安全意识和服从性等潜变量也能够显著影响疏散过程中行人的路径选择,即行人的路径选择行为受个人属性以及心理潜变量的双重影响,可以更真实地反映疏散行为决策机制。

　　(2)利用潜在剖面分析建立关于疏散者的心理 LCM,分析地铁应急疏散者的心理异质性,比较不同心理类别人群在疏散路径选择行为方面的差异。由分析结果可知,按照疏散者的心理状态进行分类可以将疏散人群分成 5 种:最容易恐慌的第 1 类人群,心理潜变量处于中间水平的第 2 类人群,最不容易恐慌、信息依赖度最低的第 3 类人群,最容易产生从众行为、人数占比最大的第 4 类人群,信息依赖度最高、服从性最强的第 5 类人群。

　　(3)通过建立决策规则 LCM,表明了疏散者存在决策规则的异质性,即疏散者会采用不同的决策规则进行疏散路径的选择。大部分人群更符合 RRM 的决策规则,小部分人群符合 RUM 的决策规则,采用 RRM 的人群更倾向于选择折中路径,而采用 RUM 的人群更倾向于选择短距离的路径。路径属性对采用不同决策规则人群的影响存在差异,照明条件、疏散指引、拥挤程度对采用 RUM 的人群有显著影响,而对于大部分采用 RRM 的人来说,路径的各个属性均对其路径选择有显著影响,更加说明疏散人群在有限理性的假设下,会对方案属性进行比较后再选择。

（4）从行人地铁空间认知的心理影响因素和行人地铁空间认知水平的量化两方面进行行人地铁空间认知分析。

行人地铁空间认知心理影响因素分析结果表明：行人的方向感对其识图能力有显著正影响，即方向感越强，识图能力也越强；行人的识图能力对其导向依赖程度有显著正影响，即识图能力越强的人群，在寻路时越倾向于依赖标志、平面图及路人的引导；行人的导向依赖程度对其空间认知有显著正影响，即导向依赖程度越高，行人能在外界的帮助下快速获取更多的空间信息，空间认知能力越强。

行人地铁空间认知水平量化分析结果表明：①行人对乘车必须经过要素（出入口和闸机）的认知位置离散程度较低，对乘车非必须经过要素（洗手间）的认知位置离散程度较高；行人对部分要素的认知位置分布方向与其空间定位基准线（即确定空间该要素位置时所依据的线，通常为道路）走向基本一致。②样本总体对乘车必须经过要素（出入口和闸机）的空间认知水平较高，对乘车非必须经过要素（洗手间）的空间认知水平较低。家庭年收入与到该站频率对样本个体的空间认知水平有显著正影响，具体表现为相较于家庭年收入 25 万元以上的人群，家庭年收入 0~15 万元和 15 万~25 万元人群的空间认知水平更低；相较于几乎每天来的人群，其他频率人群的空间认知水平更低。

（5）基于随机效用理论、前景理论和后悔理论，引入量化的空间认知水平，分别建立 ML、PT 和 G-RRM 模型，对 3 种模型进行对比分析，结果表明：空间认知水平对路径的选择影响显著；决策者并非总是选择路径距离短的出口；基于动态异质性参照点的 PT 模型表现更好，预测概率比基于静态同质性参照点的 PT 模型更接近实际选择概率，能更好地描述决策者的出口选择行为；现实情况下，人们的心理预期会随着形势的变化而不断调整，个体之间也会存在差异，因此，设立动态异质性参照点会提高模型的预测准确度。

（6）考虑决策规则的异质性，将决策者根据不同的因素及水平进行分类，分析各类决策者在同一情景中的选择行为，确定其采用的决策规则，结果表明不同决策者在同一情景中遵循的决策规则不同。基于 ML 和 G-RRM 模型，建立混合决策出口选择模型，对比 ML、G-RRM 和混合决策出口选择模型预测概率和实际选择概率之间的误差，结果表明混合决策出口选择模型预测概率更接近实际选择概率，说明在相同情景下，完全理性与有限理性可以在不同人群中同时存在。

（7）构建涵盖疏散人员的个人社会经济属性、疏散心理潜变量（包括适应性与非适应性疏散心理）及环境属性（包括路径属性与火灾环境）3 类因素影响的路径决策研究体系，通过结构方程模型、混合选择模型、动态离散选择模型探究火灾疏散路径决策的内在机制。结果表明，从众非适应性疏散心理、利他适应性疏散心理及环境熟悉度等心理潜变量均对路径决策影响显著；对比 HCM 与 DDCM，结果显示 DDCM 拟合能力与预测精度均优于 HCM，与 HCM 结果有所不同，DDCM 中部分心理潜变量及个人社会经济属性的显著性发生变化，且显著变量的个数增多，DDCM 可较好地解释火场环境下路径决策的内在机制。

（8）通过面向对象的二次开发技术，在 AnyLogic 仿真平台，引入基于完全理性以及有限理性假设的各类疏散行为选择模型，通过出口利用、疏散时间、拥挤程度等各项仿真结果评价指标对比模型的疏散效率，进一步加深了人们对突发事件下个体出口决策偏好对于疏散过程影响机理的理解；人群疏散演化一定程度上受制于个体出口决策模型的基本假设以及形式设定,并将不同决策模型进行对比,验证了模型的适用性及可靠性。

(9) 构建了基于 BIM、结合火灾仿真与疏散仿真的综合仿真平台,并在仿真平台中引入综合考虑疏散心理和动态火灾产物的混合选择模型、动态离散选择模型,通过面向对象的二次开发技术,实现疏散效率评估,进一步验证模型的有效性和适用性。

9.2　展　　望

行人应急疏散研究中,行人行为决策规则制定的合理性,决定了行人应急疏散模型与现实情况的拟合度。本研究试图通过在模型中引入难以观测的心理潜变量、难以量化的空间认知水平等变量,构建混合决策规则模型,考虑潜变量的行为决策模型,考虑心理潜变量的潜类别模型、决策规则潜类别模型以及综合考虑疏散心理和动态火灾产物的混合选择模型,并通过实证研究和仿真模型验证模型的有效性和适用性,取得了一定的研究成果。但是由于行人应急疏散的研究涉及诸多的影响因素,并且更多新的研究方法在该领域的适用性有待探索,这为著者今后的研究提供了新的方向。受能力限制,本研究仍有许多问题有待进一步探索:

(1) 决策规则异质性与心理异质性的融合。在建模时同时考虑疏散者的决策规则异质性和心理异质性将更加全面地描述疏散者的路径决策机理,更加符合实际情况。这需要对模型本身进行改进,对模型的参数设置、模型的结构进行深入探讨。

(2) 行人的空间认知也与其所处环境的特征有关,本研究着重分析了基于个体属性的地铁空间认知水平差异,后续研究可考虑采用图片指认或 AR 技术调查分析环境设施等因素对空间认知的影响,同时亦可分析被试者专业对其空间认知的影响。

(3) 本研究基于动态异质性参照点建立了 PT 模型,该模型中参照点以同一情景中某一备选方案为参照组,其动态性体现为随着情景的变化而变化。然而,动态异质性参照点的形式是多种多样的,其他形式的动态异质性参照点需进一步探索。

(4) 近年来,机器学习因其优越的预测性能和灵活性,被广泛引入选择行为建模与预测研究中,但其基础研究框架和技术路线尚不明确,有限的模型可解释性仍然是基于机器学习的选择行为模型难以被广泛信任的根本原因,面对大数据时代选择行为研究的机遇与挑战,充分融合机器学习算法和经典决策理论及模型各自的优势,并将其应用于应急疏散领域的研究中,将成为应急疏散研究新的探索路径。

参 考 文 献

[1] 中华人民共和国交通运输部.2023 年城市轨道交通运营数据统计分析[J].现代城市轨道交通,2024(3):131-132.

[2] DIRK H,ILLÉS F,TAMÁS V.Simulating dynamical features of escape panic[J].Nature,2000,407(6803):487-490.

[3] BLUE J,ADLER L.Cellular automata microsimulation for modeling bi-directional pedestrian walkways[J].Transportation Research Part B,2001,35(3):293-312.

[4] BEN-AKIVA M,LERMAN S R.Discrete choiceanalysis:theory and application to travel demand[M].Cambridge,UK:Massachusetts Institute of Technology Press,1985.

[5] 关宏志.非集计行为模型:交通行为分析的工具[M].北京:人民交通出版社,2004.

[6] 安实,王泽,王健,等.后悔视角下的应急疏散出行方式决策行为分析[J].交通运输系统工程与信息,2015,15(4):18-23,37.

[7] VON NEUMANN J,MORGENSTERN O.Theory of games and economic behavior [M].Princeton:Princeton University Press,1944.

[8] ALLAIS M,HAGEN O.Expected utility hypothesis and the allais paradox[M].Dordreche Holland:D.Reidel Publishing Co,1979.

[9] ELLSBERG D.Risk,ambiguity,and the savage axioms[J].Quarterly Journal of Economics,1961,75(4):643-669.

[10] KAHNEMAN D,TVERSKY A.Prospect theory:an analysis of decision under risk [J].Econometrica:Journal of the Econometric Society,1979,47(2):263-291.

[11] KAHNEMAN D,TVERSKY A.Prospect theory:an analysis of decision under risk [M]//MACLEAN L C,ZIEMBA W T.Handbook of the fundamentals of financial decision making:part I.[s.l.]:World Scientific,2013:99-127.

[12] 徐红利.城市交通流系统分析与优化[M].南京:南京大学出版社,2013.

[13] LOOMES G,SUGDEN R.Regret theory:an alternative theory of rational choice under uncertainty[J].The Economic Journal,1982,92(368):805-824.

[14] BELL D E.Regret in decision making under uncertainty[J].Operations Research,1982,30(5):961-981.

[15] CHORUS C G,ARENTZE T,TIMMERMANS H J P.A random regret minimization model of travel choice[J].Transportation Research Part B,2008,42(1):1-18.

[16] CHORUS C G.A generalized random regret minimization model[J].Transportation Research Part B:Methodological,2014,68:224-238.

[17] 鲜于建川,隽志才,朱泰英.后悔理论视角下的出行选择行为(英文)[J].交通运输工程

学报,2012,12(3):67-72,100.

[18] 王泽.基于随机后悔路径选择行为的疏散交通均衡分析与应用[D].哈尔滨:哈尔滨工业大学,2016.

[19] HESS S,STATHOPOULOS A,DALY A.Allowing for heterogeneous decision rules in discrete choice models:an approach and four case studies[J].Transportation,2012,39:565-591.

[20] BOERI M,SCARPA R,CHORUS C G.Stated choices and benefit estimates in the context of traffic calming schemes:utility maximization,regret minimization,or both? [J].Transportation Research Part A,2014,61:121-135.

[21] HESS S,STATHOPOULOS A.A mixed random utility—random regret model linking the choice of decision rule to latent character traits[J].The Journal of Choice Modelling,2013,9:27-38.

[22] CHARONITIA E,RASOULIA S,TIMMERMANS H J P.Context-driven regret-based model of travel behavior under uncertainty:a latent class approach[J].Transportation Research Procedia,2017,24:89-96.

[23] BEN-AKIVA M,WALKER J,BERNARDINO A T,et al.Integration of choice and latent variable models[M]//MAHMASSANI H S.In perpetual motion:travel behaviour research opportunities and challenges.Amsterdam:Pergamon,2002.

[24] BEN-AKIVA M E,MCFADDEN D,GÄRLING T,et al.Extended framework for modeling choice behavior[J].Marketing Letters,1999,10(3):187-203.

[25] BEN-AKIVA M E,MCFADDEN D,TRAIN K,et al.Hybrid choice models:progress and challenges[J].Marketing Letters,2002,13:163-175.

[26] SCHUMACKER R E.Latent variable interaction modeling[J].Structural Equation Modeling A Multidisciplinary Journal,2002,9(1):40-54.

[27] JOHANSSON M V,HELDT T,JOHANSSON P.The effects of attitudes and personality traits on mode choice[J].Transportation Research Part A Policy & Practice,2006,40(6):507-525.

[28] KAMARGIANNI M,POLYDOROPOULOU A.Hybrid choice model to investigate effects of teenagers' attitudes toward walking and cycling on mode choice behavior [J].Transportation Research Record:Journal of the Transportation Research Board,2013(2382):151-161.

[29] MALDONADO-HINAREJOS R,SIVAKUMAR A,POLAK J W.Exploring the role of individual attitudes and perceptions in predicting the demand for cycling:a hybrid choice modelling approach[J].Transportation,2014,41(6):1287-1304.

[30] BOLDUC D,BOUCHER N,ÁLVAREZ-DAZIANO R.Hybrid choice modeling of new technologies for car choice in Canada[J].Transportation Research Record Journal of the Transportation Research Board,2008,2082:63-71.

[31] 陈坚,晏启鹏,杨飞,等.出行方式选择行为的 SEM-Logit 整合模型[J].华南理工大学学

报(自然科学版),2013,41(2):51-57,65.

[32] 李聪颖,黄一哲,李敢,等.雾霾天气对出行行为的影响机理研究[J].西安建筑科技大学学报(自然科学版),2015,47(5):728-733.

[33] 程龙,陈学武,杨硕.基于态度-行为模型的低收入通勤者出行方式选择[J].交通运输系统工程与信息,2016,16(1):176-181,201.

[34] 张文娜,李军.基于潜变量的驾驶员路径选择行为分析[J].科学技术与工程,2016,16(34):280-284.

[35] 李军,陈雅.考虑心理潜变量的专车出行选择行为分析[J].科学技术与工程,2017,17(11):322-327.

[36] 鞠鹏,周晶,徐红利,等.基于混合选择模型的汽车共享选择行为研究[J].交通运输系统工程与信息,2017,17(2):7-13.

[37] 景鹏,隽志才,查奇芬.考虑心理潜变量的出行方式选择行为模型[J].中国公路学报,2014,27(11):84-92,108.

[38] PAULSSEN M,TEMME D,VIJ A,et al.Values,attitudes and travel behavior:a hierarchical latent variable mixed logit model of travel mode choice[J].Transportation,2014,41:873-888.

[39] SANKO N,HESS S,DUMONT J,et al.Contrasting imputation with a latent variable approach to dealing with missing income in choice models[J].The Journal of Choice Modelling,2014,12:47-57.

[40] PRATO C G,BEKHOR S,PRONELLO C.Latent variables and route choice behavior[J].Transportation,2012,39:299-319.

[41] DALY A,HESS S,PATRUNI B,et al.Using ordered attitudinal indicators in a latent variable choice model:a study of the impact of security on rail travel behavior[J].Transportation,2012,39(2):267-297.

[42] MARIEL P,MEYERHOFF J.Hybrid discrete choice models:gained insights versus increasing effort[J].Science of the Total Environment,2016,568:433-443.

[43] VIJ A,WALKER J.How,when and why integrated choice and latent variable models are latently useful[J].Transportation Research Part B,2016,90:192-217.

[44] 陈建冰.基于潜在类别模型的通勤者交通方式选择异质性研究[D].南京:南京大学,2017.

[45] 顾兆军,王伟,李晓红.基于潜在类别模型的航空旅客分类[J].计算机技术与发展,2012,22(4):182-186.

[46] 刘建荣,郝小妮.考虑出行者异质性的绿色出行行为研究[J].华南理工大学学报(自然科学版),2019,47(7):99-104,120.

[47] 刘建荣,刘志伟.基于出行者潜在类别的公交出行行为研究[J].华南理工大学学报(自然科学版),2019,47(6):119-126.

[48] ELURU N,BAGHERI M,MIRANDA-MORENO L F,et al.A latent class modeling approach for identifying vehicle driver injury severity factors at highway-railway

crossings[J].Accident Analysis and Prevention,2012,47:119-127.

[49] 陈妤婕,吴爱华.基于潜类别模型和关联规则的交通事故原因分析[J].现代计算机(专业版),2018(15):8-13.

[50] ROMÁN C,ARENCIBIA A I,FEO-VALERO M.A latent class model with attribute cut-offs to analyze modal choice for freight transport[J].Transportation Research Part A:Policy and Practice,2017,102:212-227.

[51] LI Z N,CI Y S,CHEN C,et al.Investigation of driver injury severities in rural single-vehicle crashes under rain conditions using mixed logit and latent class models[J].Accident Analysis and Prevention,2019,124:219-229.

[52] ARAGHI Y,KROESEN M,MOLIN E,et al.Revealing heterogeneity in air travelers' responses to passenger-oriented environmental policies:a discrete-choice latent class model[J].International Journal of Sustainable Transportation,2016,10(9):765-772.

[53] 乔珂,赵鹏,文佳星.基于潜在类别模型的高铁旅客市场细分[J].交通运输系统工程与信息,2017,17(2):28-34.

[54] KOOT J M,KOWALD M,AXHAUSEN K W.Modelling behaviour during a large-scale evacuation:a latent class model to predict evacuation behaviour[J].Arbeitsberichte Verkehrs-und Raumplanung,2012,767:1-24.

[55] REZAPOUR M,KSAIBATI K.Latent class model with heterogeneous decision rule for identification of factors to the choice of drivers' seat belt use[J].Computation,2021,9(4):44.

[56] AGUIRREGABIRIA V,MIRA P.Dynamic discrete choice structural models:a survey[J].Journal of Econometrics,2010,156(1):38-67.

[57] RAMBHA T,NOZICK L,DAVIDSON R.Modeling hurricane evacuation behavior using a dynamic discrete choice framework[J].Transportation Research Part B:Methodological,2021,150:75-100.

[58] 秦嵩,王震蕾.动态离散选择模型及其估计方法发展综述[J].数学的实践与认识,2010,40(17):160-164.

[59] RUST J.Optimal replacement of GMC bus engines:an empirical model of Harold Zurcher[J].Econometrica,1987,55:999-1033.

[60] GE Y,MACKENZIE D.Modeling vehicle choices and charging behavior of plug-in electric vehicle owners jointly using dynamic discrete choice model[C].Washington DC:Transportation Research Board 97th Annual Meeting,2018.

[61] 张慧琳.基于动态离散选择的路段型交通分配模型[D].南京:东南大学,2018.

[62] URENA SERULLE N,CIRILLO C.The optimal time to evacuate:a behavioral dynamic model on Louisiana resident data[J].Transportation Research Part B:Methodological,2017,106:447-463.

[63] FOSGERAU M,FREJINGER E,KARLSTROM A.A link based network route choice model with unrestricted choice set[J].Transportation Research Part B:Methodological,

2013,56:70-80.

[64] RUGGIERO L,FONZONE A,DELL'OLIO L.A mixed logit model for predicting exit choice during building evacuations[J].Transportation Research Part A,2016,92: 59-75.

[65] FENG Y,DUIVES D C,HOOGENDOORN S P.Using virtual reality to study pedestrian exit choice behaviour during evacuations[J].Safety Science,2021,137:105158.

[66] GUO R,HUANG H.Logit-based exit choice model of evacuation in rooms with internal obstacles and multiple exits[J].Chinese Physics B,2010,19(3):030501.

[67] 穆娜娜,肖国清,何理,等.地铁人员疏散心理行为调查及相关性研究[J].中国安全生产科学技术,2013,9(6):85-90.

[68] 罗凌燕,沈斐敏,刘毅,等.地铁站突发事件疏散路径选择影响因素研究[J].中国安全科学学报,2016,26(7):169-174.

[69] LOVREGLIO R,BORRI D,RONCHI E,et al.The need of latent variables for modelling decision-making in evacuation simulations[C]//Proceedings of the IX International Workshop on Planning and Evaluation. Bari:IX International Workshop on Planning and Evaluation,2015:16-18.

[70] 阎卫东.建筑物火灾时人员行为规律及疏散时间研究[D].沈阳:东北大学,2006.

[71] 王立晓,郝闯熙,孙小慧.考虑行人心理潜变量的地铁应急疏散仿真研究[J].中国安全科学学报,2022,32(8):67-75.

[72] 刘洵.公共场所密集人群行为分析及干预措施研究[D].哈尔滨:哈尔滨理工大学,2012.

[73] FRUIN J J.Pedestrian planning and design[M].New York:Metropolitan Association of Urban Designers and Environmental Planners,1971.

[74] 刘颖.群体性恐慌心理对地铁乘客不安全疏散行为的影响研究[D].西安:西安科技大学,2019.

[75] 岳斌.考虑潜变量影响的地铁应急疏散选择行为研究[D].乌鲁木齐:新疆大学,2020.

[76] 王静虹.非常规突发情况下大规模人群疏散的不确定性研究[D].合肥:中国科学技术大学,2013.

[77] 田玉敏.人群疏散中"非适应性"行为的研究[J].灾害学,2006,21(2):114-120.

[78] 徐德江.紧急情况下客船人员撤离运动模型的研究[D].大连:大连海事大学,2008.

[79] HOOGENDOORN M,TREUR J,VAN DER WAL N,et al.An agent-based model for the interplay of information and emotion in social diffusion[C].[s.l.]:IEEE Xplore,12010.

[80] 王坤.基于行为心理学的火灾疏散联合仿真研究[D].西安:长安大学,2021.

[81] 宫建.奥运应急交通疏散路径选择模型研究[D].北京:北京工业大学,2007.

[82] 马军平,徐寅峰,张惠丽.紧急疏散中最优抗出错路径选择模型与算法[J].运筹与管理,2014,23(6):1-6.

[83] DUIVES D,MAHMASSANI H.Exit choice decisions during pedestrian evacuations of buildings[J].Transportation Research Record:Journal of the Transportation Research Board,2018:84-94.

[84] CHIU Y C，MIRCHANDANI P B.Online behavior-robust feedback information routing strategy for mass evacuation[J].IEEE Transactions on Intelligent Transportation Systems,2008,9(2):264-274.

[85] GUO R Y,HUANG H J.Logit-based exit choice model of evacuation in rooms with internal obstacles and multiple exits[J].Chinese Physics B,2010,19(3):101-107.

[86] 覃剑,陈善珍,白克钊,等.潜意识效应的人群应急疏散研究[J].广西师范大学学报(自然科学版),2014,32(3):27-32.

[87] 任其亮,曾柯,王坤.基于前景理论的应急交通疏散路径选择模型[J].重庆交通大学学报(自然科学版),2016,35(3):100-104.

[88] 曾柯.应急交通疏散路径优化方法研究[D].重庆:重庆交通大学,2015.

[89] 戶川喜久二.群集流の観測に基く避難設施の研究[J].建築研究報告第14号,1955:1-29.

[90] FRUIN J.Designing for pedestrians:a level-of-service concept[D].New York:Polytechnic Institute of Brooklyn,1971.

[91] VON N J,BURKS A W.Theory of self-reproducing automata[M].Urbana and London:University of Illinois Press,1966.

[92] 贾斌,高自友,李克平,等.基于元胞自动机的交通系统建模与模拟[M].北京:科学出版社,2007.

[93] 李得伟.城市轨道交通枢纽乘客集散模型及微观仿真理论[D].北京:北京交通大学,2007.

[94] 张晋.基于元胞自动机的城域混合交通流建模方法研究[D].杭州:浙江大学,2004.

[95] LI Y,CHEN M,DOU Z,et al.A review of cellular automata models for crowd evacuation[J].Physica A-statistical Mechanics and Its Applications,2019,526:120752.

[96] 赵宜宾,刘艳艳,张梅东,等.基于模糊元胞自动机的多出口人员疏散模型[J].自然灾害学报,2013,22(2):13-20.

[97] YUE H,GUAN H Z,SHAO C C,et al.Simulation of pedestrian evacuation with a-symmetrical exits layout[J].Physica A-statistical Mechanics and Its Applications,2011,390(2):198-207.

[98] YUE H,ZHANG B Y,SHAO C F,et al.Exit selection strategy in pedestrian evacuation simulation with multi-exits[J].Chinese Physics B,2014,23(5):195-207.

[99] 刘磊,刘群,高轶,等.多出口条件下基于排队时间的疏散仿真研究[J].计算机工程,2011,37(S1):349-352.

[100] LIAO W C,ZHENG X P,CHENG L S,et al.Layout effects of multi-exit ticket-inspectors on pedestrian evacuation[J].Safety Science,2014,70:1-8.

[101] WANG X L,GUO W,ZHENG X P.Information guiding effect of evacuation assistants in a two-channel segregation process using multi-information communication field model[J].Safety Science,2016,88:16-25.

[102] 张鑫龙,陈秀万,李怀瑜,等.一种改进元胞自动机的人员疏散模型[J].武汉大学学报(信息科学版),2017,42(9):1330-1336.

[103] LI Y X,JIA H F,LI J,et al.Pedestrian evacuation behavior analysis and simulation in multi-exits case [J]. International Journal of Modern Physics C,2017,28(10):1750128.

[104] FU L,FANG J,CAO S,et al.A cellular automaton model for exit selection behavior simulation during evacuation processes[J].Procedia Engineering,2018:169-175.

[105] HELBING D,MOLNAR P.Social force model for pedestrian dynamics[J].Physical Review E,1995,51(5):4282-4286.

[106] HELBING D,FARKAS I,VICSEK T.Simulating dynamical features of escape panic[J].Nature,2000,407(6803):487-490.

[107] HELBING D,FARKAS I J,VICSEK T.Simulation of pedestrian crowds in normal and evacuation situations[J].Pedestrian and Evacuation Dynamics,2002,21(2):21-58.

[108] HELBING D,BUZNA L,JOHANSSON A,et al.Self-organized pedestrian crowd dynamics and design solutions[J].Traffic Science,2005,39(1):1-24.

[109] HELBING D,JOHANSSON A.Quantitative agent-based modeling of human interactions in space and time[C]//Amblard.Fed Proceedings of the Fourth Conference of the European Social Simulation Association:ESSA2007[s.n.],2007:623-637.

[110] 陈峰,翟庆生,王子甲.社会力行人仿真模型的分子动力学方法实现[J].系统工程理论与实践.2014,34(4):1003-1010.

[111] DUIVES D C,DAAMEN W,HOOGENDOORN S P,et al.State-of-the-art crowd motion simulation models[J].Transportation Research Part C:Emerging Technologies,2013:193-209.

[112] 秦文虎,查骏元,苏国辉,等.人群疏散行为仿真技术研究[J].中国安全科学学报,2008,18(2):22-27,177.

[113] ZAINUDDIN Z,SHUAIB M M.Modification of the decision-making capability in the social force model for the evacuation process[J].Transport Theory and Statistical Physics,2010,39(1):47-70.

[114] 汪蕾,张茜,郑杰慧,等.多出口选择群体疏散模型[J].浙江大学学报(工学版),2015,49(3):393-401.

[115] ZHENG X,LI H Y,MENG L Y,et al.Improved social force model based on exit selection for microscopic pedestrian simulation in subway station[J].Journal of Central South University,2015(11):4490-4497.

[116] 马洁,徐瑞华,李璇,等.地铁车站乘客疏散出口选择行为仿真建模[J].同济大学学报(自然科学版),2016,44(9):1407-1414.

[117] 李楠,张磊,王金环.基于社会力模型的多出口场馆人员疏散问题[J].系统科学与数学,2016,36(9):1448-1456.

[118] HAN Y B,LIU H.Modified social force model based on information transmission toward crowd evacuation simulation[J].Physica A-statistical Mechanics and Its Applications,2017,469:499-509.

[119] SHUAIB M M.Incorporating intelligence for typical evacuation under the threat of fire spreading[J].Safety Science,2018,106:1-9.

[120] MA Y,LEE E W,SHI M,et al.Spatial memory enhances the evacuation efficiency of virtual pedestrians under poor visibility condition[J].Chinese Physics B,2018,27 (3):560-567.

[121] 王子甲,陈峰,施仲衡.基于 Agent 的社会力模型实现及地铁通道行人仿真[J].华南理工大学学报(自然科学版),2013,41(4):90-95.

[122] HELBING D.Agent-based modeling[J].Springer Berlin Heidelberg,2012:25-70.

[123] BO Y,CHENG W,HUA H,et al.A multi-agent and PSO based simulation for human behavior in emergency evacuation[C].Harbin:2007 Internation Conference on Computational Intelligence and Security,2007:296-300.

[124] HA V,LYKOTRAFITIS G.Agent-based modeling of a multi-room multi-floor building emergency evacuation[J].Physica A-statistical Mechanics and Its Applications,2012,391(8):2740-2751.

[125] BEN X,HUANG X,ZHUANG Z,et al.Agent-based approach for crowded pedestrian evacuation simulation[J].Iet Intelligent Transport Systems,2013,7(1):56-67.

[126] BODE N W F,CODLING E A.Human exit route choice in virtual crowd evacuations [J].Animal Behaviour,2013,86(2):347-358.

[127] ZHANG L,WANG J H,SHI Q Y.Multi-agent based modeling and simulating for evacuation process in stadium[J].Journal of Systems Science & Complexity,2014,27 (3):430-444.

[128] KIM J,LEE S,LEE S.An evacuation route choice model based on multi-agent simulation in order to prepare tsunami disasters[J].Transportmetrica B-Transport Dynamics,2017,5(4):385-401.

[129] ANDRESEN E,CHRAIBI M,SEYFRIED A.A representation of partial spatial knowledge: a cognitive map approach for evacuation simulations[J].Transportmetrica A: Transport Science,2018,14(5):433-467.

[130] ROZO K R,ARELLANA J,SANTANDERMERCADO A,et al.Modelling building emergency evacuation plans considering the dynamic behaviour of pedestrians using agent-based simulation[J].Safety Science,2019:276-284.

[131] HAGHANI M,SARVI M.Imitative (herd) behaviour in direction decision-making hinders efficiency of crowd evacuation processes[J].Safety Science,2019:49-60.

[132] LIU J,CHEN X.Simulation of passenger motion in metro stations during rush hours based on video analysis[J].Automation in Construction,2019,107(8):102938.

[133] ANTONINI G,BIERLAIRE M,WEBER M.Discrete choice models of pedestrian

walking behavior[J].Transportation Research Part B:Methodological,2006,40(8):667-687.

[134] 吴梦轩.基于 BIM 的高层建筑火灾安全预警模型及仿真研究[D].西安:西安建筑科技大学,2020.

[135] 李志勇.基于 BIM 的高层公共建筑火灾仿真与人员疏散规划研究[D].天津:天津理工大学,2021.

[136] STANČÍK A,MACHÁČEK R,HORÁK J,et al.Using BlM model for fire emergency evacuation plan[J].MATEC Web of Conferences,2018,146:01012.

[137] SUN Q,TURKAN Y.A BIM-based simulation fiamework for fire safetymanagement and investigation of the critical factors affecting human evacuationperformance1[J].Advanced Engineering Informatics,2020,44:101093.

[138] 道吉草,史健勇.基于 BIM 的建筑火灾安全分析[J].消防科学与技术,2017,36(3):391-394.

[139] 阎卫东,张瑞,刘家喜,等.基于 Pathfinder 的高校图书馆火灾疏散研究[J].沈阳建筑大学学报(自然科学版),2021,37(4):627-633.

[140] 马亚娜.基于 BIM 技术的建筑火灾安全疏散仿真研究——以某高校教学楼为例[D].兰州:兰州理工大学,2021.

[141] WEHBE R,SHAHROUR I.A BIM-based smart system for fire evacuation[J].Future Internet,2021,13(9):221.

[142] ZHANG H,LONG H C.Simulation of evacuation in crowded places based on BIM and Pathfinder[J].Journal of Physics Conference Series,2021,1880(1):012010.

[143] 王婷,杜慕皓,唐永福,等.基于 BIM 的火灾模拟与安全疏散分析[J].土木建筑工程信息技术,2014,6(6):102-108.

[144] TANG Y,XIA N,LU Y,et al.BIM-based safety design for emergency evacuation of metro stations[J].Automation in Construction,2021,123:103511.

[145] PELECHANO N,O'BRIEN K,SILVERMAN B,et al.Crowd simulation incorporating agent psychological models,roles and communication[R].Pennsylvanin Univphiladelphia Center for Human Modeling and Simulation,2013:21-30.

[146] KOBES M,HELSLOOT I,VRIES B D,et al.Building safety and human behaviour in fire:a literature review[J].Fire Safety Journal,2009,45(1):1-11.

[147] 李逊,洪玲,徐瑞华.轨道交通车站应急疏散乘客心理行为影响因素分析[J].城市轨道交通研究,2012,15(4):54-57.

[148] 李强,陈春晓,陈晋,等.考虑疏散安全的公共场所人员容量控制研究[J].中国安全科学学报,2007,17(3):33-39,176.

[149] 米佳.地下公共空间的认知和寻路实验研究:以上海市人民广场为例[D].上海:同济大学,2007.

[150] 李阳,陈建忠,张倩,等.考虑环境熟悉度的行人疏散模型研究[J].中国安全科学学报,2016,26(4):168-174.

[151] 宋英华,涂文豪,霍非舟,等.考虑环境熟悉度与引导的人员疏散元胞自动机模型研究 [J].中国安全生产科学技术,2020,16(12):56-60.

[152] 邢志祥,丁芙蓉,唐亮,等.大型超市火灾人员疏散路径优化研究[J].安全与环境学报, 2015,15(2):167-173.

[153] 成琳娜.基于综合因子影响下的地铁站火灾应急疏散仿真研究[J].五邑大学学报(自 然科学版),2016,30(1):34-40.

[154] 徐高.基于智能体技术的人员疏散仿真模型[J].西南交通大学学报,2003,38(3): 301-303.

[155] 苏嘉楠.基于使用者认知与需求的地下街空间形态研究——以大连胜利地下购物街为 例[D].大连:大连理工大学,2011.

[156] 周庆,孙海瀚,杨艳红.基于认知地图的地铁空间导视系统优化分析[J].城市轨道交通 研究,2015,18(10):102-105.

[157] LYNCH K.The image of the city[M].Cambridge:MIT Press,1960.

[158] 李文馥,刘范.5—13岁儿童空间认知发展的研究——判别相等面积的再探[J].心理学 报,1983(1):88-97.

[159] 刘雯丽.城市轨道交通车站客流紧急疏散仿真研究[D].成都:西南交通大学,2013.

[160] 刘继业.哈尔滨地铁应急疏散模型研究[D].哈尔滨:哈尔滨工业大学,2013.

[161] 王茂军,柴彦威,高宜程.认知地图空间分析的地理学研究进展[C]//第十一次全国青 年地理工作者学术研讨会论文集.[出版者不详],2007:285-294.

[162] TOLMAN E C.Cognitive maps in rats and men[J].Psychological Review,1948,55 (4):189-208.

[163] 若林芳樹.認知地図の歪みに関する計量的分析[J].地理学評論,1989,62:339-358.

[164] SMELSER N J,BALTES P B.International encyclopedia of the social & behavioral sciences[M].Amsterdam:Elsevier,2001.

[165] GOLLEDGE R G.Spatial behavior:a geographic perspective[M].New York:Guilford Press,1997.

[166] 薛露露,申思,刘瑜,等.认知地图两种外部化方法的比较——以北京市为例[J].北京 大学学报(自然科学版),2008,44(3):413-420.

[167] 王茂军,张学霞,吴骏毅,等.社区尺度认知地图扭曲的空间分析——基于首师大和北 林大的个案研究[J].人文地理,2009,24(3):54-60.

[168] 何丹,单冲,张盼盼,等.基于大学生认知地图的长江中游城市群空间范围认知[J].地 理研究,2018,37(9):1818-1831.

[169] 陈基纯,陈忠暖,王枫.城市居民距离认知研究——以校园大学生群体为对象的调查分 析[J].热带地理,2004,24(1):60-64.

[170] 戴代新,陈语娴,袁满.基于认知地图的上海城市历史公园空间认知量化研究——以鲁 迅公园为例[J].城市建筑,2019,16(2):7-13.

[171] APPLEYARD D.Styles and methods of structuring a city[J].Environment and Behavior, 1970,2(1):100-117.

[172] 朱庆,王静文,李渊.城市空间意象的句法表达方法探讨[J].华中建筑,2005,23(4):77-81.

[173] 阴劼,徐杏华,李晨晨.方志城池图中的中国古代城市意象研究——以清代浙江省地方志为例[J].城市规划,2016,40(2):69-77,93.

[174] 薛磊.基于"认知地图"的地铁导视系统研究[D].北京:中央美术学院,2011.

[175] 季诚.地下公共空间的寻路与空间认知研究[D].南京:南京工业大学,2016.

[176] 吕元,张雅娟,胡斌.地下综合体空间寻路实验[J].北京工业大学学报,2014,40(6):878-883.

[177] 王保勇,束昱.探索性及验证性因素分析在地下空间环境研究中的应用[J].地下空间,2000,20(1):14-22,78-79.

[178] 许洁,王茂军,王晓瑜.北京城市空间认知的影响因素分析[J].人文地理,2011,26(2):49-55.

[179] 蒋志杰,张捷,王慧麟,等.小尺度环境地形相对高度认知及影响因素——以南京大学浦口校区为例[J].地理研究,2012,31(12):2270-2282.

[180] NUNNALLY J C.Psychometric theory[M].New York:McGraw-Hill,1967.

[181] GEORGE D,MALLERY P.SPSS for Windows step by step:a simple guide and reference[M].MA:Allyn & Bacon,1999.

[182] BAGOZZI R P,FORNELL C,LARCKER D F.Canonical correlation analysis as a special case of a structural relations model[J].Multivariate Behavioral Research,1981,16(4):437-454.

[183] FORNELL C,LARCKER D.Evaluating structural equation models with unobservable variables and measurement error[J].Journal of Marketing Research,1981,24:337-346.

[184] 史明鑫.北京市停车换乘选择行为影响因素分析[D].北京:北京交通大学,2018.

[185] KAHNEMAN D,TVERSKY A.Prospect theory:an analysis of decision under risk[J].Econometric Reviews,1979,47(2):263-292.

[186] ZEELENBERG M,PIETERS R.A theory of regret regulation 1.0[J].Journal of Consumer Psychology,2007,17(1):3-18.

[187] 吴世江,史其信,陆化普.交通出行方式离散选择模型的效用随机项结构研究综述[J].公路工程,2007,32(6):92-97.

[188] BELL.Regret in decision making under uncertainty[J].Operations Research,1982,5:961-981.

[189] VAN C S,GUEVARA C A,CHORUS C G.New insights on random regret minimization models[J].Transportation Res Part A:Policy Practice,2015,74:91-109.

[190] WERNERFELT B.A rational reconstruction of the compromise effect:using market data to infer utilities[J].Journal of Consumer Research,1995,21(4):627-633.

[191] 林晓飞,喻箫,侯正波,等.地铁应急疏散影响因素研究[J].中国安全生产科学技术,2020,16(S1):41-45.

[192] 邱皓政.潜在类别模型的原理与技术[M].北京:教育科学出版社,2008.

[193] 石玉.基于建筑光环境的防火疏散设计[J].沈阳建筑大学学报(社会科学版),2013,15(3):256-258.

[194] GONZALEZ W R.Curvature of the probability weighting function[J].Management Science,1996,42(12):1676-1690.

[195] PRELEC D.Compound invariant weighting functions in prospect theory[M]//KAH-NEMAN D,TVERSKY A.Choices,values,and frames Cambridge:Cambridge University Press,2000.

[196] HAGHANI M,SARVI M,EJTEMAI O,et al.Modeling pedestrian crowd exit choice through combining sources of stated preference data[J].Transportation Research Record,2015,2490(1):84-93.

[197] 孔维伟,刘栋栋.北京复兴门地铁火灾时人员安全疏散研究[J].北京建筑工程学院学报,2009,25(4):29-32.

[198] 王世玲.突发事件下地铁车站人员疏散行为及模拟研究[D].郑州:郑州大学,2019.

[199] LOVREGLIO R,FONZONE A,DELL'OLIO L.A mixed logit model for predicting exit choice during building evacuations[J].Transportation Research Part A:Policy and Practice,2016,92:59-75.

[200] 李雪岩,李雪梅,李学伟,等.基于动态参照点的多主体有限理性路径选择模型[J].复杂系统与复杂性科学,2016,13(2):27-35.

[201] XU H L,ZHOU J,XU W.A decision-making rule for modeling travelers' route choice behavior based on cumulative prospect theory[J].Transportation Research Part C:Emerging Technologies,2011,19C(2):218-228.

[202] LOVREGLIO R,DILLIES E,KULIGOWSKI E,et al.Investigating exit choice in built environment evacuation combining immersive virtual reality and discrete choice modelling[J].Arxiv,2021:2110.11577.

[203] SUGIURA M,NOUCHI R,HONDA A,et al.Survival-oriented personality factors are associated with various types of social support in an emergency disaster situation[J].PLOS ONE,2020,15:228875.

[204] SLOVIC P.Perception of risk[J].Science,1987,236:280-285.

[205] SIME J D.An occupant response shelter escape time (ORSET) model[J].Safety Science,2001,38:109-125.

[206] KINATEDER M,KULIGOWSKI E,RENEKE P,et al.Risk perception in fire evacuation behavior revisited:definitions,related concepts,and empirical evidence[J].Fire Science Reviews,2015,4:1.

[207] KINATEDER M,COMUNALE B,WARREN W.Effects of familiarity and neighbor behavior on visually-guided exit choice in an emergency[J].Journal of Vision,2016,16(12):1369.

[208] 黄钊研.数值模拟技术在火灾控制中的应用[D].广州:华南理工大学,2014.

[209] 中华人民共和国文化部.公共图书馆建筑防火安全技术标准:WH 0502-96[S].北京:

中华人民共和国文化部,1996.

[210] 李华强,范春梅,贾建民,等.突发性灾害中的公众风险感知与应急管理——以 5·12 汶川地震为例[J].管理世界,2009(6):52-60,187-188.

[211] 齐晓云,刘杰.机场火灾旅客安全态度、风险感知与非适应性疏散行为的关系研究[J].中国安全生产科学技术,2021,17(10):46-52.

[212] 陈伟珂,陈红.基于人因安全心理视角下人员疏散时间模型研究[J].中国安全生产科学技术,2014,10(6):20-26.

[213] 益朋,李华.人因习惯心理对安全疏散的影响研究[J].中国安全生产科学技术,2018,14(3):144-150.

[214] HESS S.Posterior analysis of random taste coefficients in air travelbehaviour modelling[J].Journal of Air Transport Management,2007,13:203-212.

[215] SIME J.Movement toward the familiar:person and place affiliation in a fire entrapment setting[J].Environment and Behavior,1985,17:697-724.

[216] PEL A J,BLIEMER M C J,HOOGENDOORN S P.A review on travel behaviour modelling in dynamic traffic simulation models for evacuations[J].Transportation,2012,39(1):97-123.

[217] HENSHER D.Functional measurement,individual preference and discrete-choice modelling:theory and application[J].Journal of Economic Psychology,1982,2:323-335.

[218] 中华人民共和国公安部消防局.中国消防手册:第 13 卷 消防法制[M].上海:上海科学技术出版社,2010.

[219] 国家技术监督局.中国成年人人体尺寸:GB/T 10000—1988[S].北京:中国标准出版社,1988.

附　　录

附录1　地铁应急疏散调查问卷

尊敬的先生/女士:

您好!

我是新疆大学建筑工程学院的学生,本问卷对地铁应急疏散路径选择进行调研,感谢您在百忙之中帮助我们填写问卷。本次问卷采用不记名的方式,不会涉及您的隐私,调查数据仅做研究使用,希望您根据自己的实际情况和意愿填写。再次感谢您的支持与合作!

假设您正处于发生紧急情况的地铁站中,您正采取一系列动作向安全地点逃生。

在以下选项中,您更倾向于选择哪条路径? 请在空格中打"√"。

非换乘站:

情景一:

路径	照明条件	人员指引	拥挤程度	疏散时间/min	路径长度/m	您的选择
1	良好	无	拥挤	2	200	
2	一般	有	一般拥挤	2	300	
3	差	有	一般拥挤	2	200	

情景二:

路径	照明条件	人员指引	拥挤程度	疏散时间/min	路径长度/m	您的选择
1	良好	无	一般拥挤	3	150	
2	差	有	拥挤	3	150	
3	差	无	不拥挤	2	150	

情景三:

路径	照明条件	人员指引	拥挤程度	疏散时间/min	路径长度/m	您的选择
1	良好	有	不拥挤	3	300	
2	一般	无	不拥挤	2	150	
3	差	有	一般拥挤	2	200	

情景四：

路径	照明条件	人员指引	拥挤程度	疏散时间/min	路径长度/m	您的选择
1	良好	无	一般拥挤	3	150	
2	一般	无	不拥挤	3	200	
3	差	有	拥挤	3	150	

情景五：

路径	照明条件	人员指引	拥挤程度	疏散时间/min	路径长度/m	您的选择
1	良好	有	不拥挤	3	300	
2	一般	无	不拥挤	3	200	
3	一般	有	拥挤	5	150	

情景六：

路径	照明条件	人员指引	拥挤程度	疏散时间/min	路径长度/m	您的选择
1	一般	有	一般拥挤	2	300	
2	差	有	一般拥挤	2	200	
3	差	有	拥挤	3	150	

换乘站：

情景一：

路径	照明条件	人员指引	拥挤程度	疏散时间/min	路径长度/m	您的选择
1	良好	无	拥挤	3	300	
2	一般	有	一般拥挤	3	500	
3	差	有	一般拥挤	3	300	

情景二：

路径	照明条件	人员指引	拥挤程度	疏散时间/min	路径长度/m	您的选择
1	良好	无	一般拥挤	5	200	
2	差	有	拥挤	5	200	
3	差	无	不拥挤	3	200	

情景三：

路径	照明条件	人员指引	拥挤程度	疏散时间/min	路径长度/m	您的选择
1	良好	有	不拥挤	5	500	
2	一般	无	不拥挤	3	200	
3	差	有	一般拥挤	3	300	

情景四：

路径	照明条件	人员指引	拥挤程度	疏散时间/min	路径长度/m	您的选择
1	良好	无	一般拥挤	5	200	
2	一般	无	不拥挤	5	300	
3	差	有	拥挤	5	200	

情景五：

路径	照明条件	人员指引	拥挤程度	疏散时间/min	路径长度/m	您的选择
1	良好	有	不拥挤	5	500	
2	一般	无	不拥挤	5	300	
3	一般	有	拥挤	8	200	

情景六：

路径	照明条件	人员指引	拥挤程度	疏散时间/min	路径长度/m	您的选择
1	一般	有	一般拥挤	3	500	
2	差	有	一般拥挤	3	300	
3	差	有	拥挤	5	200	

请在您认为符合您实际情况的空格中打"√"。

情景一	完全不恐慌	不恐慌	一般	恐慌	极度恐慌
看到人员的伤亡，我会感到					
听到异常声音，我会感到					
地铁站灯光昏暗，我会感到					
周围人员慌张，我会感到					
地铁站充满烟雾，我会感到					
逃生过程中被别人推搡，我会感到					

情景二	完全不同意	不同意	一般	同意	完全同意
工作人员的指引对我逃生路线的选择很重要					
车站广播的指引对我逃生路线的选择很重要					
安全出口指示灯对我逃生路线的选择很重要					
周围人员的选择对我逃生路线的选择很重要					

情景三	完全不清楚	不清楚	一般	清楚	完全清楚
我对现在所处的位置					
我对车站出口的位置					
我对到出口的各条路径					
我对通往各出口的距离					
我对通往各出口的步行时间					
我对逃生路径上设置的障碍物（护栏、检票口等）位置					

情景四	完全不同意	不同意	一般	同意	完全同意
我在日常生活中不会做一些危险动作					
我选择效率低但很安全的做事方式					
我会选择更安全的交通工具					
我能预见某些行为有可能发生危险					

情景五	完全不同意	不同意	一般	同意	完全同意
工作时，我听从上级的安排					
在家里，我听从长辈的安排					
上学时，我听从老师的安排					
旅游时，我听从导游的安排					

情景六	完全不同意	不同意	一般	同意	完全同意
我选择多数人推荐的书籍					
我选择购买人数多的商品					
我选择排队人数多的餐厅就餐					

您的基本信息(请在选项前的"□"内打"√")

1. 您的性别:□男　　　　　　　　　　　□女

2. 您的年龄:□18 岁以下　　□18～25 岁　　□26～40 岁　　□41～60 岁　　□60 岁以上

3. 您的职业:□事业单位人员　　　□企业单位人员　　　　□公务员

　　　　　　□教师　　　　　　□学生　　　　　　　　□自由职业者

　　　　　　□农民　　　　　　□个体　　　　　　　　□其他

4. 您的受教育水平:□高中(中专)及以下　　□大专及本科　　□硕士及以上

5. 家庭年收入:□0～8 万元　　□8 万～15 万元　　□15 万～25 万元　　□25 万元以上

6. 您最常用的交通工具:□地铁　　□公交车　　□私家车　　□出租车

　　　　　　　　　　　□步行　　□自行车　　□单位用车

7. 您乘坐地铁的频率:□少于 1 天/周　　□1～2 天/周　　□3～5 天/周　　□每天

8. 您经历的安全疏散演习次数:□0　　□1　　□2～3　　□3 以上

附录2 地铁空间认知情况以及应急疏散选择行为调查问卷

尊敬的先生/女士：

您好！我是新疆大学建筑工程学院的学生，本问卷针对城市居民对地铁空间认知情况以及对地铁应急疏散选择行为进行调研，感谢您在百忙之中帮助我们填写问卷。本问卷采用不记名方式，不会涉及您的隐私，调查数据仅做研究使用，希望您根据自己的实际情况和意愿填写。再次感谢您的支持和合作！

一、您在多大程度上同意下列观点，请在下列问题相应的方框内进行勾选（打"√"）

观点	完全同意	同意	一般	不同意	完全不同意
我擅长找路					
我能分清东南西北					
我不会在陌生的地方迷路					
我不会走反方向					

观点	完全同意	同意	一般	不同意	完全不同意
我能在地图中找到自己和目的地的位置					
我能看懂地图中的空间关系					
我经常通过地图找路					

观点	完全同意	同意	一般	不同意	完全不同意
我找不到路时会问路人					
我依赖平面示意图、指示牌等导向标志的引导					
在车站内，我找不到路时会跟随人流行走					

观点	完全同意	同意	一般	不同意	完全不同意
我曾经的空间几何成绩很好					
我能通过看物体的平面图想象出空间的样子					
我擅长根据说明书拼装立体模型					

观点	完全同意	同意	一般	不同意	完全不同意
我认为本站的空间布局有规律					
我认为本站通道通畅连贯					
我认为本站的指示标志醒目					
我认为本站的出入口易于识别和记忆					

观点	完全同意	同意	一般	不同意	完全不同意
我清楚本站各个扶/楼梯的位置					
我清楚本站售票机的位置					
我清楚本站消防器材的位置					
我清楚本站的换乘路线					

二、个人社会经济属性(请在选项前的□内打"√")

1. 您的性别:□男　　□女
2. 您的年龄:□<18 岁　　□18～25 岁　　□26～35 岁
　　　　　　□36～50 岁　　□51～60 岁　　□>60 岁
3. 您的职业:□事业单位人员　　□企业单位人员　　□公务员　　□个体
　　　　　　□自由职业者　　□学生　　□其他
4. 您的受教育水平:□高中(中专)及以下　　□大专　　□本科　　□硕士及以上
5. 家庭年收入:□0～8 万元　　□8 万～15 万元　　□15 万～25 万元　　□25 万元以上
6. 您到该站的目的:□通勤　　□购物餐饮娱乐　　□上/下学　　□换乘　　□其他
7. 您到该站的频率:□第一次来　　□来过一两次　　□1～2d/周　　□3～4d/周
　　　　　　　　　□几乎每天来
8. 您是否参加过应急知识安全教育的培训:□是　　□否
9. 在地铁应急疏散中,您赞同以下哪个观点? 请在相应的方框内勾选(打"√")

观点	非常不重要	明显不重要	同等重要	明显重要	非常重要
与能见度相比,您认为疏散引导					
与能见度相比,您认为排队时间					
与能见度相比,您认为到出口的距离					
与疏散引导相比,您认为排队时间					
与疏散引导相比,您认为到出口的距离					
与排队时间相比,您认为到出口的距离					

三、认知草图

下图是某站站厅层的平面轮廓图,请您按照下列要求根据您的亲身体验进行绘制,可加入必要的文字注解,不计较作图的比例与美观。

要求:

1:在下图中标记本站所有出入口(图例:○)、扶/楼梯(图例:□)、服务台(图例:△)、卫生间(图例:☆)、闸机(图例:▬)及其他元素(如售票机、消防器材、无障碍电梯等)(图例:◆)的位置。

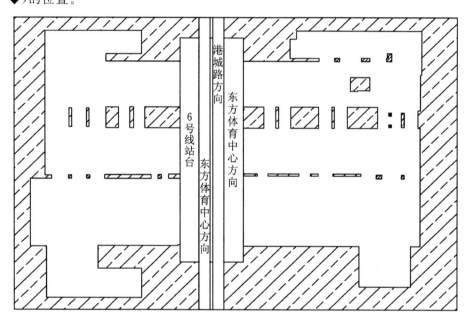

注:阴影区域为非公共区域。

2. 简单描述您在本站的行走路线。

进站:从_____入口进站,到达地下_____层_____号线乘车;

出站:在地下_____层_____号线下车,从_____出口出站;

站内换乘:从地下_____层_____号线下车,到达地下_____层换乘_____号线。

四、应急疏散选择行为

1. 假设您某次乘坐地铁出行,在突发事件下,综合考虑能见度、疏散引导、排队时间和到出口的距离,请您在以下情景中勾出您将会选择的出口:

情景一:

出口	能见度	疏散引导	排队时间/min	到出口的距离/m	您的选择
A	低	有	3~6	200	
B	一般	有	<1	400	

情景二:

出口	能见度	疏散引导	排队时间/min	到出口的距离/m	您的选择
A	低	无	<1	300	
B	低	有	1~3	350	

情景三:

出口	能见度	疏散引导	排队时间/min	到出口的距离/m	预测排队时间准确性	您的选择
A	低	无	<1	150	80%	
B	高	无	3~6	400	70%	

情景四:

出口	能见度	疏散引导	排队时间/min	到出口的距离/m	预测排队时间准确性	您的选择
A	一般	无	1~3	300	90%	
B	高	有	3~6	500	80%	

情景五:

出口	能见度	疏散引导	排队时间/min	到出口的距离/m	预测排队时间准确性	您的选择
A	高	无	3~6	200	70%	
B	一般	有	<1	400	80%	

情景六:

出口	能见度	疏散引导	排队时间/min	到出口的距离/m	预测排队时间准确性	您的选择
A	高	有	1~3	150	70%	
B	一般	无	3~6	350	90%	

2. 假设在您某次乘坐地铁出行的地铁站有 A 和 B 两个出口,您当前位置至 A 和 B 出口的距离相同,并且 A、B 出口的环境条件相同。现由于地铁站加强管理,A、B 出口的排队时间可能会减少,在以下情景中选出您将会选择的出口:

情景一 { 出口 A:20%的可能性减少 2min(　　) / 出口 B:40%的可能性减少 1min(　　) }

情景二 { 出口 A:20%的可能性减少 2min,10%的可能性减少 1min(　　) / 出口 B:50%的可能性减少 1min(　　) }

情景三 { 出口 A:20%的可能性减少 2min,20%的可能性减少 1min(　　) / 出口 B:60%的可能性减少 1min(　　) }

情景四$\begin{cases} \text{出口 A:}20\%\text{的可能性减少 }2\text{min}\text{,}40\%\text{的可能性减少 }1\text{min}(\qquad) \\ \text{出口 B:}80\%\text{的可能性减少 }1\text{min}(\qquad) \end{cases}$

3. 假设在您某次乘坐地铁出行的地铁站有 A 和 B 两个出口,您当前位置至 A 和 B 出口的距离相同,并且 A、B 出口的环境条件相同。现由于地铁站疏于管理,A、B 出口的排队时间可能会增加,在以下情景中选出您将会选择的出口:

情景一$\begin{cases} \text{出口 A:}20\%\text{的可能性增加 }2\text{min}(\qquad) \\ \text{出口 B:}40\%\text{的可能性增加 }1\text{min}(\qquad) \end{cases}$

情景二$\begin{cases} \text{出口 A:}20\%\text{的可能性增加 }2\text{min}\text{,}10\%\text{的可能性增加 }1\text{min}(\qquad) \\ \text{出口 B:}50\%\text{的可能性增加 }1\text{min}(\qquad) \end{cases}$

情景三$\begin{cases} \text{出口 A:}20\%\text{的可能性增加 }2\text{min}\text{,}30\%\text{的可能性增加 }1\text{min}(\qquad) \\ \text{出口 B:}70\%\text{的可能性增加 }1\text{min}(\qquad) \end{cases}$

情景四$\begin{cases} \text{出口 A:}20\%\text{的可能性增加 }2\text{min}\text{,}50\%\text{的可能性增加 }1\text{min}(\qquad) \\ \text{出口 B:}90\%\text{的可能性增加 }1\text{min}(\qquad) \end{cases}$

问卷结束,感谢您的支持与合作!

附录3　图书馆火灾疏散行为调查问卷

亲爱的同学/尊敬的先生(女士):

您好! 我是新疆大学建筑工程学院的学生,本问卷对新疆大学博达校区图书馆火灾应急疏散路径选择行为进行调研,感谢您在百忙之中帮助我们填写问卷。本次问卷采用不记名方式,不会涉及您的隐私,调查数据仅做研究使用,希望您根据自己的实际情况和意愿填写。再次感谢您的支持和合作! (请在选项前的□内打"√")

t	t_1	t_2	t_3
温度	温度正常,对身体无影响	温度升高引起嘴、鼻等不适,开始出汗	高温使心跳加速,浑身燥热,头昏脑涨
可见度	视野正常,不妨碍疏散	烟雾增多,妨碍部分视线	严重阻碍视线,相当于蒙住眼睛
CO浓度	对身体无影响	对身体无影响	出现头痛、眼花、恶心等不适

一、假如您正在图书馆中学习,当您得知着火的消息后,您正采取一系列动作向安全地点逃生。火灾的危险度会随着时间的增长有所提高,基于下述的路径信息,请做出您的选择:

情景一

疏散条件	路径长度/m	应急照明条件	拥挤程度	疏散时间/s
路径1	80	一般	中度拥挤	200
路径2	120	好	中度拥挤	300
路径3	180	一般	畅通	300

1. t_1 时您会选择:
□路径1　　　　　　□路径2　　　　　　□路径3

2. t_2 时您会选择:
□路径1　　　　　　□路径2　　　　　　□路径3

3. t_3 时您会选择:
□路径1　　　　　　□路径2　　　　　　□路径3

情景二

疏散条件	路径长度/m	应急照明条件	拥挤程度	疏散时间/s
路径1	80	一般	中度拥挤	200
路径2	180	好	拥挤	200
路径3	180	一般	畅通	300

1. t_1时您会选择:
□路径1　　　　　　　　□路径2　　　　　　　　□路径3
2. t_2时您会选择:
□路径1　　　　　　　　□路径2　　　　　　　　□路径3
3. t_3时您会选择:
□路径1　　　　　　　　□路径2　　　　　　　　□路径3

情景三

疏散条件	路径长度/m	应急照明条件	拥挤程度	疏散时间/s
路径1	80	差	拥挤	300
路径2	120	一般	拥挤	150
路径3	120	差	畅通	200

1. t_1时您会选择:
□路径1　　　　　　　　□路径2　　　　　　　　□路径3
2. t_2时您会选择:
□路径1　　　　　　　　□路径2　　　　　　　　□路径3
3. t_3时您会选择:
□路径1　　　　　　　　□路径2　　　　　　　　□路径3

情景四

疏散条件	路径长度/m	应急照明条件	拥挤程度	疏散时间/s
路径1	80	差	拥挤	300
路径2	120	差	畅通	200
路径3	120	好	中度拥挤	300

1. t_1时您会选择:
□路径1　　　　　　　　□路径2　　　　　　　　□路径3
2. t_2时您会选择:
□路径1　　　　　　　　□路径2　　　　　　　　□路径3
3. t_3时您会选择:
□路径1　　　　　　　　□路径2　　　　　　　　□路径3

情景五

疏散条件	路径长度/m	应急照明条件	拥挤程度	疏散时间/s
路径1	80	差	拥挤	300
路径2	120	差	畅通	200
路径3	180	好	拥挤	200

1. t_1时您会选择：
□路径1　　　　　　　□路径2　　　　　　　□路径3
2. t_2时您会选择：
□路径1　　　　　　　□路径2　　　　　　　□路径3
3. t_3时您会选择：
□路径1　　　　　　　□路径2　　　　　　　□路径3

情景六

疏散条件	路径长度/m	应急照明条件	拥挤程度	疏散时间/s
路径1	80	差	拥挤	300
路径2	120	差	畅通	200
路径3	180	一般	畅通	300

1. t_1时您会选择：
□路径1　　　　　　　□路径2　　　　　　　□路径3
2. t_2时您会选择：
□路径1　　　　　　　□路径2　　　　　　　□路径3
3. t_3时您会选择：
□路径1　　　　　　　□路径2　　　　　　　□路径3

情景七

疏散条件	路径长度/m	应急照明条件	拥挤程度	疏散时间/s
路径1	80	差	拥挤	300
路径2	120	好	中度拥挤	300
路径3	180	一般	畅通	300

1. t_1时您会选择：
□路径1　　　　　　　□路径2　　　　　　　□路径3
2. t_2时您会选择：
□路径1　　　　　　　□路径2　　　　　　　□路径3
3. t_3时您会选择：
□路径1　　　　　　　□路径2　　　　　　　□路径3

情景八

疏散条件	路径长度/m	应急照明条件	拥挤程度	疏散时间/s
路径1	80	差	拥挤	300
路径2	180	差	中度拥挤	150
路径3	180	好	拥挤	200

1. t_1时您会选择：
☐路径1　　　　　　　☐路径2　　　　　　　☐路径3
2. t_2时您会选择：
☐路径1　　　　　　　☐路径2　　　　　　　☐路径3
3. t_3时您会选择：
☐路径1　　　　　　　☐路径2　　　　　　　☐路径3

情景九

疏散条件	路径长度/m	应急照明条件	拥挤程度	疏散时间/s
路径1	80	差	拥挤	300
路径2	180	好	拥挤	200
路径3	180	一般	畅通	300

1. t_1时您会选择：
☐路径1　　　　　　　☐路径2　　　　　　　☐路径3
2. t_2时您会选择：
☐路径1　　　　　　　☐路径2　　　　　　　☐路径3
3. t_3时您会选择：
☐路径1　　　　　　　☐路径2　　　　　　　☐路径3

情景十

疏散条件	路径长度/m	应急照明条件	拥挤程度	疏散时间/s
路径1	120	一般	拥挤	150
路径2	120	差	畅通	200
路径3	180	好	拥挤	200

1. t_1时您会选择：
☐路径1　　　　　　　☐路径2　　　　　　　☐路径3
2. t_2时您会选择：
☐路径1　　　　　　　☐路径2　　　　　　　☐路径3
3. t_3时您会选择：
☐路径1　　　　　　　☐路径2　　　　　　　☐路径3

情景十一

疏散条件	路径长度/m	应急照明条件	拥挤程度	疏散时间/s
路径1	120	一般	拥挤	150
路径2	180	差	中度拥挤	150
路径3	180	好	拥挤	200

1. t_1时您会选择：
□路径1　　　　　　□路径2　　　　　　□路径3
2. t_2时您会选择：
□路径1　　　　　　□路径2　　　　　　□路径3
3. t_3时您会选择：
□路径1　　　　　　□路径2　　　　　　□路径3

情景十二

疏散条件	路径长度/m	应急照明条件	拥挤程度	疏散时间/s
路径1	120	一般	拥挤	150
路径2	180	好	拥挤	200
路径3	180	一般	畅通	300

1. t_1时您会选择：
□路径1　　　　　　□路径2　　　　　　□路径3
2. t_2时您会选择：
□路径1　　　　　　□路径2　　　　　　□路径3
3. t_3时您会选择：
□路径1　　　　　　□路径2　　　　　　□路径3

情景十三

疏散条件	路径长度/m	应急照明条件	拥挤程度	疏散时间/s
路径1	120	差	畅通	200
路径2	120	好	中度拥挤	300
路径3	180	一般	畅通	300

1. t_1时您会选择：
□路径1　　　　　　□路径2　　　　　　□路径3
2. t_2时您会选择：
□路径1　　　　　　□路径2　　　　　　□路径3
3. t_3时您会选择：
□路径1　　　　　　□路径2　　　　　　□路径3

情景十四

疏散条件	路径长度/m	应急照明条件	拥挤程度	疏散时间/s
路径1	120	差	畅通	200
路径2	180	好	拥挤	200
路径3	180	一般	畅通	300

1. t_1时您会选择：

☐路径1 　　　☐路径2 　　　☐路径3

2. t_2时您会选择：

☐路径1 　　　☐路径2 　　　☐路径3

3. t_3时您会选择：

☐路径1 　　　☐路径2 　　　☐路径3

二、您在多大程度上同意下列观点,请根据您的实际情况在下列问题相应的方框内进行勾选。

情景一	完全不同意	不同意	一般	同意	完全同意
购物时我会关注生产日期与保质期					
我认为校园内骑行助力车存在安全隐患					
我认为学校图书馆发生火灾是难以控制的					

情景二	完全不同意	不同意	一般	同意	完全同意
校园内到某一地点,即使有其他路可行走,我通常走同一条路					
到食堂用餐时,我常到同一个窗口					
去图书馆自习时,我通常会选择同一个位置					

情景三	完全不同意	不同意	一般	同意	完全同意
我认为购买人数多的商品质量较好					
为了合群,我会改变自己的想法顺从其他人					

情景三	完全不同意	不同意	一般	同意	完全同意
在陌生环境中需要到达某一地点,我会选择多数人行走的路					
图书馆借书时,我会选择多数人推荐的书籍					

情景四	完全不同意	不同意	一般	同意	完全同意
我所在的集体需要征集一些志愿者为大家提供无偿的服务时,我会非常乐意					
看到社会中一些人因帮助他人而受到表扬和称赞,我会很开心					
当我能安慰一个情绪不好的人时,我感觉非常好					

情景五	完全不同意	不同意	一般	同意	完全同意
当听到图书馆着火的消息时,我会感到害怕					
着火时其余人员慌张会使我感到害怕					
火灾时烟雾弥漫使视野不清,我会感到害怕					
当火灾已造成部分人员财物丢失(伤亡),我感到害怕					

情景六	完全不同意	不同意	一般	同意	完全同意
我知道图书馆的多数出口位置					
我知道图书馆各层的功能和布局					
我知道我所在位置通往图书馆各出口的大致步行时间					
我知道我所在位置通往图书馆各出口的大概距离					

三、个人社会经济属性

1. 您的性别:□男   □女

2. 您的专业:□理科类   □工科类   □文科类   □其他

3. 您的在读年级:□本科生   □硕士生   □博士生   □其他

4. 您是否经历过火灾:□是   □否

5. 您接受过消防知识培训或演习的次数:

□0   □1   □2 或 3   □4 及以上

6. 您去图书馆的频率:

□没有去过   □去过一两次   □1~2 次/周   □3~4 次/周   □≥5 次/周

7. 您是否熟悉校内建筑应急疏散指示标志与疏散路线:

□是   □否

附录4　图书馆CAD底图

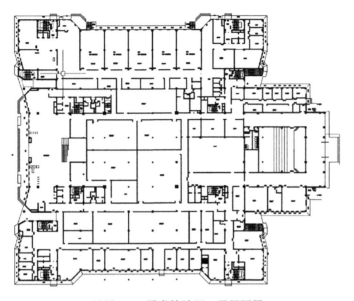

附图 4-1　图书馆地下一层平面图

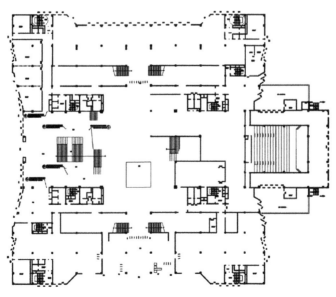

附图 4-2　图书馆一层平面图

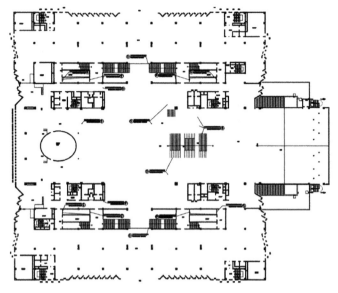

附图 4-3　图书馆二层平面图

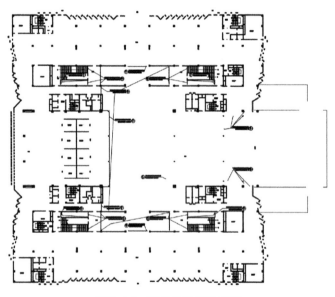

附图 4-4　图书馆三层平面图

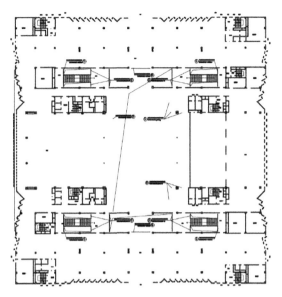

附图 4-5　图书馆四层平面图

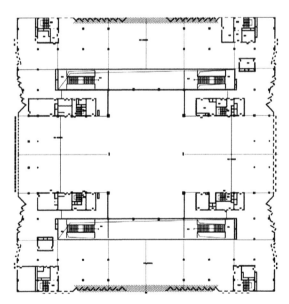

附图 4-6　图书馆五层平面图

附录5 缩写索引

	缩写	全称	术语
A	ABIC	Adjusted Bayesian Information Criterion	调整贝叶斯信息准则
	ABM	Agent-Based Model	基于 Agent 的模型
	AGFI	Adjusted Goodness of Fit Index	调整拟合优度指数
	AIC	Akaike Information Criterion	赤池信息量准则
	AVE	Average Variance Extracted	平均方差提取值
B	BIC	Bayesian Information Criterion	贝叶斯信息准则
	BIM	Building Information Model	建筑信息模型
	BL	Binary Logit	二项 Logit
	BR	Bidimensional Regression	二维回归法
C	CA	Cellular Automata	元胞自动机
	CFA	Confirmatory Factor Analysis	验证性因子分析
	CFD	Computational Fluid Dynamics	计算流体动力学
	CFI	Bentler's Comparative Fit Index	Bentler 比较拟合指标
	CPT	Cumulative Prospect Theory	累积前景理论
	CR	Composite Reliability	组成信度
	C-RRM	Classic Random Regret Minimization	经典随机后悔最小化
D	DCM	Discrete Choice Model	离散选择模型
	DDCM	Dynamic Discrete Choice Model	动态离散选择模型
F	FDS	Fire Dynamics Simulator	火灾动力学模拟器
G	GFI	Goodness of Fit Index	拟合优度指数
	G-RRM	Generalized Random Regret Minimization	广义随机后悔最小化
H	HCM	Hybrid Choice Model	混合选择模型
I	ICLV	Integrated Choice and Latent Variable	综合的选择与潜变量
	IFI	Incremental Fit Index	增量拟合指数
	IIA	Independence from Irrelevant Alternation	相互独立
	ITS	Intelligent Transport System	智能交通系统
L	LCA	Latent Class Analysis	潜类别分析
	LCM	Latent Class Model	潜类别模型
	LPA	Latent Profile Analysis	潜在剖面分析
M	MDCEV	Multiple Discrete Continuous Extreme Value	多重离散连续极值

	MDS	Multidimensional Scaling	多维尺度法
	MIMIC	Multiple Indicators and Multiple Causes	多指标多原因
	ML	Mixed Logit	混合 Logit
	MNL	Multinomial Logit	多项 Logit
N	NFI	Normed Fit Index	赋范拟合指数
	NL	Nested Logit	嵌套 Logit
O	OPT	Original Prospect Theory	原始前景理论
	ORRM	Original Random Regret Minimization	原始随机后悔最小化
P	PNFI	Parsimony Normed Fit Index	简约赋范拟合指数
	PGFI	Parsimony Goodness of Fit Index	简约拟合优度指数
	P-RRM	Pure Random Regret Minimization	单纯随机后悔最小化
	PT	Prospect Theory	前景理论
R	RMR	Root Mean Square Residual	均方根残差
	RMSEA	Root Mean Square Error of Approximation	均方根误差近似值
	RRM	Random Regret Minimization	随机后悔最小化
	RP 调查	Revealed Preference Survey	行为调查
	RT	Regret Theory	后悔理论
	RUM	Random Utility Maximization	随机效用最大化
	RUT	Random Utility Theory	随机效用理论
S	SD	Semantic Differential	语义差异
	SEM	Structural Equation Model	结构方程模型
	SFM	Social Force Model	社会力模型
	SP 调查	Stated Preference Survey	意向调查